- 国家社会科学基金项目《中国古代妇女的家产继承权问题》（项目批准号07BZS046，结项证书号20110145）的部分成果
- 河北师范大学强势特色学科资助项目

THE SUPPLEMENT RESEARCHES OF
THE ECONOMY OF TANG
AND SONG DYNASTY

唐宋经济拾遗

邢铁 ◎ 著

中国社会科学出版社

图书在版编目（CIP）数据

唐宋经济拾遗/邢铁著．—北京：中国社会科学出版社，2017.9
ISBN 978-7-5203-1027-7

Ⅰ.①唐… Ⅱ.①邢… Ⅲ.①经济史—研究—中国—唐宋时期 Ⅳ.①F129.4

中国版本图书馆CIP数据核字(2017)第231873号

出 版 人	赵剑英
责任编辑	宋燕鹏
责任校对	沈丁晨
责任印制	李寡寡

出　　版	中国社会科学出版社
社　　址	北京鼓楼西大街甲158号
邮　　编	100720
网　　址	http://www.csspw.cn
发 行 部	010-84083685
门 市 部	010-84029450
经　　销	新华书店及其他书店
印刷装订	北京君升印刷有限公司
版　　次	2017年9月第1版
印　　次	2017年9月第1次印刷
开　　本	710×1000　1/16
印　　张	14
插　　页	2
字　　数	240千字
定　　价	59.00元

凡购买中国社会科学出版社图书，如有质量问题请与本社营销中心联系调换
电话：010-84083683
版权所有　侵权必究

目 录

前言 ………………………………………………………………… (1)

正篇　唐宋时期的分家方式 ………………………………………… (1)
  一　有亲生儿子的家庭诸子析产承户 ……………………………… (3)
    （一）诸子平均析产方式的形成过程 …………………………… (3)
    （二）诸子析产承户的两种方式 ………………………………… (8)
    （三）庶生子的分家权益 ………………………………………… (19)
    （四）平均原则和分家文书 ……………………………………… (31)
  二　没有儿子的家庭女儿继产承户 ………………………………… (38)
    （一）有儿子的家庭女儿不能直接继承 ………………………… (38)
    （二）奁产陪嫁：间接继承家产的方式 ………………………… (46)
    （三）女儿招婿入赘继产承户 …………………………………… (53)
    （四）立嗣外甥外孙继产承户 …………………………………… (59)
  三　没有儿子的家庭立嗣养子继产承户 …………………………… (60)
    （一）立嗣继产方式下的门户传承 ……………………………… (61)
    （二）遗嘱—立嗣方式下的门户传承 …………………………… (83)
  四　结语 ……………………………………………………………… (107)

续篇　家学传承与唐宋士族 ………………………………………… (111)
  一　家学的崇尚和传承方式 ………………………………………… (114)
    （一）家学的崇尚 ………………………………………………… (116)

（二）父传子受 …………………………………………（119）
　　（三）良母教子 …………………………………………（126）
二　科举制度下的家学传承 …………………………………（133）
　　（一）文学：难以传后的"才子"之学 …………………（134）
　　（二）经学：世代传延的正经家学 ………………………（143）
　　（三）史学：代际相承的专门学问 ………………………（153）
　　（四）技艺：后继乏人的边缘科目 ………………………（157）
三　家学传承与士族阶层的历史命运 ………………………（165）
　　（一）家学的取向与家族的兴衰 …………………………（165）
　　（二）士庶融合与新型士大夫阶层的形成 ………………（173）
四　结语 ………………………………………………………（183）

附录　求学三忆 ……………………………………………（187）

前　言

这本书收录的是两篇比较长的专题论文，考察的都是唐宋家庭中的继承问题，内容也是连贯的：普通家庭留给子孙田宅财物，借此传延血缘和门户，这是通常的分家或者叫作家产继承，是正篇的内容；到了上层士族家庭，传承田宅财物的同时还要把祖传的学问和优秀的素质传延下去，借此保持经济地位和社会地位，表现为家学的传承，是续篇的内容。"续篇"相当于"外一篇"，因为家学传承问题稍微游离了社会经济史。

正篇是在我的博士学位论文《唐宋时期的分家方式》的基础上节选的，续篇是在一个重点课题的子课题《家学传承与唐宋时期士族的更新》的基础上整理的。在此之前，博士学位论文扩充成《唐宋分家制度》一书，2010年由商务印书馆出版，扩充后有些冗赘；子课题在《中华文史论丛》2012年第2期刊发的时候压缩为两万字，压缩的有些粗略。把这两个问题说清楚，又不重复絮叨，都需要六七万字的篇幅。但这是个很尴尬的字数，作为论文太长，作为专著又太薄，所以就合在一起了。

这是两篇论文合在一起的技术层面的原因。往深一层说，则是对论题认识的逐步深入，是合乎逻辑的延伸——从对人的经济活动的考察进入对人的自身素质的关注。

长期以来，我们的历史学研究包括经济史研究，对人自身的问题注意不够，本来应该是对人的研究，做成了对人以外的事件和制度的研究，让人从属于经济活动了。年鉴学派说社会史是"除去政治的人民史"，关注普通民众的活动，继续着人的发现和人的解放的命题。费孝通先生晚年呼吁社会学要加强对人与人关系的"心态"研究，也是要回归人的自身。

历史学也是这样，我们不能只是用引进的社会科学方法研究历史，还应该用传统的人文学科方法来体悟和理解历史；不能只是从生产关系的角度研究经济史、只是用阶级分析的方法认识历史上的人，应该用更宽阔的视角观察人们的经济活动，认识人的自然本性和个性素质。我做分家方式和家学传承问题，沿着"家产和血缘→家学和素质"的传承逐层探索，就是朝着这个方向努力的。原来我觉得这样的探索很高深，甚至有些神圣，很可能是在寻找一种找不到的东西；结果发现都是些常识，关注宏观叙事的时候忽略了，我只是捡了回来。书名中的"拾遗"就是这个意思。

附录的《求学三忆》是我近几年写的三篇回忆文章，追述了我读高中、大学和硕士研究生时候的情景。这是我求学历程的真实记录，也有我选择专业时候的状态披露。

本书的出版得到河北师范大学强势特色学科的资助。我的研究生王昊、李鑫、刘欢和滕雪梅是最早的读者，纠正了一些失误，特志。

邢铁

丁酉年三月十六日记于石门

正 篇

唐宋时期的分家方式

本文以唐宋为中心，以"分家是为了传家"的认识为主线，具体考察了三种家庭的分家情况：一是有亲生儿子的家庭的分家方式，即由同一个父亲的所有儿子平均析分家产，分别传承门户；二是女儿在娘家的分家权益，包括娘家有儿子的时候间接参与析分家产，没有儿子的时候承担传宗接代的义务的情况；三是拟制血亲家庭的分家方式，即没有亲生儿子又不用女儿传宗接代的家庭，用立嗣和遗嘱方式继承家产和传承门户。在这三个方面的考察中，借助社会学人类学的原理诠释了相关习俗的成因和寓意，勾勒出了我国传统分家方式的整体框架。

这是一篇社会经济史论文，探讨的是一个看似简单所以很少有人深究过的问题——人们的家庭是用什么方式一代一代传延下去的？

家庭与家族不同，家族可以永久地存在下去，家庭则有时限性，一般只能存在三四十年的时间。人们都忌讳自己身后门户灭绝，都有把家庭门户传继下去的本能愿望。分家，确切地说应该叫作"传家"，就是家庭门户的传继方式和过程。通常的分家包含两个内容，即家庭财产的析分和家庭门户的继立，前者只是手段，后者才是分家的真正目的。各种不同的家产继承方式，就是为了适应各种不同状况的家庭的门户传继需要而形成的。

我国传统的分家方式至迟在战国时期就已经形成，直到近现代还在通行使用。这篇论文截取其间的唐宋时期进行考察，主要是因为此前的相关资料太少，很多细节搞不清楚，资料相对多一些的唐宋时期就成了最早的一个可以具体考察的时期，可以由此入手寻找最初的一些具有"通性"意义的东西。

一　有亲生儿子的家庭诸子析产承户

在古代社会相同的历史阶段上，西欧和日本主要实行长子（家督）一人继承制，次子以下一般没有家产继承权；中国则通行诸子平均析产方式，所有的儿子不分长幼甚至嫡庶，都有相同的继承家产的权利。这两种继承方式都是以直系血缘关系为基础，都是男子的单系继承，两种方式的差别在于：长子继承制的目的是"传物"，是为了保证财产不分散，关心的是财产的传承；诸子平均析产方式的目的是"传家"，是为了维系血缘亲情，关心的是家庭的延续。

（一）诸子平均析产方式的形成过程

诸子平均析产方式在我国历史上并非自私有制形成伊始即已有之，是在商周时期的分封制度下，贵族爵位是权力与财产的综合载体，由于权力不能分割，所以世袭的时候只能采取整体性传继方式，由诸子中的一个人继承，其他的儿子无份。[1] 有关论著所说的这个时期的长子继承或幼子继承制，主要是就天子的王位和贵族的爵位传继而言的，财产的继承只是其中的附属内容。事理明确，毋庸赘言。只需补充一点，商朝王位继承中曾经有过"兄终弟及"方式，这种方式的潜在前提，是所有的儿子对父王的王位有同等的继承权，也正因为如此，才使得长子继承和幼子继承并存；换句话说，这中间已经蕴含着诸子平均（平等）继承的因素。

相对于贵族而言，社会中下层的平民庶人没有爵位，能够传给子孙的只是财产。单纯的财产可以任意分割，不一定非要采取由一个人继承的整体性传继方式。不过，商周时期地广人稀，有了劳动力才能开垦土地，相对于劳动力而言，土地尚处于次要地位，土地所有权的事实和观念还不充分；[2] 特别是平民庶人仍然处在宗法制度的笼罩之中，个体小家庭虽然已经存在，却不具备独立性，形成小家庭家产继承方式的前提尚不成熟。至于《礼记·坊记·丧服传》上说的"父母在，不敢有其身，不敢私其财"，以及"昆弟之义无分"等主要是一种说教，不一定是历史事实。

当然，不是说当时的平民庶人家庭中不存在继承方式。李亚农先生根据甲骨卜辞中商王武丁的儿子和妻妾都有自有土地的记载推论说："析财异居，这是殷人普遍实行的制度，而且实行得非常彻底。"后来又进一步讲，商周时期不仅王室贵族，而且在"庶民的宗法中，长房、二房、三房、四房等继承财产的权力大致相同，地位也大致相等"[3]。说得很肯定，

---

[1] 英国法律史学家亨利·梅因曾经指出继承法上的一个规律："主权是传给长子的。"意思是说含有政治权力的家产必定实行长子或幼子一个人继承的方式。见氏著《古代法》，沈景一译，商务印书馆1984年版，第133页。所谓主权、含有政治权力的家产，相当于我国民间的宗祧继承。

[2] 先秦时期的"兼并"是指的人口的抢夺和兼并，即《韩非子·五蠹篇》说的"商人兼并农人"，还不是后来的土地兼并。

[3] 李亚农：《殷代社会生活》，上海人民出版社1955年版，第34页；《李亚农史论集》，上海人民出版社1962年版，第14页。王国维先生的著名论文《殷周制度论》只论述了王位的传承与宗法制度的产生，没有提及财产的继承与家庭的传承问题。

可惜没做具体论证。由于时代久远，资料极为缺乏，没有明确直接的记载来说明当时的分家析产状况，有关论著只能采用间接方式，从当时的家庭规模和结构来推论分家情况。根据考古发掘的商周遗址的居室结构来看，有单间、双间和多间三种，比如商代，双间和单间结构的占80%以上，①说明当时的家庭多为一夫一妻制小家庭，间或有父子两代及兄弟同居的扩展型小家庭。由此推论，既然不再以父母兄弟同室而居的大家庭为主了，那么，家产就可能不是整体性传继，因为小家庭的组成是以父家庭的不断分异即诸子析产方式的存在为前提的。这也与李亚农先生所述相吻合。

比较明显的是，到了春秋时期，随着宗法制度的松弛，个体小家庭的独立性明显增大了。《管子》的《问篇》中有"余子父母存，不养而出离者几何人"一条，虽然还是与"宗子"即大宗对称为"余子"即小宗，实际上已经是就小家庭的诸子析居而言了，所以刘向解释说"出离，谓父母在分居也"。分居，应当以析产相伴随。孔子认为大禹之后"天下为家，各亲其亲，各子其子，货力为己"，不如以前了，所以主张用礼义教化"以笃父子，以睦兄弟，以和夫妇"，所讲的也主要是个体小家庭内部的事情。②有学者根据《左传》中的史实推论说，到春秋后期的襄公、昭公和哀公时期，贵族家庭以兄弟同居为主，有"从兄弟"的较少，有"再从兄弟"的更为罕见，庶民阶层也以直系血缘关系的小家庭为主了。③大家庭演变为小家庭已经成了一种发展趋势。

进入战国以后，家庭小型化的趋势更加明显。孟子为地处鲁南的滕国规划的著名的井田制度中，以"死徙无出乡，乡田同井，出入相友，守望相助，疾病相扶持，则百姓和睦"为理想愿景，所反映的乡村组织已经不是宗族，而是乡、井等行政编制了，所以不说同姓和睦，而说"百

---

① 张渭莲：《商文明的形成》，文物出版社2008年版，第57、85页。另据澎湃新闻网报道，林沄先生2016年12月21日在台北中研院"傅斯年讲座"所讲的"从四种子卜辞看商王国的社会结构"则认为，当时仍然有很多三代同堂、聚族而居的大家族。但没有提及小家庭的情况。

② 《礼记·礼运》。孔子的学说主要是规范小家庭中的人际关系，反映的是宗法制度衰落以后个体小家庭的需要；宋代朱熹等人规范家族制度，反映的则是政治型的家族衰落以后，血缘型的民间家族的需要。

③ 谢维扬：《周代家庭形态》第五、第七章，中国社会科学出版社1990年版。

姓"和睦;"方里而井,井九百亩,其中为公田,八家皆私百亩"①,乡井之下是家,每家有田百亩(休耕田,相当于可耕田33至50亩,折合为今制约为可耕田9亩至15亩),正是粗放耕作时代个体小家庭的经济基础。孟子为梁惠王设计的家庭职能是"仰足以事父母,俯足以蓄妻子";如果家有"百亩之田,勿夺其时,数口之家,可以无饥矣"②。几乎同时的李悝说魏国的家庭是"一夫挟五口,治田百亩"③……都证明当时的"家"已经是以一对壮年夫妇为中心的三代小家庭,不是父子兄弟同居的大家庭了。这主要是山东(太行山以东)地区的情形。

商鞅初入秦时,秦人因与西戎杂处,比山东地区落后,仍然处在"父子无别,同室而居"的阶段。④ 商鞅是卫国人,他把秦国的这种习俗看作"陋习",是与他所生活过的卫国的习俗相比较而言的,表明当时卫国所在的中原一带(黄河中游地区)也不再通行父子兄弟同居,已经是与山东地区相似的直系血缘关系小家庭了。

商鞅为了增强秦国在争霸中的实力,扩充农业人手和士兵的来源,需要改变这种状况,动用行政力量强行拆散了这些父子兄弟同居的大家庭,"如鲁、卫矣",推行与山东、中原一样的以一对夫妇为主的小家庭模式。⑤ 为此,商鞅在变法中采取了三个相互配套的具体措施:一是直接取缔父子兄弟同居的大家庭,第一次颁布变法令的时候就明确规定,"父子兄弟同室内息者为禁",改变同居陋习,"更制其教,而为其男女之别";并辅之以经济制裁手段,"民有二男以上不分异者,倍其赋"⑥,迫使秦人改变了落后的生活起居方式,每家只能有一个壮年男子,儿子成年或结婚后就要另立户头。二是实行统一的户籍法,使"四海之内,丈夫子女,

---

① 《孟子·滕文公上》。这个时候的家族组织继续存在,只是作用减弱了。"井"是户籍编制单位,但无论是通常的八家还是四家、六家、九家乃至十二家为一"井",在日常生活中可能一"井"就是一个近亲家族,比此前"百家为族"的规模小了。其中的"公田"可能是后来族田的雏形。
② 《孟子·梁惠王上》。
③ 《汉书》卷二四《食货志》。
④ 《史记》卷六八《商君列传》。
⑤ 同上。
⑥ 同上。

皆有名于上，生者著，死者削"①，新组成的个体小家庭获得了在官府版籍上独立户头的资格，成为官府的编户，从而脱离了宗法制度的束缚。三是实行"连坐相纠"之法，让民户每五户或十户相互监督，纠告不合法令的家庭组织形式，用法律手段稳定住了新建立的个体小家庭。

在前后几次的变法令中，商鞅都没有规定专门的家产析分方式的条文。但是，强令分居即建立个体小家庭，其间已经包含了析产的内容和具体方式。因为其一，儿子与父母分居、另立户头的时候必然带走一份家产，有几个儿子陆续带走几份家产，等于把家产由一个父家庭所有变成了若干个子家庭所有，由整体传用变成了析分继承，这便客观地促进了诸子析产方式的形成。其二，每个儿子单立户头之后都要生产、生活、纳税、服役，负担相同，加之血缘关系相同，所以从父家庭中分出去的财产也应该大致相同，这便在诸子析产中加进了"平均"因素，形成了所谓的诸子平均析产方式。

在大量的平民庶人从宗法制度的束缚下解脱出来，变为户头独立的个体小农的同时，商鞅在变法中还废除了世卿世禄的制度，使贵族阶层的权力与财产趋于分离。多数贵族失去了原有的特权，只剩下了财产，在传给子孙的时候就不一定非实行长子继承制不可了。这样，除天子的王位和少数贵族的爵位继续由一个人（长子或其他儿子）继承外，贵族家庭中的财产传继也渐渐地与平民庶人一样——由诸子平均析分了。

由这个过程可以看出，在秦国，商鞅是在以增加耕战人手为目的的变法过程中强制推行了个体小家庭，从而催生了家产继承中的诸子平均析产方式；并且通过废除分封制度，使贵族阶层的家产传继方式与之趋同了。直到后来在更大范围内推行这套制度，依靠的仍然是行政力量。不过，商鞅的这些做法非但没有违背、而是顺应了历史发展的趋势。随着社会历史的自然进程，宗法制大家庭必然解体，让位于个体小家庭。春秋战国时期社会的发展已经达到了这样的临界点，如前所述，商鞅变法前后在山东和中原的广大地区已经自发地出现了由大家庭向小家庭转变的趋势。商鞅在

---

① 《史记》卷六八《商君列传》。

秦国变法中推行的制度与这个转变趋势是一致的，只是由于秦国在当时相对落后，商鞅利用行政手段猛推了一掌。秦统一以后历代都沿用了商鞅的办法，并且发展成了一套完整的分家制度体系。

（二）诸子析产承户的两种方式

诸子平均析产，即所有的儿子平均继承家产的分家方式，是基于直系血缘关系的男子单系继承制，凡是同一个父亲的儿子不论长幼，甚至不分嫡庶，原则上都有相同的继承家产的权利，同时，也都有相同的传承家庭门户的义务。

所谓分家析产，包括"析分"和"继承"两个意思，前者指父母在世的时候随着儿子们长大结婚陆续析分家产，另立户头，古代称为"生分"；后者指父母年迈或去世以后弟兄们分遗产，这才是严格意义上的继承（为行文方便起见，在以下的考述中对二者不再区分）。换句话说，继承是父子之间的传承，析分是兄弟之间的分配；分家，既是儿子与父亲分，也是兄弟与兄弟分。在具体的分家过程中，析分和继承有时候合并进行，有时候单独使用后一种方式，由此形成了诸子平均析产承户的两种主要方式。

1. 多次性析产承户方式

多次性析产承户方式是与两代人小家庭对应的分家方式，即父母在世的时候随着儿子们结婚而陆续分财异居，但每个人所分家产的数量略小于其应得的平均数，到父母年迈或去世以后再分一次，最后分清。包含了析产和继承两项内容。从有关记载来看，唐宋时期每家通常有两三个儿子，[①] 分家的次数为儿子数+1，要分三到四次家，所以叫作多次性析分方式。这是站在父亲的角度看。站在儿子们的角度看，每个儿子结婚后分一次，父母去世后再分一次，又称为二次性析分方式。

---

① 唐宋民间有喜欢生五男二女的风俗，王梵志诗有"夫妇生五男，并有一双女"；"家有五男儿，哭我无所据"之句。参见项楚校注《王梵志诗校注》，上海古籍出版社1991年版，第630、744页。《东京梦华录》卷五、《梦粱录》卷二〇记载宋代孕妇产前娘家送"催生礼"，上面也画"五男二女"的图案。但这是一种"期望"家庭，实际生活中的家庭通常有两三个儿子。

如果《礼记·坊记·丧服传》所记载的先秦时期大家庭中"异居而同财"可信的话，就可以这样理解：儿子婚后已经与父母分开生活，先分走一小部分家产，只有使用权，所有权仍然属于原来的大家庭；到父母去世以后兄弟分家的时候才彻底分清，使用权和所有权才合一了。这正是所谓多次性析产方式。

可以肯定的是，商鞅变法中所推行的正是这种方式。由民户有"二男"以上必须"分异"的规定，以及由此形成的"子壮则出分"的习惯，就是随着儿子们长大成婚而陆续分财异居。曹魏时期曾经"改汉旧律……除异子之科，使父子无异财也"①，可见到汉代这种习惯仍然存在。《汉书》说许多地方都有"生分"的习惯，按颜师古的解释，生分就是"父母在而昆弟不同财产"②。还有当时"察孝廉，父别居"的谚语，③都反映出这种情况。

从具体事实看，汉代薛孟尝与兄弟子侄同居，后来由于"弟子常求分，力不能止"而分家，据说初分之后"辄复更分，如此者数"④，陆续分了若干次，也应该属于这种情况。江苏仪征胥浦101号西汉墓出土的竹简中，有一件元始五年（公元5年）的《高都里朱凌先令券书》，⑤讲的也是多次性析分家产的事情：

　　元始五年九月壬辰朔辛丑（亥），高都里朱凌（庐）居新安里。甚接其死，故请县、乡三老，都乡有秩，左、里师（师）、田谭等为先令券书。

　　凌自言：有三父，子男女六人，皆不同父。（欲）令子各知其父家次，子女以君、子真、子方、仙君，父为朱孙；弟公文，父吴衰近君；女弟弱君，父曲阿病长宾。

---

① 《晋书》卷三〇《刑法志》引《魏律序略》。
② 《汉书》卷二八《地理志》。
③ 《抱朴子外篇》一五《审举》。
④ 应劭：《风俗通义》卷四《汝南戴幼起》。
⑤ 扬州博物馆：《江苏仪征胥浦101号汉墓》，《文物》1987年第1期。并参见同期陈平、王勤金的释文。并参初师宾主编《中国简牍集成》第十九册，敦煌文艺出版社2001年版，第1900—1901页。

妪言：公文年十五去家，自出为姓，遂居外，未尝持一钱来归。妪予子真、子方自为产业。子女仙君、弱君等贫毋产业。五年四月十日，妪以稻田一处、桑田二处分予弱君，波（陂）田一处分予仙君。于至十二月，公文伤人为徒，贫无产业。于至十二月十一日，仙君、弱君各归田于妪，让予公文。妪即受田，以田分予公文：稻田二处，桑田二处，田界易如故。公文不得移卖田予他人。

时任知者：里陑（师）、伍人谭等及亲属孔聚、田文、满真。先令券书明白，可以从事。

这是以"妪"即老母亲的语气叙述的，因为父亲已经去世。家里有三个儿子：子真、子方和公文，由"妪予子真、子方自为产业"，可以知道两个大儿子已经先后析产异居了。公文是最小的儿子，本来应该等他结婚或母亲去世以后再分家产，但当时情况比较特殊：父亡母老，公文与两位兄长同母异父，而且公文犯罪正在服刑，所以先立下字据（可能此时"妪"已病重，所以用"先令"即遗嘱的方式立之），约定现有的家产暂时由两个已婚的女儿仙君和弱君代管使用半年，到期（可能是公文服刑期满）归还娘家以后，再由母亲分给公文。此前已经分了两次家，这第三次析分是专为老三公文搞的。由"公文不得移卖田予他人"推测，可能母亲准备与公文一同生活，公文的这些田地中包括母亲的养老田，母亲去世以后还要在三个兄弟之间进行第四次即最后一次析分。

东晋南朝时期的望族琅琊王氏的家产也经过了多次析分。王骞在钟山大敬爱寺旁边有良田80余顷，是当年"晋丞相王导赐田也"[①]，祖上传下来的。王骞是王导的第四代孙，王骞的父亲王昙首有兄弟五人，当年"兄弟分财，昙首唯取图书而已"[②]，没要田产。那么，到王骞这一代怎么继承了王导当年的赐田了呢？最大的可能应该是王昙首在最后一次分家的

---

① 《梁书》卷七《太宗王皇后传》。
② 《宋书》卷六三《王昙首传》。

时候分得的。^① 所说的"兄弟分财"估计是在四个哥哥陆续分开以后，王昙首结婚后分财异居的时候，没要田产，只要了图书；在其父王珣去世后五兄弟最后一次分遗产的时候，王昙首则继承了应该属于自己的田产，由此传到了儿子王骞手中。如果是这样，至少在王骞的父亲王昙首这一代家产是经过了多次析分的。

据说南朝刘宋孝建年间，江南地区"士大夫以下，父母在而兄弟异籍，十家而七矣；庶人父子殊产，亦八家而五矣"^②，各个阶层都习惯了生前析分的方式。川蜀一带的人也"薄于情理，父子率多异居"^③。其实，不只是江南和川蜀，各地区大都如此了。

唐朝的姚崇曾把家产"预为定分，将以绝其后争"，把儿子们陆续分了出去。^④ 并且在《遗令戒子孙文》中告诫后世子孙，该分开的时候就分开，不要贪图虚荣，勉强同居，最终使亲骨肉为争家产而反目为仇。普通人家更是愿意早点儿分开。唐代按户等的高下征派税役，田产多男丁多的家庭户等高，税役负担重，也在客观上促使民户尽可能早地分家异居，^⑤以减缩家庭中的人口和田产，降低户等，减少税役。

北宋统一之前南方各政权辖区内大都通行这种"生分"的方式，广南"伪刘时凡民祖父母、父母在，子孙始娶便析产异灶"；西川、山南诸道在孟氏统治时期也是如此。^⑥ 入宋以后，更是"父母在堂已各居，止或异财，本父母既亡则争分而兴怨"^⑦。还有蔡襄说的"观今（闽南）之

---

① ［日］越智重明：《汉六朝的家产分配和二重家产》，孙言诚译，载《中国史研究动态》1982 年第 5 期。

② 《宋书》卷八二《周朗传》。

③ 《隋书》卷二九《地理志》。

④ 《旧唐书》卷九六《姚崇传》。原文说姚崇"令诸子侄各守其分"，包括侄子，估计是姚崇的父辈未分家，到姚崇这一代仍然在一起生活，姚崇却让下一代分开了。

⑤ 《唐大诏令集》卷四载天宝改元敕文说，民间"或有户高丁多，苟为规避，父母见在，乃别籍异居"的情况，《宋史》卷一一七《食货志》上也说"民间规避重役，土地不敢多耕，而避户等；骨肉不敢义居，而惮人丁"。拙文《隋唐五代户等制度研究》就唐代的有关情况作过考察，载《文史》第 40 辑，1994 年。

⑥ 《宋大诏令集》卷一九八《禁西川、山南诸道父母在别籍异财诏》。

⑦ 李元弼：《作邑自箴》卷九《劝谕榜》。

俗，……迨至娶妇，多令异食"①；李惟清也说泉州、漳州一带"先人之坟土未干，私室之风规大坏，弟兄列讼，骨肉为仇，官俸私藏，同居异爨"②；杭州、江陵地区有"士民父祖未葬而析居"的现象；③ 章惇就曾经因为"父尚在而别籍异居，绝灭义理"遭到同僚的弹劾④……这些所反映的都属于多次性分家方式。北宋时期苏轼说各地这种"富人子壮则出居"已经是普遍现象，⑤ 南宋时期的李心传也说，"自大宋有天下垂二百年，民之析户者既多"⑥。因此，南宋人袁采在家训中嘱咐子孙不要勉强维系大家庭，"兄弟当分，宜早有所定。兄弟相爱，虽异居异财，亦不害为孝义"⑦。这里所说的"早有所定"，应该含有不必等父母去世后再分家的意思。

在南宋时期的案例《名公书判清明集》中，记载的多次性分家析产的案例就有十余处：陈文卿先抱养一子，后来又有了两个亲生儿子，他先"自以产业析而三之，文卿既死之后，（妻）吴氏又以未分之业析之"；寡妇阿宋有三个儿子，"户下物业除三分均分处，赳留门前池、东丘谷园，又池一口，充阿宋养老"，死后再由三个儿子均分。⑧ 该书所记仅为南宋时期东南一地的案例，估计其他时期和地区也是这样。有一方宋代墓志记载说，管万的儿孙们虽然还没有分家，他"预为诸郎、诸孙计，各筑异居于所居之侧，其三室既成矣"，接下来该给小儿子管迪准备了，管迪说："亲在而异居，吾所甚愧"，管万"竟成其志，弗强也。迨终丧，异籍之后"管迪才"始谋治居第"⑨。这就是先让儿子们分开住，父母去世

---

① 蔡襄：《蔡忠惠公集》卷二九《福州五戒文》。
② 《宋史》卷四八三《世家六》。
③ 《宋史》卷二九八《马亮传》。
④ 《宋史》卷三四五《刘安世传》。
⑤ 《宋文鉴》卷一〇四，苏轼《劝亲睦》。
⑥ 《建炎以来系年要录》卷八八，绍兴五年四月辛丑。
⑦ 袁采：《袁氏世范》卷一《兄弟贵相爱》。与世俗家庭一样，遁入空门的僧侣也"分房"。宋代有的寺院规模大，为了便于管理，把寺院的财产分给僧侣们，僧侣年老的时候又把这些财产传给徒弟，因此形成了很多"子院"。参游彪《宋代寺院经济史稿》第五章第二节，河北大学出版社2003年版。
⑧ 《名公书判清明集》卷八《母在不应以亲生子与抱养子析产》、卷九《买主伪契包并》，陈智超、王曾瑜点校，中华书局1987年版。以下简称《清明集》。
⑨ 《宋故管公立道墓志铭》，载《江西出土墓志选编》，江西教育出版社1991年版，第54页。

后再彻底分清的方式。还有后面将要提到的《宋世分书》中讲的"余三分老身养赡送终并应门户。待老身天年之后，所遗三分照前均分"，也是这种方式。在一些反对分家的记载中，常把分家的责任推到新娶的儿媳妇头上，如前引蔡襄所说的"迨至娶妇，多令异食"，也透露出儿子结婚是分家的一个重要契机。

然而，唐宋两朝的律令对多次性析分方式是禁止的，北宋统一后不久皇帝曾接连发布诏令，对广南、川峡地区的"生分"习俗予以制止，"自今并除之，论如律"，违犯的甚至要处死；① 对那些"诱人子弟，求析家产"的人要擒拿问罪，严重的要流配。② 同时更多的是进行正面教育，号召人们孝慈敦睦，"况犬马尚能有养，父子岂可异居？"③ 但是在实际生活中多次性分家方式一直很流行。

实行多次性分家方式的时候经常遇到一个问题，先分出去的长子和最后分出去的幼子往往相差一二十岁，先分出去的各个子家庭与父家庭似脱离又未脱离。虽然习惯规定，在此期间父家庭所置田产在最后分清的时候应该算入家产总数，各房自置的田产不算，即便如此，也经常引起一些纠纷。唐代一佚名墓志载，墓主在地方官任上经常见到这类争讼，"辄乱公庭，分财割宅，备有文□，致使丑声溢路，秽迹盈衢"④。说得比较笼统，可能就含有这方面的纠纷。南宋有个案例记载，黄居易父亲早故，由其以长兄身份掌管家业。与两个弟弟初次分家以后，他"以父母之财（按：即留给母亲的养老部分）私置产业……于分关内明言私房续置之产，与众各无干预"，企图在母亲去世后最后分家的时候独吞，结果被两个弟弟控告到官府。⑤ 还有的是本来已经分清了又回过头来纠缠。隋朝的时候"有兄弟分财不均，至相阋讼"，打了很长时间的官司也扯不清，本村一

---

① 《太宗皇帝实录》卷二七。转引自柯昌基《中国古代农村公社史》，中州古籍出版社1989年版，第186页。
② 《宋史》卷八《真宗纪》。
③ 《宋大诏令集》卷一九八《禁西川、山南诸道父母在别籍异财诏》。
④ 周绍良主编：《唐代墓志汇编》大和○四三（名佚），上海古籍出版社1992年版。
⑤ 《清明集》卷一○《兄弟之争》。

个叫李士谦的人自己拿出了一些钱财,"补其少者,令与多者相埒"①,才平息了争执。宋代杭州沈章、沈产两兄弟分家后为分产不均打了三年官司,官府难以理断清楚。张齐贤任宰相的时候,也遇到兄弟二人为分家不均打官司,都说对方多占、自己少分,他便巧妙地"令甲家入乙舍,乙家入甲舍,货财皆按堵如故,分书则交易之。讼者乃止"②。这当然是没办法的办法。为此,宋朝专门规定"分财满三年而诉不平,……(官府)不得受理"③,以防有人无休止地争执下去,成为永远扯不清的糊涂案。

2. 一次性继产承户方式

一次性继产承户方式是与传统的三代人家庭结构相适应的分家方式。商鞅变法之后直到秦朝,主要通行多次性析产方式,入汉以后不再强调家有二男即须分异,渐渐地由儿子结婚后暂时不分家,发展到父母在世的时候也不分了。同时,儒家孝悌观念的倡导也限制着多次性分家方式。本来按照孝悌的标准而言,孝者,父母在不应分异;悌者,父母不在了兄弟们也不应该分开。不过,"应该"怎样做和实际上"能够"怎样做是有距离的,既孝又悌的要求过高,一般人难以做到,结果只好退而求其次:父母在世的时候不分财不异居,父母去世后弟兄们一次性分清。④ 这便是一次性继产承户方式。

汉代推崇儒术,讲究孝悌,大力倡导这种分家方式。《后汉书》列传中这类记载很多,如鲍永与父母兄弟同居,父亲亡后仍不析分,母亲去世后难以维持了,他便"悉以财产与孤弟子",让弟兄们分开了,自己什么也没要。⑤ 姜岐也是这样,"其母死,丧礼毕,尽让平水田与兄岑"⑥,自己要低洼田……这些都是初不欲分,最后被迫分开的时候谦让各位兄弟的例子,我们换个角度看,都是一次性分家方式。

前面提到,曹魏制定《魏律》的时候曾经"改汉旧律……除异子之

---

① 《隋书》卷七七《李士谦传》。
② 江少虞:《宋朝事实类苑》卷二三《官治政绩·张齐贤》;《宋史》卷二六五《张齐贤传》。
③ 《清明集》卷五《姪与出继叔争业》。
④ 古代人结婚早,十四五岁结婚后不会独立安排生活,也是实行一次性分家方式的原因之一。
⑤ 《后汉书》卷二九《鲍永传》。
⑥ 皇甫谧:《高士传》卷下《姜岐传》。

科"，异子之科即儿子长成必须与父亲分家别籍的规定，说明曹魏时期也不允许父母在世的时候分家析产。隋朝曾经规定"大功以下，兼令析籍，各为户头"①，所谓"大功"是五服制中同一个祖父的孙子们给祖父母发丧的时候穿的孝服，代指堂兄弟辈，是继续和发展了父子不分异的规定，只许第三代分家，②即祖父母在世的时候可以分，父母在世的时候不行。

唐代均田制令文规定，永业田的户主"身死，则承户者便受之"；官员家"其父祖永业田及赐田亦均分"③。由所说的继承时间为"身死"之后可以知道，是按一次性分家方式规定的。唐代一方墓志记载，顾谦有6个儿子，到67岁去世前儿子们仍然在一起生活，他在"咸通十三年岁次壬辰六月二十有八日丁卯"去世，诸子在"明年岁在癸巳十一月二十四日乙卯，灼龟析蓍，始遂先志"④，似乎是父亲曾经让分家儿子们没有分，父亲去世后第二年才分开了；刘弘基年轻的时候"不事家产"，年迈时"遗令给诸子奴婢各十五人，良田五顷"，把其他的财产都给了别人。⑤此前也没有分过家。敦煌发现的唐代分家析产文书（包括文书样式），大都是一次性析分的时候使用的，因为各个文书开头都说兄弟们不忍心分开，但父母已不在世，子侄辈渐渐长大，恐怕将来争财反目，所以趁着老弟兄们在的时候分开；并且都在文书中附有析产清单，写明析分的庄田、屋舍、什物以及牛羊等，所分的家产一应俱全，显然是此前不曾分过。再如宋代的"吕文定、吕文先兄弟两人，父母服阕，已行均分"；罗谦有三个儿子，"父母身亡，已当服阕，分而为三"⑥；王鼎的父亲在世的时候从未

---

① 《隋书》卷二四《食货志》。

② 这个规定的本意是限制父子分家，却是自相矛盾的：第三代堂兄弟们分开的时候，相对于第一代（他们的爷爷）来说不算父子异居，对于第二代（他们的父亲）来说又属于父子异居了。这个自相矛盾的规定是只把第一代作为家长、只站在第一代的角度看问题造成的。

③ 《旧唐书》卷四八《食货志》上；《宋刑统》卷一二《户婚律》引唐《户令》。新发现的北宋《天圣令·田令》中的《唐令·田令》略有不同："诸永业田皆传子孙，不在收授之限。即子孙犯除名者，所承之地亦不追。"规定更彻底了。见戴建国《唐开元二十五年杂令复原研究》，载《文史》第76辑，2006年。

④ 周绍良主编：《唐代墓志汇编》咸通一〇九《唐故朝散郎贝州宗城县令顾府君墓志铭》。

⑤ 《旧唐书》卷五八《刘弘基传》。《新唐书》卷九〇《刘弘基传》说刘弘基是在生病的时候分的家，没有说是不是"遗令"。

⑥ 《清明集》卷四《吕文定诉吕宾占据田产》《罗械乞将妻前夫田产没官》。案主都是按规定在服丧期满以后分开的。

分过家，"父死，分诸子以财，鼎悉推与其弟"①……这次一次性分清了。

唐宋时期的律令规定，"诸祖父母、父母在而子孙别籍异财者，徒三年"，仍然是隋朝的大功以下才能析籍的政策，但比隋制更为严格，必须到祖父母、父母去世后才可以分开，实际上是明确限制多次性析分方式，推行一次性分家方式。并且规定，必须到服丧期满之后才许分开，"诸居父母丧，生子及别籍异财者，徒一年"②，只限父母之丧，祖父母丧期不在此限，规定可谓细致具体。五代时期仍然沿袭这种政策，后晋的时候甚至走极端，"以孝治为急，见民间父母在昆弟分索者，必绳而杀之"③。宋代也对多次性分家方式实行具体的限制，河北路的"贝州言，民之析居者例皆加税，谓之罚税。惟其家长得免"④。只罚儿子不罚家长，针对的是父母在世的家庭。人们明显地感觉到，父子兄弟之间因为分家析产而反目的现象越来越严重。据真德秀说，南宋时期潭州（今湖南长沙）地区经常有因分家导致不讲"兄弟天伦，今乃有以唇齿细故争，锥刀小利而兴讼"的现象，⑤所以有必要借助法令的力量匡范一下，维系血缘亲情和人伦之道了。

细绎之，唐宋律令中所说的"别籍"与"异财"是两个概念，前者指户口单立，后者指析分家产；"异财"之后可以"别籍"，也可以继续与父母合籍。律令所限制的主要是"别籍"，不是"异财"，《唐律疏议》卷十二《户婚》规定，祖父母、父母让子孙别籍要把祖父母和父母"徒二年"，疏议专门解释说"但云别籍，不云令其异财，令异财者明其无

---

① 《宋史》卷三〇〇《王沿传附子鼎传》

② 《唐律疏议》卷一二《户婚》；《宋刑统》卷一二《户婚律》。另据《元典章》卷一九《户部》五《家财》记载，元代对最后分开的时间都有具体规定，"凡民间父母亡殁未曾大葬者，不许析居。须候葬毕，方许分另"；甚至规定"虽已葬毕，服制未终而分异者并行禁止"。估计这是沿用的唐宋时期的做法。

③ 《旧五代史》卷七五《晋高祖纪》。

④ 《续资治通鉴长编》卷一〇七，天圣七年四月己酉。以下简称《长编》。并参张荫麟《北宋关于家庭制度之法令》，载《益世报·文史副刊》第一期，1942年2月17日。

⑤ 真德秀：《西山先生真文忠公文集》卷四〇《潭州谕俗文》。

罪",就说明了这个区别。① 可以举一个例子,吐鲁番文书中记载了唐中宗景龙年间一个叫阿白的妇女状告堂弟的案子,其中说,她的丈夫严令子与"堂弟同籍,各自别居";县司查核之后也说他们家堂兄弟"三家同籍别财,其地先来各均分讫"②。这是同一个祖父的孙子们名义上同居,户籍上同籍、合户,实际生活中"各自别居",不仅仅是分开居住,而且各有各房的财产,原来祖辈的田宅已经分清了。据学者考察,所说的"三房"是指阿白的丈夫与弟弟小郎为一家,伯父与堂兄为一家,堂弟住君为一家。这三家已经是堂兄弟家庭关系了。③ 这种家庭可以叫做"同籍异财分居"家庭。后来女真金朝也规定,"汉人不得令子孙别籍,其支析财产者听"④,沿用的应该是唐宋时期的制度。

当然,唐宋律令限制父母在世的时候分家析产,只是对违抗父母意愿的强行析分而言的,如果是"父母年高,怠于经营者,多将财产均给子孙"⑤,即父母在世的时候儿子们分家析产不是擅自做主,而是取得了父母的同意,便是既合乎情理又不违背律令了。连审理家产争讼案的官员也明确地讲,"至若分产一节,虽曰在法:祖父母、父母在,子孙不许别籍异财;然绍熙三年三月九日户部看详,凡祖父母、父母愿为摽拨而有照据者,合与行使,无出入其说,以起争端"⑥。也是说的这种情况。

由于礼法融合传统的存在,有时候"法"不是严格的规定,不是现代意义上的法律,只是提倡而不是强制,有的论著称之为"文化理想"⑦,祖父母、父母在世的时候不许分家的规定就属于这一类。这类规定历来都

---

① 《宋史》卷四三七《程迥传》记载,传主曾以孝悌闻名,在知县任上审理分家争产诉讼的时候曾经说"在律:别籍者有禁,异财者有禁"。与《宋刑统》的解释相矛盾。可能是这位程知县只知道孝悌,不熟悉律文所致。
② 唐长孺主编:《吐鲁番出土文书》第七册,文物出版社1986年版,第508—509、521—523页。
③ 冻国栋:《唐代人口问题研究》,武汉大学出版社1993年版,第367页;罗彤华:《家长与尊长——唐代家庭权威的构成》,载荣新江主编《唐研究》第十一卷,北京大学出版社2005年版。
④ 《元典章》卷一七《户部》三《分析》。另据《金史》卷八一《赵贼传》记载,金朝的时候世宗曾经下令"自今官民祖先亡没,子孙不得分割居第,止(只)以嫡幼主之,毋致鬻卖"。是单就房屋说的,不是指的全部家产。估计这个规定很难执行。
⑤ 袁采:《袁氏世范》卷一《处己》。
⑥ 《清明集》卷一〇《兄弟之讼》。
⑦ 高永平:《执着的传统——平安村的财产继承研究》,中国文史出版社2007年版,第220页。

主要是一种"号召",至多只是一种道德舆论上的限制,在实际分家过程中很难行得通。朱熹曾明确说,"如父母在堂不许异财,法意最好",难以具体落实,其实朝廷"也只把做文具事行了,皆不期于必行"[1]。可见这主要是一种倡导。

唐宋时期尽管大力旌表累世同居共财的大家庭,正如后来顾炎武所评论的,是"名生于不足"[2],相对于分家析产的情况来说,这种大家庭毕竟太少了,并且也难以长久维持。这种大家庭人口众多,除了人际关系的因素,供养能力也限制了这种大家庭的长期存在,最典型的是同居达500余年的江州(今江西九江)陈氏。陈氏家族在唐朝的时候被封为义门,到北宋初年已经是聚族3700余口的特大家庭,号称"族聚三千余人世间第一,同居五百多载天下无双"。到嘉祐七年(1062),宋仁宗却下令陈氏分家析产,在朝廷使臣的监护下用拈阄的方式,按房系分成了291个"庄"(可能是"五服"之内的家族支系),随即各自迁往自己的地盘,从江州走向了北到山西、陕西,南到海南、广东的南北各地,这便是所谓"天下陈氏出江州"[3]。这种曾经"义居"的大家庭分家,自然属于一次性析分方式。

在一次性析产方式中,最终分清的时候,已经是三代人中的第一代人年迈或去世之后,经常有第二代人在第一代人之前死亡的情况,这时候就需要把第二代和第三代结合起来考虑。唐宋律令专门规定,当家中的第二代有人去世缺位的时候,"兄弟亡者,子承父分";丈夫去世后"寡妻妾无男者,承夫分"[4]。这是从第一代往下排,如果第二代(儿子)在第一代(父亲)之前已经去世,第三代(孙子)可以代父继承;如果没有第三代,儿媳守寡不改嫁,也可以代夫继承;这都是"代位继承"方式。在代位继承中还有一种特殊情况,即唐宋律令上说的"兄弟俱亡,则诸

---

[1]《朱子语类》卷一〇六。
[2] 顾炎武:《日知录》卷一三《分居》。
[3] 许怀林:《陈氏家族的瓦解与义门的影响》,《中国史研究》1994年第2期。
[4]《唐律疏议》卷一二《户婚》;《宋刑统》卷一二《户婚律》。

子均分"①。这里说的"兄弟"指家中的第二代即家长的儿子们,"诸子"指家中的第三代即家长的孙子们;当家长的儿子们全部在家长之前死亡,并且都留下了后代的时候,孙子们便直接从祖父手中继承家产,不分长幼和房系,按孙子的人数均分了。在这种情况下,这些孙子们实际上已经被当作儿子来对待了,已经越过(完全取代)他们的父辈的位置来继承了,所以这种特殊的代位继承又被称作"越位继承"②。唐宋律令还举过一个这方面的例子:假如一位80岁的老人有3个儿子10个孙子,分家的时候"男但一人见在,依令,作三男分法,添老者一人,即为四份",已经去世的两个儿子的儿子代父继承,这是"代位继承";"若三男死尽,依令,诸子均分,老人十孙,为十一份,留一份与老者",直接按孙子数均分,这已经是"越位继承"了。③ 不过,在家中的第二代全部缺位时,他们的孙子辈是"代位继承"还是"越位继承",没有严格规定,而是自行协商解决。对孙子一辈的人来说,两种继承方法所得的数量会差别很大,只有在各房的第三代男子数相同时,"代位继承"和"越位继承"才没有了数量上的差别。

以上是诸子平均析产承户的两种方式。④ 尽管传统的伦理说教以"孝悌"为首要内容,不主张分家,至少是祖父母、父母在世的时候不要分家,然而多数人很难做到这一点。实际生活中一直是两种方式并存,而且以多次性析分方式居多。

(三)庶生子的分家权益

儿子在家庭中的身份地位首先是按父亲来确定的,同一个父亲的儿子们血缘关系相同,都是亲兄弟;在一妻多妾的家庭中,同父不同母的儿子

---

① 同上。

② 通常的律文只讲代位继承,"越位继承"的概念是姚荣涛先生提出的。见叶孝信主编《中国民法史》,上海人民出版社1993年版,第308页。

③ 《唐律疏议》卷一七《贼盗》;《宋刑统》卷一七《贼盗律》。

④ 马新、齐涛先生认为我国古代的分家有三种方式,除这两种方式外,家产的整体性传继即同居共财也算一种。见《略论中国古代的家产继承制度》,载《人文杂志》1987年第5期。在家产继承问题的研究方面这是一篇开拓性的文章。

又随生母的身份分成了四类：嫡生子、妾生子、婢生子以及私（奸）生子。后三类又通称为庶生子。嫡庶之间的等级差别很大，尤其在继承权方面，不仅宗祧继承一直归嫡长子，身份地位的继承（如族中尊长、恩荫补官等）同样也只限于嫡生子，庶生子没资格参与；就是在家产的继承和独立传承门户的资格方面，庶生子的权益也经历了一个从无到有的发展变化过程。

秦汉时期庶生子的地位很低，张家山汉墓竹简中的《二年律令·户律》规定"诸后欲分父母、子、同产、主母、叚（假）母，及主母、叚（假）母欲分孽子、叚（假）子田以为户，皆许之"①，把孽子（庶子）、假子（前妻之子）列为继承人，允许参与分家，但是这个时期庶生子的家产继承权很不稳定。汉代名将卫青是郑季与平阳侯家的女僮卫媪的私生子，冒姓卫氏，故"为侯家人，少时归其父，父使牧羊。民母之子皆奴畜之，不以为兄弟数"②。民母即正妻嫡母，嫡生子们把卫青视作奴仆，不齿于兄弟之列，当然不会让其参与家产的继承了。汉景帝之子常山宪王刘舜"有不爱姬生长男棁，以母无宠故，亦不得幸于王。……不以棁为子数，不分与财物"；虽然不少人劝说，希望刘舜能"令分财，皆不听"③。其实不只是因为其母失宠才不分给家产，歧视庶生子也是一个重要原因。

普通人家也是这样，庶生子一般不能继承家产。汉代沛郡有个人很富有，家产"二千余万，小妇子年裁（才）数岁，顷失其母，又无近亲。其女不贤，公痛困，思念恐其争财，儿必不全，因呼族人为遗令书：悉以财属（嘱）女，但遗一剑，云儿年十五以还付之"④。按后来的习惯，在

---

① 马新、齐涛：《试论汉唐时代家庭继承制度的反向制约》，《齐鲁学刊》2006年第6期。
② 《汉书》卷五五《卫青传》。
③ 《汉书》卷五三《景十三王传》。
④ 《太平御览》卷六三九引《风俗通》。此事后来的结果是："其后又不肯与，儿诣郡，自言求剑。"当时的太守何武"得其辞，因录女及婿，省其手书，顾谓掾史曰：女性强梁，婿复贪鄙，畏贼害其儿；又计小儿正得此则不能自护，姑且俾与女，内实寄之耳。不当以剑与之乎？夫剑者，亦所以决断；限年十五者，智力足以自居。度此女、婿不复还其剑，当问县官，县官或能证察，得见伸展。此凡庸何能用虑强远如是哉！悉夺取财以与子，曰：弊女恶婿温饱十岁，亦以幸矣！于是论者乃服。"有些演义的成分。

没有嫡生子的情况下应该以这个"小妇子"即庶生子为继承人,汉代的时候人们还不习惯这样做,所以没有把家产直接给了这个"小妇子",只给了他一把剑,让他长大后自己去想办法。近人吕思勉先生说秦汉时期"正嫡之与庶孽,进取之途大有殊异也,以财产论亦然"①,话说的有些绝对,也基本符合当时的情况。

魏晋南北朝时期的观念大致依旧,实际生活中已经发生了一些变化。西晋王浚的母亲是个良家女,因为"贫贱,出入沈家,遂生浚",王浚是私生子,嫡兄王沈"初不齿之"。但王沈15岁就死了,又没有其他兄弟,所以"亲戚共立浚为嗣"②。立嗣之后就顶替了王沈的位置,改变了庶生子的身份,可以继承父亲的爵位和家产了。北周李迁哲家"妾媵至有百数,男女六十九人。……姬媵之有子者,处分其中,各有僮仆、侍婢、阍人守护",不分嫡生妾生一视同仁,"子孙参见,忘其年名,披簿以审之"③。当然也有顽固守旧之家,北魏的崔道固为"贱出"即庶生子,"嫡母兄攸之、目连等轻侮之。……攸之等遇之称薄,略无兄弟之礼"④,不把崔道固当亲兄弟看待。成书于北齐的颜之推《颜氏家训》卷一《后娶篇》说,江左即南朝"不讳庶孽",与嫡生没有差别;而北齐即河北地区却"鄙于侧出,不预人流",南北风俗尚有不同,北方庶生子的地位仍然比较低。唐长孺先生认为东汉已经如此,⑤到北朝时期轻视庶生子之风更厉害了。

唐宋两朝的析产令文规定"应分田宅及财物者,兄弟均分"⑥,都是说"兄弟",没分嫡庶。律令的行文措辞是严谨而精确的,称"妻妾"的时候分正妻、妾婢,称"妇人"时则概指妻妾;同样的道理,称嫡子、

---

① 《吕思勉读史札记》乙帙《嫡庶之别》,上海古籍出版社1982年版。
② 《晋书》卷三九《王沈传附浚传》。
③ 《北史》卷六六《李迁哲传》。
④ 《魏书》卷二四《崔玄伯传附崔道固传》。
⑤ 唐长孺:《读〈颜氏家训·后娶篇〉论南北嫡庶身份的差异》,《历史研究》1994年第1期。
⑥ 《唐律疏议》卷一二《户婚》;《宋刑统》卷一二《户婚律》。唐朝称呼庶生子女的时候往往加一个"别"字,可能是把庶生子等同于"别宅子"的缘故。参见周绍良、赵超主编《唐代墓志汇编续集》大中〇六六《唐北平田君故夫人陇西李氏墓志铭并序》、咸通〇〇八《唐故巨鹿郡曹府君夫人清河郡张氏合祔墓志铭并序》,上海古籍出版社2001年版。

嗣子的时候分嫡庶，称"兄弟"的时候只是从同一父亲所生的角度看，不再从母亲的角度来区分了。有关论著引用过一些相反的例子，譬如黄崇的父亲年逾花甲以后与小妾生了一个男孩儿，"崇以手接男，径掷桶中溺杀之。……盖黄氏资业微丰，崇畏儿长大必谋分析"①；还有一个姓李的买了一个小妾，生了一男一女，李某死后其嫡出的长子与妻子商量说："二子成立当有婚嫁之类，且分我资产；能置之死地，家资悉我有也"，最后把两个庶出的弟妹都虐待死了。② 时人确实是在歧视、排挤庶生子，其实，正是因为庶生子有了继承权，嫡生的兄长才这样对待他们，否则就没必要用这种极端手段了。

唐代的一方墓志记载，苏夫人自己生了一个儿子，另有侧室生的三个女儿，"夫人幼则用慈仁抚育，长则丰厚嫁遣，骨肉之内，不辨其他出"③；还有一个姓李的女子嫁孙氏为正妻，"养庶子过己出焉"④。虽然墓志只讲人的优点善行，说的也应该是事实。在《北梦琐言》卷八《张仁龟阴责》中有这样一个例子：

> 唐张褐尚书典晋州，外贮所爱营妓，生一子。其内子苏氏号尘外，妒忌，不敢取归。乃与所善张处士为子，居江淮间，常致书题问其存亡，资以钱帛。及渐成长，教其读书。有人告以非处士之子，尔父在朝官高。因窃其父与处士缄札，不告而遁归京国。
>
> 褐公已薨，至宅门，童仆无有识者，但云江淮郎君，兄弟皆愕然。其嫡母苏夫人泣而谓诸子曰："诚有此子，吾知之矣。我少年无端，致其父子死生永隔，我罪多矣。"家眷聚泣，取入宅，齿诸兄弟之列，名仁龟。有文，性好学修词，应进士举及第，历侍御史。

这位张夫人最终接纳了丈夫在外面生的儿子，并且让其与自己所生的

---

① 洪迈：《夷坚志》丁志卷五《三士问相》。
② 张思政：《括异志》。
③ 周绍良主编：《唐代墓志汇编》咸通一一八《唐故处州刺史赵府君妻上邽县君苏氏夫人墓志铭》。
④ 周绍良主编：《唐代墓志汇编》大中一二五（名佚）。

儿子排齿序，给了其与嫡生子相同的地位；从这位取名仁龟的庶生子后来的经历看，也确实有着与嫡生兄弟们相同的分家析产的权利。

敦煌文书中有唐宋之际的一份《马军氾再晟状》记载，氾再晟与寡母及三个妹妹过活，"又父在之日，闻道外有一妻，生弟保保，识认骨肉，恩怜务恤，长大成人，与娶新妇，承望同心戮力，共荣（营）家计。保保母后嫁押衙杨存进为妻。其杨存进无子，构诿保保为男，便是走去。数度召唤，回眼不看，口云：随母承受富产，不要亲父贫资"①。这位叫保保的弟弟是其父的"道外"即舍外小妾所生，属于庶生子；嫡生的氾再晟及其母亲、妹妹给了他继承权，但这位庶生子势利眼，嫌贫爱富，投奔到继父家去了。

南宋时期的陈亮在给庶生的弟弟写的墓志铭中说，"昔我先人实生汝而弃汝与他人，力未足以活汝也"，这当然是给父亲遮掩；父亲去世以后陈亮当家，把已经17岁的庶弟要了回来。可能是有人不赞成，陈亮解释说，自己如果"不念先人之子则无以自别于禽兽矣"，还特意在铭文中嘱咐："汝父汝兄，相从在此，子孙敢曰非陈氏子！"②谁也不能说这个庶生的弟弟不是陈家的人。

宋人在家训中也曾嘱咐子孙，如果有"别宅子、遗腹子，宜及早收养教训，免致身后论讼。或已习为愚下之人，方欲归宗，尤难处也"③。对庶生子有防范，但还是要接纳。与此前一样，有"抚爱诸庶，不异己出"的贤惠主妇，④也有歧视庶生子的女人。南汉刘䶮就是刘谦生在"外舍"的庶生子，刘谦的妻子"素妒，闻之怒，拔剑而出，命持䶮至，将杀之"，但见到刘䶮后发现是个"非常儿也"，才没敢动手，只把刘䶮的母亲杀了。⑤宋代有个姓莫的富翁，"暮年忽有婢作娠，翁惧其妒忌，且以年迈，憨其子若孙，亟遣嫁之。已而得男，翁时岁给钱米缯絮不绝"，

---

① 唐耕耦、陆宏基主编：《敦煌社会经济文献真迹释录》第二辑，全国图书馆文献缩微复制中心1990年版，第314页。
② 陈亮：《陈亮集》卷三六《庶弟昭甫墓志铭》。
③ 袁采：《袁氏世范》卷一《庶孽遗腹宜早辨》。
④ 《河南程氏文集》卷一二《上谷郡君家传》。
⑤ 《新五代史》卷六五《刘隐传》。

类似于养了一个别宅子。这个男孩儿十来岁的时候莫老翁死了,有人挑唆其婢说:"汝富贵至矣,……汝之子,莫氏也。其家田园屋业,汝子皆有分,盍归取之。不听,则讼之可也。"小妾便让这个小男孩儿戴上重孝去莫家哭灵,"妪骂,欲殴逐之";嫡生的长兄知道这样做不行,只好接纳了这个庶出的小弟弟,让他"与诸兄弟同寝处"①,承认了他的身份和权益。

当然,对此也有不同看法,刘清之认为分家析居的时候如果"无嫡庶之辨,此作律者之失也",主要是从不区分大宗小宗、不利于祭祀的角度讲的。② 总的看来,到唐宋时期人们不管是出于什么考虑,一般不再阻止庶生子归宗,不排除他们的分家权利了。

据有关资料看,在具体操作中还有两个原则。

一是分清庶生子是在本家入籍,还是一直在外面单独立户,前者可以参与析产,后者则不行。唐玄宗天宝年间的一条敕文说:"百官、百姓身亡殁后,称是别宅异居男女及妻妾等,府县多有前件诉讼。身在纵不同居,亦合收编本籍;既别居无籍,既明非子息。及加推案,皆有端由。或其母先因奸私,或素是出妻弃妾,苟祈侥幸,利彼资财,遂使真伪难分,官吏惑听。"为统一令制,专门规定:"其百官、百姓身亡之后,称是在外别生男女及妻妾,先不入户籍者,一切禁断。辄经府县陈诉,不须为理,仍量事科决,勒还本居"③;反之,如果在其父生前已经与父兄合户,就有了相应的权利。北宋初年的《宋刑统》也沿用了这个规定,越州一个富豪与仆人的妻子私通,在外面"生一子而收养之",富豪夫妇死后,这个私生子"乃归持服,且讼分财,累年不决";官府为此专门查对了户口,发现这个私生子虽然没有被领回家,当初"尝以幼子注籍"④,便承认了其分家的权利。

---

① 周密:《齐东野语》卷二〇《莫氏别宅子》。
② 刘清之:《戒子通录》卷六《高业司送终礼戒子篇》。
③ 《宋刑统》卷一二《户婚律》引唐《户令》。按,"或其母先因奸私"一句的"奸私"疑为"奸和"之误。
④ 郑克:《折狱龟鉴》卷六《证匿》。

这个规定似乎与上面引述的墓志等处的例子有些矛盾，那些例子都是认同庶生子的继产权利，而不问其是否在外单独立户。揣其原因在于，墓志中的例子都是作为应该赞美的善良行为被记载下来的，是超过一般家庭容纳程度的行为。在通常情况下，如果发生争执，要按令制的规定来办，《清明集》卷七"遗腹"条下面有两个案例，都是在其父去世后才突然来认家门，声称是其父在外与旧婢生的儿子，引起了诉讼。结果都被官府予以否认，理由之一就是他们年龄已经很大（董三八27岁，陈亚墨已经45岁），此前没来过，因此怀疑是冒充。这其中就含有生前未与其父同居合籍的因素。

　　二是官员贵族和平民百姓家庭有所区别。贵族官僚家庭中的嫡庶差别比较严格，按礼法规定，受封人死后所封赐的物品与普通田宅一样，由诸子均分而不分嫡庶，但与特权身份连在一起的田地的传承则显示出嫡庶之别。① 爵位只能由嫡长子继承，其他儿子特别是庶生子更不行。唐代有个叫陈亿的人，按规定应该承袭父亲的爵位，为了把机会让给弟弟，"遂佯狂，以让弟甲嗣爵。后方入仕，邻人告甲非嫡子，不合袭"，被取消了爵位。② 庶生子可以恩荫封官，只有嫡生子才可以袭爵，③ 不过，当时已经有人指出嫡庶的限制不如以前严格了，"古之仕者，宗一人而已，庶子不得进。……今之仕者，但以才升，不限嫡庶"了。④ 在贵族官僚家中没有嫡生子的时候，庶生子继承爵位的权利优先于甥侄，因为爵位是父亲的，庶生子毕竟是父亲的直系血亲。一个叫王畅的羽林将军没有嫡生子，只有庶生子，"弃其庶子，收彼侄男"，结果被判令改立，因为"侧男自须绍

---

① 我考察过唐朝天宝六年（947）的三组敦煌户籍文书，尽管均田制已经停废，其中记载的田地种类还可以反映出均田制时期的情形。从文书来看，当年实行均田制的时候，土地的继承并没有像令文规定的那样永业田传给子孙、口分田归还官府，而是把所有的土地都平均分给了儿子，并且不分嫡庶。与官爵连在一起的勋田只给嫡生子，没有给庶生子。参拙文《从三组敦煌户籍说唐代均田制下的继承问题》，载张国刚主编《中国中古史论集》，天津古籍出版社2003年版。
② 《全唐文》卷四〇一，房自厚《对佯狂让弟判》。
③ 《隋书》卷三九《贺若宜传》记载，传主让其嫡生子贺举袭爵，庶生子贺协等做了骠骑将军、车骑将军。
④ 《隋书》卷七五《刘炫传》。

允，犹子不合承宗"①。侧男指庶生子，犹子指侄儿，绍允即继承宗祧身份爵位。甚至有的学者因此认为，在唐代涉及嫡庶之争的判文中，有半数以上倾向于以德行为标准"立嗣以贤"②，不完全以嫡庶分先后了。

　　普通民户包括中小官员家庭分家的时候，对庶生子的权利限制则比较宽松，庶生子事实上已经有了法定的家产继承权。唐代陕虢观察使卢岳之妻"分赀不及妾子，妾诉之"，证明按法令规定应该有妾子的份。③ 宋代潭州（今湖南长沙）"有老妪病狂，数邀知州诉事，言无伦理，知州却之，则悖詈。先后知州以其狂，但命徼者屏逐之。（王）罕至，妪复出，左右欲逐之"，王罕制止，并耐心听其诉说："妪诉本为人嫡妻，无子，其妾有子。夫死，为妾所逐，家资妾尽据之。"显然，这个家庭已经为小妾庶子所控制，小妾之子成了唯一的继承人。为了给老妪申冤，王罕把家产判给了老妪，但没有按老妪的意思把小妾母子赶出去。④ 其实，这只是为了不让老妪流落街头，最后的继承人还是那位妾生子。襄州（今湖北襄樊）有个富家的孩子叫张锐，年幼的时候父母去世，本村一个姓车的谋夺其家产，就把张锐父亲的一个"弃妾他姓子"作为张锐父亲的"外宅子"养了起来；这个"外宅子"长大以后回到了张家，与张锐"既同居逾年，车即寻令求析居"，平分了家产；多亏知州刘元瑜识破了真相，把这个"他姓子"赶了出去。⑤ 这个"他姓子"当初之所以得逞，也是由于真正的外宅庶生子可以享有分家的权利。

　　后面考察妇女继承权时将要重点分析的南宋《建昌县刘氏诉立嗣事》案例中，田县丞和私通的刘氏所生的珍郎是庶生子中名分最低的，但是官府前后多次调整的家产分配方案中都没有歧视他的迹象。另一个案例说，

---

① 张鷟：《龙筋凤髓判》卷一《羽林将军王畅甍无嫡子取侄男袭爵庶子告不合承》。《唐律疏议》卷一二《户婚》讲立嫡违法的时候说"嫡妻年五十以上无子者，得立庶以长"，如果有庶生子不立而另立别人，也属于违法，要"徒一年"。也是保护庶生子的权利。

② 向群：《略论唐判所见唐礼法中的继嗣问题》，载郑学檬主编《唐文化研究论文集》，上海人民出版社1994年版。

③ 《新唐书》卷一六三《穆宁传》。《旧唐书》卷一五五《穆宁传》说是"卢岳妾裴氏，以有子，岳妻分财不及，诉于官"。这个小妾并不是因为有了儿子自己就可以得一份家产，只是代子分家。

④ 江少虞：《宋朝事实类苑》卷二三《官治政绩·王罕》；《宋史》卷三一二《王珪传附子罕传》。

⑤ 《宋史》卷三〇四《刘元瑜传》。

刘拱辰是嫡母郭氏所生，刘拱礼、刘拱武是妾母所生，父母去世后三兄弟分家不均引起诉讼，官府审理认为，三个人"虽有嫡庶之子，自当视为一体，庶生之子既以郭氏为母，生则孝养，死则哀送，与母无异，则郭氏庶生之子犹己子也。……拱辰虽亲生，拱武、拱礼虽庶出，然其受气于父则一也。以母视之，虽曰异胞；以父视之，则为同气"①，因为分家是父子相传，所以应当同等对待。这段话典型地反映出时人对嫡庶关系的认识。确如苏颂所说，"今士庶之家，子孙罕分嫡庶"②，与先秦时期不一样了。

  在涉及家产继承案的审理中，通常不怎么考虑庶生子的身份问题。《文献通考》卷一七〇记载，宋代广安（今四川广安）一个叫安崇绪的人系妾室阿蒲所生，父亲死后家产全被嫡妻冯氏占用，他便以冯氏是继室等理由告到官府。官司一直打到朝廷，大臣李昉等43人一致认为，应当把家业"并合归崇绪，冯亦合与蒲同居，终身供侍，不得有阙。……如是，则男虽庶子，有父业可安"③。还有一个叫陈子牧的人正妻无子，"立璋孙为子，既而庶生一子琪孙"，不久陈子牧和所立之子都死了，又一次酝酿立嗣时，官府认为庶生子"琪孙乃子牧亲生之子，子牧之家本非绝嗣"，不能选立别人。④ 显然是直接把庶生子作为嗣子看待了。再如范仲淹在苏州办义庄赈济族人，专门规定"取外姓以为己子"即过继异姓为嗣、本族子弟"在外不检生子"即奸（私）生子不得领米绢，⑤ 正式聘娶的小妾生的儿子不在此限。

  在清朝末年《吴中叶氏族谱》收录的《宋世分书》中，⑥ 记载着宋代叶家析分家产的具体情况，也可以看出嫡庶一视同仁的事实：

---

 ① 《清明集》附录二《郭氏刘拱礼诉刘仁谦等冒占田产》。从上下文看，"嫡庶之子"当为"嫡庶之分"。

 ② 苏颂：《苏魏公文集》卷一五《议承重法》。

 ③ 《宋史》卷二〇〇《刑法志》。

 ④ 《清明集》卷七《正欺孤之罪》。

 ⑤ 范仲淹：《范文正公集·义庄规矩》。

 ⑥ 转自仁井田陞《唐宋法律文书の研究》，东京大学出版会1983年版，第603—604页。

	叶椿（嫡，长子）	得2份
正室生	叶柏（嫡，次子，出赘）	得0份
	叶桂（嫡，三子，亡，有子叶堂）	得1份
	叶枢（嫡，七子）	得1份
侧室生	叶槐（庶，四子）	得1份
	叶榆（庶，五子）	得1份
	叶梅（庶，六子，亡，有妻）	得1份

叶二十八将家产平均分为 10 份，自留 3 份养老，7 份分给了 6 个儿子：嫡长子叶椿得两份，是包括长孙的那一份；嫡次子出赘不再参与；其余两个嫡生子和三个庶生子都是各得一份，不显厚薄。还有的家庭不仅不歧视庶生子，还想方设法把在外面的庶生子找回来。范镇的哥哥死后家中无子，范镇听说哥哥有一个与姘妇所生的"遗腹子"，用了两年的时间在川蜀一带寻找，以"体有四乳"的特殊标志找到了这个小孩，带回了范家。① 如果说范镇寻找这个庶生子尚有其亡兄继嗣的特殊需要，那么包拯家的例子就完全出于血缘亲情了。包拯把一个随嫁的丫鬟收房后又遗弃了这个丫鬟，此时丫鬟已经怀上了包拯的孩子，生在了娘家。包拯的儿媳妇崔氏暗中照料这个小孩，后来包家把这个孩子要了回来。② 人们都觉得这是很自然的事情，没有什么不妥。

在家族家庭活动的一些重要场合，嫡庶差别还是存在的。唐代一方墓志在叙述墓主的儿子的时候，先说正妻生的儿子马宾和两个女儿，然后才说侧室生的儿子马宥，而且在墓志的落款处只写"孤子宾"，没提庶生子马宥。③ 另一方墓志记有这样一件事：④

---

① 《宋史》卷三三七《范镇传》。
② 《宋史》卷三一六《包拯传》。此事的记载比较混乱，结合同书卷四六〇《列女崔氏传》的记载看，包拯的儿子名"繶"，这个小孩取名"綖"，都属"糸"字辈，是被包拯遗弃的庶生子；包拯的儿媳（包繶的遗孀）崔氏一直关照着这个庶生子，要回来后一直由崔氏抚养，是包家"长嫂当母"的典范。据 1973 年合肥出土的包拯墓志记载，包拯去世的时候宋仁宗去包家吊唁，赐给这个庶生子太常寺太祝官职。
③ 周绍良、赵超主编：《唐代墓志汇编续集》乾封〇〇三《故处士马公从杰墓志铭》。
④ 周绍良主编：《唐代墓志汇编》元和一二四《唐右金吾卫仓曹参军郑公故夫人陇西李氏墓志铭并序》。

夫人幼子小彬，在孕十六月，诞弥顾复之劳，过于常理；及乳育之日，常多疾患，年十余岁，方免于怀，属爱之情，实亦加等。景申岁五月，小彬伯父、工部郎中捐馆，伯之嗣子生始三月，诸父请以小彬奉工部丧事。夫人曰："吾闻兄弟之子亦子也，于我何异哉！"遂勉而勖之，使从其诸父之命。

这位故去的工部郎中有儿子，"诸父"即工部郎中的弟兄们却以其子出生才3个月为由不让主祭，而让一个十几岁的侄子代之，很可能这个才出生3个月的儿子是庶生子。因为第一，虽然没说这位工部郎中享年多少，但此时弟弟的"幼子"都十几岁了，他的唯一的儿子才3个月，可能不是原配夫人所生；第二，如果仅仅是因为儿子太小不能主祭，按民间习俗完全可以让人抱着这个"幼子"行祭礼，这就可以被认为是"幼子"在主祭，但没有这样做，而是绕开这个"幼子"，直接让侄儿小彬"奉工部丧事"，显然工部儿子年幼只是个借口。另一方墓志也记载了相似的情况，晋州洪洞县的令敬守德死后"有一子洪奴，年甫龄凯，故丧事所给，皆在公之甥、殿中侍御史赵良器之弟良弼"[①]。令敬守德死的时候68岁，唯一的儿子才几岁，应该也是后娶的小妾所生，也被以幼小为借口夺去了主祭权。如果这个分析有道理，说明在继立门户的时候庶生子往往会受到一些阻力，因为主祭权是继承父祖家长权力、继立门户的重要象征。

在贵族官僚家庭中，庶生子主祭的阻力更大。太原人王恒汜家是"五侯贵族，钟鼎承家"，王恒汜以地望、将门恩荫得官，33岁壮年去世。"公夙丁家祸，卅未婚，临棺无令室主丧。有庶子孟曰七斤，仲曰观奴，年虽童稚，含辛茹蓼，泣血绝浆"，最后立碑的却是王恒汜的哥哥恒滔、恒沔和弟弟恒清，[②] 而不是这两个庶生子，可能主祭也没用庶生子。这也

[①] 周绍良主编：《唐代墓志汇编》开元〇九八《唐故朝请大夫行晋州洪洞县令敬公墓志铭》。
[②] 周绍良主编：《唐代墓志汇编》贞元一一八《唐故云麾将军王公墓志铭并序》。同书《续集》贞元〇二七《唐故左神策军散将左骁卫大将军太原王府君墓志铭》记载说，王偕34岁去世后"勒庶子承宗习继后嗣"，像是经过了一次立嫡手续，而且是由王偕的舅舅、"汝南令族"袁韶操办丧事的时候立的。

不奇怪，嫡庶之分本来就是为了体现差别而存在的；① 真正的平等，只能是没有了嫡庶之分的时候。

附带说一下，除了嫡生子和庶生子，再婚夫妇家庭中有时候还有妻子带来的与前夫所生的儿子。唐代规定，如果丈夫亡后"妻少子幼，子无大功之亲，与之适人，所适者亦无大功之亲"，即这个幼儿的亲生父亲家没有叔伯收养，便可以与继父"同居"，类同于继父家所立的嗣子。② 唐代名相元载、酷吏来俊臣都是被继父以立嗣的名义收养的，③ 郭子仪的儿媳妇是河西公主，此前曾嫁到姓沈的人家，"生一子，铦无嗣，以沈氏子嗣"④，也属于这种情况。这些虽然都是贵族官僚家的事例，我们不能据此认为这种现象只发生在贵族官僚家中，由于他们的政治地位重要被正史立传，收养继子的事才被顺便记了下来，没被记载下来的普通人家也应该是这样，因为习俗的流行是不分阶层的。这种随母改嫁带来的儿子通常与庶生子相似，也可以享有与亲生儿子相同的分家权益。

宋代有个案例说，"丘如，乃阿黄前夫之男，带来嫁与丘闰。……丘闰必不肯私其妻前夫之子，若有置到田业，合作丘闰名字"，如果丘闰死后分家，丘如也可以有一份；但是"丘如自营运到作丘如名"，所以官府认为"丘如既已有财产，却不得再分丘闰田业"；如果以后"供赡继父，葬送母亲，丘如合当诸子分之一，不可以前后异其心"⑤。这是原来有儿子的家庭，带来的儿子如果尽了义务，分家的时候也可以作为一分子，权利相同。还有"李子钦甫数岁，即随其母嫁与谭念华之家，受其长育之恩，凡三十年矣"，不料李子钦"背德忘义，与其母造计设谋，以离间谭念华之亲子，图占谭念华之家业"。最后官司审断认为，"李子钦罪状如

---

① 潘光旦先生认为，古时候歧视或防范庶生子除了家产的原因外，还有优生学方面的考虑：纳妾的多是大户人家，特别是名门望族，娶妻讲究门当户对，可以保证后代血统高贵；纳妾的时候只看相貌而不管其来历，做小妾的女子大都出身于社会底层，所以很容易"接上一支怎样不健全的血脉"，导致后代的无能和家族的衰落。见《明清两代嘉兴的望族》第129页，（上海）商务印书馆1947年版。
② 《唐律疏议》卷二三《斗讼》。"大功"是五服制中的第三级，代指叔侄关系。
③ 王晓丽：《唐五代拟制血亲研究》，载张国刚主编《中国社会历史评论》第一卷，天津古籍出版社1999年版。
④ 《新唐书》卷一三七《郭子仪传郭铦附》。
⑤ 《清明集》卷一〇《与义兄争业》。

此，本不预均分之数，且以同居日久，又谭念华之所钟爱，特给一分"①。这种关系中同居、合籍也是分家权益的一个前提。不过也不尽然，另一个案例说，傅氏带着儿子薛龙孙、薛龙弟改嫁到舒常家，改姓舒，同居多年。舒常死后，兄弟二人为分家的事与舒常的亲生儿子发生冲突，官府审理的时候明确说："薛龙孙等于其义父舒常身死之后，却宜自归本宗，而为傅氏者亦宜以义遣之。今乃盘旋不去"，结果闹出了矛盾；因此判令"仰薛龙孙、龙弟各自归奉薛氏之祀，不得更冒姓舒氏，及干预舒氏家事"②。这个案例的判词开头还引用范仲淹随母改嫁到朱家，改姓朱，成年后辞谢归宗的事例，说明薛氏兄弟应当归宗。还有一个案例说，卢公达原来有一个养子，续弦夫人带来一个儿子，原名陈日宣，卢公达死后陈日宣与养子争家产，官府判令"陈日宣自系外姓人，随母嫁与公达，所有公达户下物业，日宣不得干预惹词"③，把家产全部给了养子。

把这几个案例结合起来分析，可以看出，这种随母改嫁到另一家的儿子能否在继父家继产承户，并没有固定的处理方法，主要看是否需要这个带来的儿子承担继立门户的义务（其中的标志是同居、改姓与否）。同时还要看这种特殊家庭成员之间的关系，如果能和睦相处，原来继父有亲生儿子，这个带来的儿子也可以一同参与分家析产；如果发生纠纷，不论是谁的过错，带来的儿子都会被赶出去。可以再举个例子：北宋初年有个叫石熙载的官员对继母很孝敬，对继母带来的"前夫子"熙导也与亲弟弟一样看待，分家的时候给了其一份家产；他死后弟弟们不待见熙导，剥夺了他的家产，还打起了官司。最后在宋太宗的干预下"复以财产量给之"，给了熙导应得的一份，同时也让他"还宗"④，离开了石家。

（四）平均原则和分家文书

诸子平均析产承户的两种方式，包括庶生子参与的分家析产，都以平

---

① 《清明集》卷四《随母嫁之子图谋亲子之业》。
② 《清明集》卷八《子随母嫁而归宗》。
③ 《清明集》卷八《出继不肖官勒归宗》。
④ 《宋史》卷二六三《石熙载传》。

均甚至绝对平均为基本原则。这是基于所有的儿子,无论嫡庶长幼,都与父亲的血缘关系相同而形成的原则,也是我国传统的分家方式最基本的特征,因为"诸子析分"才需要平均,而平均已经含有了诸子析分的意思。

作为父祖都愿意多给儿孙留下一些家产,从数量上又很难满足儿孙的需要;即使是富裕家庭,财产再多也欲壑难填,很难满足儿孙的欲望,此时的平均和公正就显得尤为重要。在一些分家的纠纷中,有的人并不是为了多要一份财物,主要是较劲斗气——分多分少是次要的,关键是要体现平均和公正。

退一步说,即使不太平均,只要程序公正也可以接受。所以很早就有了保证程序公正的具体办法,先秦时期的《慎子·内篇》记载说,"夫投钩以分田,投策以分马,非钩、策为均也。……是以分马者之用策,分田者之用钩,非以策、钩有过于人智者也,所以去私塞怨也"。虽然讲的不完全是分家产,所强调的投策(摸缰绳)分马和投钩(拈阄)分田方式的公正无私,则体现出相同的绝对平均主义而无人情偏袒的追求。敦煌发现的唐末宋初的分家文书"格式"中,罗列完毕所分开的家产之后常有这样的词句:"右件分割……再三准折均亭,抛钩为定。更无曲受人情,偏藏活业。"① 为了保证"均亭",使用的也是"抛钩"即拈阄的方式。

分配完整田宅的时候因为无法拆散,很难做到平均,就通过调整其中的部分财物来弥补,唐代张月光、张日兴兄弟的分家文书说,兄弟二人分开以后"又缘少多不等,更于日兴地上取白杨树两根"给了哥哥。② 南宋时期的袁采在家训中嘱咐子孙,分家的时候为了均平公正,有不能分开的财物、归其中几个人共有的财物,要在阄书的末尾写清楚,或者单独写一个"漏阄"作为附录,让大家都知道。③ 以示公开公正,没有偏颇私心。

接下来,简单说一下分家文书。

唐宋时期已经有了比较完备的分家文书,称为分关、阄书、分书、支书、析分文书等。一次性析分时随分随立,多次性析分时在最后一次分清

---

① 唐耕耦、陆宏基主编:《敦煌社会经济文献真迹释录》第二辑,第169页。
② 同上书,第147页。
③ 袁采:《袁氏世范》卷三《分析阄书宜详具》。

的时候再立。现存的唐宋时期的分家文书原件极少，有的保存在敦煌石窟中，有的存留在皖南闽北的乡间，还有的收录在后来续修的族谱里面。

先看唐代的两份。敦煌文书中的"分家文书格式"即通用样式有一份比较完整：①

兄某告弟某甲，□□（累叶）忠孝，千代同居。今时浅狭，难立始终。□□（恐后）子孙乖角，不守父条，或有兄弟参商，不□（识）大体。既欲分荆截树，难制颓波，□领分原，任从来意。家资产业，对面分张；地舍园林，人收半分。分枝各别，具执文凭，不许他年更相斗讼。乡原体例，今亦同尘，反目憎嫌，仍须禁制。骨肉情分，汝勿违之。兄友弟恭，尤须转厚。今对六亲商量底定，始立分书，既无偏坡，将为后验。人各一本，不许重论。

某物　某物　某物　某物　某物
车　牛　羊　驼　马　驼畜　奴婢
庄园　舍宅　田地乡籍　渠道四至

右件家产并以平量，更无偏党丝发差殊。如立分书之后，再有宣悖，请科重罪，名目入官，虚者伏法。年月日

亲见
亲见
亲见
兄
□
□
妹

另一件是当时使用过的分家文书实物：②

---

① 唐耕耦、陆宏基主编：《敦煌社会经济文献真迹释录》第二辑，第185页。
② 唐耕耦、陆宏基主编：《敦煌社会经济文献真迹释录》第二辑，第148—149页。天复为唐昭宗年号，只有四年。"天复九年"即公元909年已经是后梁开平三年。

天复九年己巳岁润（闰）八月十二日，神沙乡百姓董加盈、弟怀子、怀盈兄弟三人，伏缘小失父母，无主作活，家受贫寒，诸道客作，兄弟三人久久不溢，今对亲姻行巷，所有些些贫资，田水家业，各自别居分割如后：

兄加盈兼分进例，与堂壹口，椽梁具全，并门。城外地，取索底渠地参畦，共六亩半。园舍三人亭支。葱同渠地，取景家园边地，壹畦共四亩。又九岁䭾𪊨壹头，共弟怀子合。又葱同上口渠地二亩半，加盈、加和出卖与集，集断作直麦粟拾硕，布一匹，羊一口，领物人董加和、董加盈、白留子。

弟怀子，取索底渠地大地壹半四亩半，葱同渠地中心长地两畦五亩。城内舍：堂南边舍壹口，并院落地壹条。共弟怀盈二（人）亭分。除却兄加盈门道，园舍三人亭支。又玖岁䭾𪊨牛一头，共兄加盈合。白羊（杨）树一，季子树一，怀子怀盈二人为主，不关加盈加和之助。

弟怀盈取索底渠大地一半四亩半，葱同渠地东头方地兼下头共两畦五亩，园舍三人亭支。城内舍堂南边舍壹口，并院落壹条，除却兄门道，共兄怀子二人亭分。又参岁黄草捌壹头。

右件家业，苦无什物。今对诸亲，一一具实分割，更不得争论。如若无大没小，决杖十五下，罚黄金壹两，充官入用，便要后检（验）。

润（闰）八月十二日，立分书

  盈加董兄 见人阿舅石神神
  子怀董弟 见人耆寿康常清
  盈怀董弟 见人兵马使石福顺

这两件文书的内容已经相当完整了，包括序言、缘由、分家原则、析分清单（应该是人手一份，内容相同）、保证语，以及时间、当事人和见证人的签押。在见证人中除本家长辈外，"文书格式"连姐妹也请到了

（后来只请男人）。而且由这些"文书格式"可以知道，这个时候民间分家已经普遍使用规范的文书了。

再看宋代的两份。一份是保存在前面提到的清朝末年《吴中叶氏族谱》中的《宋世分书》，已经不是原件，是照原件完整地抄录保存在族谱中的：

山头巷住人叶廿八，同妻某氏，请到亲族杨三十一秀、徐十八秀、叶二十四秀等，写立遗嘱。有身正室某氏，生长男叶椿、次男叶柏、三男叶桂、七男叶枢；侧室某氏，生四男叶槐、五男叶榆、六男叶梅。七男俱已娶妻完聚，不幸叶梅早卒无后。有身仰赖祖宗遗荫，颇成家业。今将现在房屋、山地、家私什物，均作十分，除叶柏出赘外，叶椿嫡长得二分；余四子各得一分；叶桂早卒，遗孙叶堂孤苦，同叶梅妻某氏共又得一分，余三分老身养赡送终并应门户。待老身天年之后，所遗三分照前均分。此系出于至公，并无私曲，亦无更分不尽之财。既分之后，荣枯得失，听由天命。所有家私明写分书之上，永远为照。

另一份是极为少见的南宋末年闽南《苏氏长基分处遗书》原件：①

大宋淳化五年，岁在甲午，肯构石城山中新厝。淳熙乙巳，分为天、地、人、和四房，随人住居。缘景定辛酉遭贼寇紊乱，山场、坟冢、庐舍、田园失荒废坏，至咸淳乙丑，场阜隶张清、邱潦、陈刚在处守雇，延于丁卯五月，兵贼到，提招畲屯札里社渚处封仑（仓？），至初七攻围罗城、仙溪等寨，初九纵火焚烧房屋，可怜焦土。时至己巳、庚午，元军乱炽，大宋祚将倾，叔十万以仕五世仕宗（宋？），是故不屈，义扶宋室。今经乱岁沧桑，致慨谨将庐舍、田园、山场、坟冢、产业、屋基，族众旦平，区分天、地、人、和字号阄书收执，准照定基为书，据宗枝谱图永远披阅为用，后之子孙人文蕃衍，天运

---

① 转自杨国桢等《闽南契约文书综录》，载《中国社会经济史研究》1990年增刊。

循环，旋回故里，显祖荣宗，创置门闾，诗书敦让，风俗淳厚，迄称忠孝矣。至坟冢并庙宇地基，贯石城坂中心，号曰山中寨。诸兄弟照房均分，道远、道助、道隆居天、地字号，应得左畔；道隐、道益居人、和字号，应得右畔。口无干碍，各阄谱执照炳据，向后并无反悔。如违，罚铜钱壹百贯文入官支用。须至经官押印者

　　天字号道远

　　地字号道助

　　收执天字号道隆

　　人字号道隐

　　和字号道益

　　　戴茂

　　族房见人朝用

　　　朝□

　　　德高

公见书字人王敬　顿首拜

大宋德佑（祐）二年岁在丙子二月吉日谷旦

与后来明清时期皖南闽北地区的析产文书原件相比，南宋末年的这件文书不够典型，序言中讲家世遭遇太多，却没说清当事人的关系；讲析产内容的部分又过于简略，也没有析产清单。鉴于宋代的分家文书实物已经极为罕见，姑且引录于此。

据宋人记载，分家文书有两种形式，一种是只记录自己分得的部分，一种是把每个人分得的都记录在一起。后一种称为"互见"文书，使用的比较普遍。"有各人止（只）录己分所得田产者，有一本互见他分者。止（只）录己分，多是内有私曲，不欲显暴，故常多事讼；若互见他分，厚薄肥瘠，可以毕见，在官在私，易为折断"，互见的文书比较多。[①] 程

---

① 袁采：《袁氏世范》卷三《分析阄书宜详具》。这种互见文书又称为"穿关"，见《清明集》附录二《曾适张潜争地》。

玭的七世祖（二府君）有三个儿子，"仁宗皇帝景祐元年六月，析二府君之田产而三之……每份为百八十亩，山不与焉"；180年后程玭偶然见到了当年的分家文书，写了一段跋语附在后面，"一以藏吾家，一以归"堂兄弟家收藏。这套写了三份的文书，内容应该是"互见"相同的。① 还有个案例反映说，莫世明有三个儿子，"昨于存日，将户下物业作三分均分，立关书三本，父知号外，兄弟三人互相签押，收为执照"②。从三本文书都由兄弟三人"互相签押"来看，也应该属于有"互见"形式。

按照历代的习俗，立分家文书的时候要请族长出面主持，并以"见人"身份签押，以取得家法的认同；同时还要到官府备案（通常是由乡间管税收的小吏登记田产的易主情况），既防止趁机偷税漏税，也含有国法保护的意思。很多时候不去官府盖印，主要是为了规避官府收费，"县道贪污，遇有析户印阄则厚有所需。人户惮于所费，皆匿而不印"③。一旦出现争讼，官府便难以理断，因为"争分全凭支书，有印押者尚多假伪，不足凭据，而况不印押者乎？"④ 宋代的洪适在徽州时，"郡多讼分产不平者，公究其端，以官印阄书吏倍有邀索，民宁匿关而惮费，以故成讼"⑤。当然，这都是比较富裕的中上等人家，贫穷下户田产少，分家过程简单，即使不经过完整的手续，甚至不立文书也很少有争议。

虽然我们不能确定分家文书始用于什么时候，按常识推想，造纸技术普及以前不可能很多；吐鲁番文书中有北朝时期的租佃契约，此时分家是否使用文书，尚不见记载或实物。可以肯定的是，从唐代开始分家文书多了起来，并且有了通用的"式样"，已经规范化了。唐宋时期以及后来的田宅交易文书中都要写明田宅的来路，如果是分家时分得的，还要交验分家文书，涉及田宅归属的官司也要呈验分家文书。这也是人们保存分家文书的原因。

---

① 程玭：《洺水集》卷一三《书六世祖析胙后》。通行的版本有删节，四川大学古籍所影印明嘉靖刊本保存完整。这条资料是王曾瑜先生提示的，谨致谢忱。
② 《清明集》卷五《物业垂尽卖人故作交加》。
③ 袁采：《袁氏世范》卷三《析户宜早印阄书》。
④ 《清明集》卷八《已有亲子不应命继》。
⑤ 洪适：《盘洲集》附《宋尚书右仆射观文殿学士正议大夫赠特进洪公行状》。

二 没有儿子的家庭女儿继产承户

在我国古代的实际生活和人们的观念中,有亲生儿子的家庭是正常家庭,没有亲生儿子的家庭算是非正常家庭。所谓非正常家庭又分为两种情况:有女无子和无子无女(俗称"干巴"绝户),我们在此主要考察有女无子的家庭。分家的时候,有女无子的家庭可以让女儿代替儿子,也可以不用女儿,立嗣侄儿或外甥。后一种方式放在后面的立嗣部分讨论,这里先考察用女儿代替儿子继产承户的方式。

诸子平均析产方式与西欧和日本的长子继承制一样,都是男子单系继承制。这在古代社会是必然的,因为古代家庭的财产主要是田地和房屋,都属于不动产;在通常的婚姻习俗中各个家庭的男子不动女儿动,兄弟和姐妹不可能同时平等地析分父母的家产,[1] 否则田宅之类的不动产在析分后无法搬动。只要传统的婚姻制度和家庭经济生活方式不变,男女的平等继承权就只能是一种缺乏可操作性的愿望。

同时也应该看到,家庭中有义务和权利,也有血缘亲情,分家产的时候父母不可能只顾儿子,无视女儿的利益,儿子的继承权不可能是绝对的,只能是男子"单系偏重"[2]。在祭祀、主丧等显示身份性的(宗祧)继承的场合严格限制在嫡长子一人,余子和女儿不得参与;析分家产的时候则宽松一些,不仅诸子均分,对女儿也不完全排斥,也留下了一些间接继承家产的方式和机会。

(一) 有儿子的家庭女儿不能直接继承

为了把问题看的全面一些,我们先从有亲生儿子的家庭说起。

在有亲生儿子的家庭中,女儿没有继立门户的义务,所以不能直接继

---

[1] 权力的平等和数量的平均是有区别的。西方近代的"男女平等"继承是指继承的权力平等,可以由儿子继承,也可以由女儿继承,不是让所有的儿子和女儿平均析分。

[2] 费孝通:《生育制度》第十三章,天津人民出版社1981年版。费先生专门指出"这种单系偏重和所谓压迫妇女是无关的"。

承家产。这是有记载以来的传统习俗。湖北江陵张家山247号墓出土的竹简《奏谳书》中有一条律文，专门讲秦汉时期继承人的法定顺序，"故律曰：死夫以男为后，毋男以父母，毋父母以妻，毋妻以子女为后"①。第一继承人为"男"指儿子，第四继承人"子女"指女儿；女儿在没有男儿的时候才可以作为继承人，而且排在了其祖父母和母亲的后面。前引江苏仪征出土的西汉《高都里朱凌光先令券书》，把稻田借给两个女儿用半年，到期归还，由母亲主持分给儿子，也印证了这一点。唐宋时期已经明确规定："诸身丧户绝者，所有部曲、客女、奴婢、店宅、资财，并令近亲转易货卖，将营葬事及量营功德之外，余财并与女。"② 这就从法律上限制了娘家有亲生儿子的时候女儿继承家产的权利。

日本学者岛田正郎认为，南宋时期江南地区的家产分配上已经存在"男女平等，或近乎于平等的原则了"③。这是从一个极为特殊的案例中得出的结论，很难成立。论者所依据的主要是南宋建昌（今江西南城）县田县丞的家产纠纷案。为了说明问题，先把这个案例的主要内容引录在这里：

> 田县丞有二子，曰世光登仕，抱养之子也；曰珍珍，亲生之子也。县丞身后财产，合作两份均分。世光死，无子，却有二女尚幼。通仕者，丞公之亲弟，珍珍其犹子，二女其侄孙。男方卝角，女方孩提，通仕当教诲孤侄，当拊恤二女，当公心为世光立嗣。今恤孤之谊

---

① 张建国：《有关秦汉时期继承权的一条律文》，载《光明日报》1996年12月17日"史林"。原简上看不出具体时间，有学者考证为秦代律令，见彭浩《谈〈奏谳书〉中秦代和东周时期的案例》，载《文物》1995年第3期。

② [日] 仁井田陞辑：《唐令拾遗·丧葬令》第三二；《宋刑统》卷一二《户婚律》引。宋代官员运用这类律令很熟练，刘壎《隐居通议》卷三一《杂录》记载："邢州有盗杀一家，其夫妇即时死，有一子明日乃死，州司以其家产依户绝法，给出嫁亲女。刑曹驳曰：父母死时，其子尚存，即财产乃子物，所谓出嫁亲女乃系出嫁姊妹，不合有分。"

③ [日] 岛田正郎：《南宋家产继承上的几种现象》，载《大陆杂志》第三十卷第四期，1956年。参拙文《南宋女儿继承权考察——〈建昌县刘氏诉立嗣事〉再解读》，《中国史研究》2010年第1期；柳立言驳文《妾侍对上通仕：剖析南宋继承案〈建昌县刘氏诉立嗣事〉》，《中国史研究》2012年第2期；《南宋在室女分产权质疑》，（台北）《"中央"研究院历史语言研究所集刊》第八十二本第三分册，2012年。

无闻,谋产之念太切,首以己子世德为世光之后,而宝藏世光遗嘱二纸,以为执手。世俗以(堂)弟为子,固亦有之,必须宗族无间言而后可。今争讼累年,若不早知悔悟,则此遗嘱二纸,止合付之一抹。何者?国家无此等条法,使世光见存,经官以世德为子,官司亦不过令别求昭穆相当之人。况不由族众、不经官司之遗嘱乎?通世所以不顾条令,必欲行其胸臆者,不过以县丞与世光皆不娶,而姪与姪孙皆孤幼,可得而欺凌耳。在法:诸户绝人有所生母同居者,财产并听为主。户绝者且如此,况刘氏者珍珍之生母也,秋菊者二女之生母也,母子皆存,财产合听为主,通仕岂得以立嗣为由,而入头干预乎?度通仕之意,欲以一子中分县丞之业。此大不然,考之令文:诸户绝财产尽给在室诸女。又云:诸已绝而立继绝子孙,于绝户财产,若止(只)有在室诸女,即以全户四分之一给之。然则世光一房若不立嗣,官司尽将世光应分财产给其二女,有何不可,通仕有何说可以争乎?若刘氏、秋菊与其所生儿女肯以世德为世光之子,亦止(只)合得世光全户四分之一,通仕虽欲全得一分,可乎?往往通仕亦未晓法,为人所误,此通仕之谬也。

刘氏自丞公在时,已掌家事,虽非礼婚,然凭恃主君恩宠,视秋菊辈如妾媵。然观其前后经官之词,皆以丞妻自处,而绝口不言世光二女见存,知有自出之珍珍,而不知有秋菊所生之二女。所以蔡提刑有产业听刘氏为主之判,而当职初览刘氏状,所判亦然,是欲并世光一分归之珍珍,此刘氏之谬也。通仕、刘氏皆缘不晓理法,为囚牙讼师之所鼓扇,而不自知其为背理伤道。当职反复此事,因见田氏尊长钤辖家书数纸,亦以昭穆不相当为疑。又云族中皆无可立之人,可怜!可怜!又云登仕与珍郎自是两分,又云登仕二女使谁抬举,又云刘氏后生妇女,今被鼓动出官,浮财用尽,必是卖产,一男二女断然流下,又云老来厌闻骨肉无义争讼,须与族人和议。书中言语,无非切责通仕,而通仕不悟,乃执此书以为证验,岂通仕亦不识文理邪?当职今亦未欲遽绳通仕以法,如愿依绝户子得四分之一条令,可当厅责状,待委官劝谕田族并刘氏、秋菊母子,照前日和议,姑以世德奉世光香火，得四分之一，而以四分之三与世光二女，方合法意。若更纷挐，止得引用尽给在室女之文，全给与二女矣。此立嗣一节也。

刘氏，丞之侧室；秋菊，登仕之女使。昔也，行有尊卑，人有粗细，爱有差等，今丞与登仕皆已矣，止是两个所生母耳。尽以县丞全业付刘氏，二女长大，必又兴讼，刘氏何以自明？兼目下置秋菊于何地，母子无相离之理。秋菊之与二女，亦犹刘氏之与珍珍也，人情岂相远哉。县丞财产合从条令检校一番，析为二分，所生母与所生子女各听为主。内世光二女且给四分之三，但儿女各幼，不许所生母典卖。候检校到日，备榜禁约违法交易之人。案呈本军见在任官，选委一员奉行。寻具呈，再奉判。

裘司理居官公廉，帖委本官唤上田族尊长，与通仕夫妇、刘氏、珍郎并秋菊、二女当官劝谕，本宗既别无可立之人，若将世光一分财产尽给二女，则世光遂不祀矣。通仕初间未晓条法，欲以一子而承世光全分之业，所以刘氏不平而争。今既知条法，在室诸女得四分之三，而继绝男止（只）得四分之一，情愿依此条分析。在刘氏、珍郎与秋菊、二女亦合存四分之一，为登仕香火之奉。

取联书对定，状申。

这是一个很特殊的家庭：田县丞有两个儿子和两个女儿，他一生未娶正妻，长男世光（登仕）是抱养之子，[1] 次子珍郎和两个女儿都是他与私通的小妾刘氏所生，田某死的时候珍郎和两个女儿都还没有婚嫁。登仕也未娶正妻而早逝，留下了与收房丫鬟秋菊所生的两个幼女，[2] 没有儿子，所以田县丞的弟弟通仕为了谋求家产，要为登仕立嗣。田县丞父子去世以后这些人为分家产打了几年的官司，其中涉及女儿的家产继承权问题。

在据此讨论女儿的家产继承权之前，我们首先应该注意的是，这个案

---

[1] 案例说的"世光登仕"，意思是世光是登仕郎（靠恩荫或捐买的官名），为了与引文语气一致，以下都称登仕。下文提到的田县丞的弟弟、世光的叔叔"通仕"是通仕郎，也是官名，不是人名。

[2] 岛田正郎对这个案例审读不够仔细，所谓"二女"一是指世光的女儿，二是指田县丞的女儿，父子二人都留下了两个女儿，在岛田正郎的分析中都当成了田县丞的女儿。

例原题为《建昌县刘氏诉立嗣事》，收入《清明集》的时候改为《继绝子孙止（只）得财产四分之一》，都主要是围绕立嗣问题讲的，不是我们所关注的女子的继承权问题。当初审理者刘克庄的主要目的也是阻止嗣子多占家产的份额。因为这个案子的起因，是田县丞死后其弟弟通仕以田县丞有遗嘱为借口，要把自己的儿子过继给田县丞的儿子，①目的是获取亡兄的家产，田县丞的遗孀刘氏不同意。在这类常见的小叔欺负寡嫂的案子中，审理者都是同情弱者，尽量照顾刘氏母女的利益，压制田县丞的弟弟，这可以从上面判词中对通仕的训斥语气看出来。还有一层，两代寡妇一个是私通的小妾，一个是收房的丫鬟，虽然判词说"今丞与登仕皆已矣，止（只）是两个所生母耳"，身份毕竟与正妻不同，刘克庄不便过多地关照，所以就主要照顾两代孤女了。明白了这个大前提，才能准确地分析这个家庭中女儿所得的家产数额增多的原因，才不至于把数额的增多简单地等同于继承权的扩大。

《清明集》中所收录的是这个判词的前半部分，约有 1000 字；刘克庄《后村先生大全集》所载的原文约有 3500 字。其中最关键的是这两段话：

> 再据刘氏诉立嗣事，奉判：前此所判，未知刘氏亦有二女。此二女既是县丞亲女，使登仕尚存，合与珍郎均分，二女各合得男之半；今登仕既死，止（只）得以诸子均分之法，县丞二女合与珍郎共承父分，十分之中，珍郎得五分，以五分均给二女。

> 登仕二女，合与所立之子共承登仕之分，男子系死后所立，合以四分之三给二女，以一分与所立之子。如此区处，方合法意。

文中所谓"二女合与珍郎共承父分"的判词（这里所说的"二女"是珍郎的姐妹），就是被论者反复引证的男女平等继承的主要依据。刘克

---

① 即堂弟给堂兄当嗣子。判词说"世俗以弟为子，固亦有之"，虽然"昭穆不顺"，还是允许的。

庄这段话说的有些混乱。按刘克庄所说，无论登仕在不在世，都是珍郎分一半，两个女儿共同分一半，如果登仕在世，这属于二女"合与珍郎均分"；现在登仕不在了，则算是"以诸子均分之法"。相同的份额分配办法却有两种说法。但所谓原来二女"合与珍郎均分"与现在的"以诸子均分之法"似乎没有区别，都是指的诸子平均析产的方式；事实上又没有把女儿与儿子等同看待，从份额看女儿只相当于半个儿子，这显然不是男女平等继承，相差半数也不能说是"近乎于"平等，实际上这是以留取聘财和奁产的方式分配遗产，因为《宋刑统》卷十二《户婚律》规定，分家的时候如果还有未婚的弟弟妹妹，应该先留出婚嫁用的聘财和奁产；而且具体规定，给未婚妹妹留奁产"减男聘财之半"。所以，我觉得，刘克庄的本意可能是想说：无论登仕在不在世，既然珍郎与两个妹妹都没有婚嫁，都可以按留取聘财和嫁妆的比例来分配；因为珍郎的份额与两个姐妹的总份额相同，所以又都可以算作"均分"了。实际上还是按留取聘财和嫁妆的比例分配的，只是把通常的分家析产与留取聘财嫁妆两种方式（两件事情）合一了。

刘克庄之所以在这个案例中把事情说乱了，可能是由于数量上的巧合：一个女儿得珍郎所分家产的1/2，实际是全部家产的1/4；现在两个女儿合起来正好得到了全部家产的1/2，与珍郎所得的数量相同，所以刘克庄便说是"均分"了。[①] 不过，刘克庄专门说是二女"合"与珍郎共承父分，实际上已经区分开了，因为"合"的意思既是"应该"，也包含"总共"的意思。当然，这样一来女儿所得的份额确实大了许多，因为聘财只是家产中的一部分，女儿通常只能得儿子聘财的1/2，现在却得了儿子所分得的家产的1/2，这便是审理者在有意识地优待孤女。后来的研究者只是看到了女儿份额增加了，没弄清楚是什么原因，就惊呼女儿的家产继承权扩大了。

[①] 白凯在《中国的妇女与财产：960—1949》（上海书店出版社2007年版，第21页）分析后面提到的《女合承分》案例时，指出郑家的两个女儿与养子"各合受其半"，是指的"一个过继儿子和所有女儿之间的均分"，两个女儿所得的数量与一个儿子的数量相同"纯属巧合"，而不是财产分割的原则。接近了问题的实质。

并且这也没能行得通,田县丞的弟弟继续为儿子争份额。到这个时候,要求参与田县丞家产分配还没有一个是完全合理合法的继承人:珍郎和两个姐妹是私生子,两个孙女是收房的丫鬟所生,参与立嗣继产的是田县丞的侄子;三个参与者和背后操纵者中的刘氏的身份是私通的小妾,秋菊是收房的丫鬟,再就是田县丞的弟弟。这种家庭关系很少见,这类案子实际上没有成法可依,也没有成例可循,再加上刘氏娘家人的干预,所以官司打了几个月,提出了几个方案都难摆平。最后,只得把全部家产先按田县丞的两个儿子平均分成两份,再把长子登仕一份的 3/4 给两个幼女,1/4 给嗣子;次子珍郎的一份与两个姐妹平分,珍郎自己的部分与生母刘氏共用。这就是刘克庄在判词中最后设计的方案。这个分配方案是:

田县丞的次子珍郎　　25%
田县丞的两个女儿　　12.5% × 2 = 25%
登仕的嗣子　　12.5%
登仕的两个女儿　　18.75% × 2 = 37.5%

很明显,这个方案的主要用意是限制嗣子的份额,按规定这种"命继"的嗣子只能得(其养父)家产的 1/4,[①] 刘克庄严格地执行了这个比例,既不肯让其多占,又不能让通仕找到继续纠缠的口实。不过这样一来,田县丞的两个女儿反而不如她们两个年幼的侄女份额多了,所以又想让这两个幼女各拿出一半作为登仕发丧的费用(此时登仕仍"丧柩在家",未及发丧),但她们的母亲、登仕的收房丫鬟秋菊不同意自己的女儿负担全部费用;最后决定让珍郎、登仕的两个幼女和所立的嗣子各拿出所得家产的 1/4,作为田县丞和登仕的香火之用。田县丞两个女儿的份额不变,与两个年幼的侄女的份额接近了,嗣子所得的份额更少了。

审理过程之所以拖延了几个月,先后提出了几个方案,反复斟酌,并

[①] 《清明集》卷八《命继与立继不同》中引"户令"规定,如果是"命继"即父母双亡以后近亲选立的嗣子只能家产的 1/4,在室女得 3/4;如果是"立继"即父母生前所立的嗣子,就可以得到全部家产了。登仕的嗣子是身后所立,所以最多得登仕一股的 1/4、田县丞全部家产的 1/8。

不是事理不清楚，而是为了使这个已经破散的家庭不再发生新的争执，因为官司打下去"必致破产而后已"。诸如协商才"可以保家息讼"、应该设法"以息日后之讼"的词句屡屡出现在判词中，显然不单是为了司法的公正，而是以抹平争端为原则。所以，这起争产案不仅特殊，判决也带有很大的灵活性和随意性，却不带有普遍性，不能作为立论的依据；如果据此分析当时的家产继承情况，也只能从最初把田某的家产平均分为两份看到传统的诸子平均析产方式（包括庶生子不受歧视），其他都是不足以立论的。

刘克庄《后村先生大全集》卷一九三记载的《鄱阳县东尉检校周丙家财产事》案例，[①] 也说到"在法：父母已亡，儿女分产，女合得男之半"。细绎之，这也不是说的普通家庭的分家原则，而是指的父母双亡、儿女孤幼的家庭的特殊处理原则，实际上也是把通常的分家析产与留取聘财嫁妆合一了。刘克庄在引述"在法"之后又接着说，"遗腹之男，亦男也，周丙身后财产合作三分，遗腹子得二分，细乙娘得一分，如此分析，方合法意"。并进一步解释说，鄱阳县（今江西都昌东北）县尉审理此案的时候"所引张乖崖三分与婿故事，即见行条令女得男之半之意也"。张乖崖即宋代张咏，知杭州的时候所审理的"三分与婿"案，也是指的父母双亡家庭中幼弟与大姐析分家产的问题（详后），张咏在审理的时候用巧妙的方式改动了一下家产的分配比例，按三七分开了。在刘克庄看来也算是符合"女合得男之半"的原意了。

在《清明集》中还有两个案例涉及所谓"女合得男之半"的问题，即卷七《立继有据不为户绝》和卷八《女合承分》，[②] 都是发生在父母双亡、有女无子家庭中的亲生女儿与养子的家产纠纷，都是把分家析产与留取聘财嫁妆合一，即按照留取嫁妆和聘财的比例分配的，都属于特殊情况下的特殊处理方式。为使论述集中起见，就不具体讨论了。总之，对这类

---

① 该案例收入《清明集》卷八时改题为《女婿不应中分妻家财产》，也是强调女儿与娘家兄弟争家产的时候不能均分，最多按留取聘财和嫁妆的比例，"女合得男之半"。

② ［日］仁井田陞认为南宋时期存在"女合承男之半"的法令，是依据《女合承分》案例得出的结论。见《中国法制史·家族村落法》，东京大学出版会1981年版，第365—392页。

特殊家庭中的临时变通的家产处理方法，尽管有间接的法令（留取聘财与嫁妆的比例）做支撑，也不能认为是普遍的家产继承原则。

还有学者指出，"妇女财产权的逐渐丧失，是在明清以来朱子学成为国学，连科举制也以朱子学为基础以后开始的"，以此来反衬两宋时期妇女尚有一定的家产继承权。[1] 就笔者所接触的有关资料来看，明清时期妇女的继承权与宋代以前相比并没有明显的不同。[2] 揣其原因，在于家产的继承是一种民间习俗，有其自身的延续性和稳定性，并不受朝代更替、统治思想演变甚至生产关系变革的直接影响，不会像赋役制度那样呈现出对应的阶段性特征。

（二）奁产陪嫁：间接继承家产的方式

女儿继承娘家家产的时候，不能像儿子那样直接继承或析分，却有一些无继承之名而有继承之实的间接方式和机会。获取奁产陪嫁就是一种最常见的方式，[3] 也是在诸子平均析产方式下给女儿留下的间接继承娘家家产的机会。

奁是古代妇女用的梳妆匣（唐代墓志中也称为"龙匣""宝产匣"等），因为奁匣是陪嫁女儿的必备之物，所以习称娘家陪送的所有贵重物品为奁产。古时候的奁产中有日用品、衣物、首饰，也有钱财和随嫁田。早在《左传》哀公十一年（前484）就有记载说，有位侯王曾"赋封田以嫁公女"，杜预解释其意思是"封田之内，悉赋税之，即以赋税充妆奁之资可无疑矣"。属于随嫁的奁田。

在唐代婚俗中，女方要给男方"草帖式"和"定帖式"，开列三代之

---

[1] ［日］柳田节子：《关于南宋家产分割中的女子继承部分》，载《刘子健博士颂寿纪念宋元史研究论文集》，京都同朋社1989年版。

[2] 邢铁：《宋元明清时期妇女的继产权问题》，《河北师院学报》1996年第1期。

[3] 费孝通先生在《生育制度》第十三章专门论证过这个问题。近年来社会史学者也注意到陪嫁是女儿"对父母财产的提前分割权"。见周积明等主编《中国社会史论》上卷，湖北教育出版社2000年版，第39页。在13—14世纪法国一个叫蒙塔尤的村庄中，女儿出嫁时也有一份陪嫁，"女子的陪嫁全归本人所有……陪嫁是新婚家庭共有财产的补充，但并不融入其中。一旦丈夫去世陪嫁依然是遗孀的财产，而不属于家庭的任何继承人"，与中国的传统完全一样。见［法］埃马纽埃尔·勒华拉杜里《蒙塔尤》，许明龙等译，商务印书馆1997年版，第56页。

后最主要的一项内容,就是随嫁奁产的种类和数目。宋代的女家"草帖式"与唐代相似,只是分成了"奁田若干""奁具若干"两项。① 明朝后期叶盛的文集中有一个南宋理宗景定元年(1260)订婚状的抄件,② 也就是"定帖",其内容和格式都很完整:

郑太师府金判位本贯开封府开封县,今寓平江府昆山县。
三代
曾祖:南皇,任国信所亲属;
祖:端皇,任修职郎,池州司法参军,
祖母:赵氏,前知兴国军与燔姊;
父:元德,见拟将士(仕)郎,
母:王氏,前军器监簿中,实系沂国文正公后;
亲祖姑:长适前湖南运使陈贵谨,
　　　　次适见任淮西运司帐管卢复孙;
从伯:元方,见任从政郎,前严州桐庐县丞,
　　　元哲,见任将仕郎待铨;
从叔:元寿,见任儒林郎新宜差信州军事判官。
主婚
从叔祖:竦,见任朝奉大夫,前知宝庆军府事,主管建康府崇禧宫;
　　　　蠕,见任朝奉郎,前监尚书六部门。
本位长女庆一娘,年一十四岁,十二月十一日巳时生。
今与潘少卿宅知县万八新恩为亲。
奁租五百亩,
奁具一十万贯(十七界),

---

① 龚书铎主编:《中国社会通史·宋元卷》第355页,山西教育出版社1996年版。
② 叶盛:《水东日记》卷八。这是明朝中叶天顺六年(1462)郑家子孙所抄的订婚状原件,寄请叶盛作跋语,叶盛收进了自己的文集中。以下还有婆家回赠的聘礼清单和给媒人的礼品清单。状中说的"十七界"指纸币的兑换方式和期限,类似于现在纸币的第几版。这条资料是高楠博士提供的。

绨绵五千贯（十七界）。

景定元年二月初三日元德具状。

其中的"奁租"是说这500亩地仍然在娘家，收取的地租归女儿。据吴自牧说，南宋时期的"女家回定帖"在开列女儿的生辰之后，要"具列房奁、首饰、金银、珠翠、宝器、动用、帐幔等物，及随嫁田土、屋业、山园等"①，由一个"及"字可以看出，十项中的前七项是通常必备的，"及"字后面的三项可能只有大户人家才陪送；"随嫁田土、屋业、山园"有的采用郑家这种陪送方式，有的则是到女儿婆家附近重新购置。

在唐宋时期的传奇故事中，关于奁产陪嫁的记载也很多。《太平广记》所记唐代李札之妹出嫁时"资装亦厚"，富商刘弘敬的女儿出嫁时以80万钱做嫁赀，另一家给女儿的陪送有"马、驴及他赍"，以及汝阳人、东岳神女、淳于芬、卢生等嫁女或娶妻都提到了大量的奁产；②《夷坚志》记载，穷书生连少连寒夜苦读，梦见一个老妪为之做媒，劝他说："秀才终岁辛苦，所获几何？今肖女奁具万计"，与之成婚用之不尽，③所反映的就是当时的这种社会现象。此外，民间习称娘家人参加婚礼为"送饭"，实际是象征意义上的奁产陪嫁；人们所说的"好男不吃分家饭，好女不穿陪嫁衣"，也是把陪嫁和分家等同看待了。

从奁产陪嫁的习俗和相关法令来看，比较典型的是宋代。④ 范仲淹《范文正公集·义庄规矩》规定赈济族人的时候嫁女儿给30贯、娶儿媳妇给20贯，似乎陪嫁女儿比娶儿媳妇还重要。作为父母，总是尽量把奁产送得多一些，既是为了体面，也是对女儿的一份情感。袁采在家训中嘱咐子孙做事必须事先有计划，其中专门讲"至于养女，亦当早为储蓄衣

---

① 吴自牧：《梦粱录》卷二〇《嫁娶》。据《宋会要辑稿·食货》的商税部分记载，免税的物品中包括妆奁。

② 见《太平广记》卷二四二、三二八、一一七、三〇一、三〇二、四七五、八二、三四三等。

③ 洪迈：《夷坚支志辛》卷五《连少连书生》。北宋宰相薛居正的守寡儿媳妇柴氏有很多家产，另两个宰相张齐贤和向敏中都想娶这个寡妇，为此还打起了官司。见《宋史》卷二五六《张齐贤传》和卷二八二《向敏中传》。

④ 参见张晓宇《奁中物——宋代在室女"财产权"之形态与意义》，江苏教育出版社2008年版。

衾妆奁之具，及至遣嫁乃不费力"。并举例说，"今人有生一女而种杉万根者，待女长，则鬻杉以为嫁资，此其女必不至失时也"。同时又说，"嫁女须随家力，不可勉强。然或财产宽余，亦不可视为他人，不以分给"①，本来是讲的奁产陪嫁，却直接说是"分给"了。有一首名为《新嫁别》的诗中说："母躬蚕桑父锄犁，耕无余粮织无衣。十年辛苦寸粒积，倒箧倾囊资女适。"②贫穷人家也不能例外。

父母年迈的时候安排后事，也常把未出嫁女儿的陪嫁奁产作为一项重要内容。赵鼎在家训中嘱咐子孙在他身后不许分家，各项开支要统一掌握，专门规定"每正初合分给时，即契勘当年内诸位如有婚嫁，每分各给五百贯足，男女同"，即各房女儿出嫁与儿子娶妻一样，都给500贯作妆奁。他被流放到岭南后还对一个特别宠爱的小女儿放心不下，专门嘱咐家人说："三十六娘，吾所钟爱。他日吾百年之后，于绍兴府租课内拨米二百石充嫁资"③，这是采用的前面郑家的陪送奁田的方式。李介翁只有一个庶生女儿良子，临终"指拨良子应分之物产，……以待其嫁"的时候充作奁产。④钱居茂在遗嘱中把家产的一部分"摽拨，与女舍娘充嫁资"，后来族中近亲为了争这份家产与女儿打官司，官府认为钱居茂的做法是合乎情理的。⑤寡妇赵氏的前夫在遗嘱中也让其用家产的一部分"充女荣姐嫁资"⑥。还有郑应辰分家的时候遗嘱给女儿各130亩地，⑦也属于奁田。显然，陪嫁奁产已经成了父母关照女儿的头等大事。

如前所说，唐代《丧葬令》中开始规定，兄弟最后分家的时候如果有尚未出嫁的妹妹（在室女），必须留出将来专用的妆奁，数额为未婚弟弟聘财的半数。宋代也是这样。南宋时期的一个案例说，黄某只有两个女

---

① 袁采：《袁氏世范》卷二《事贵预谋后则失时》、卷一《女子可怜宜加爱》。
② 范浚：《香溪集》附范蒙斋遗文。
③ 赵鼎：《家训笔录》第二一项、第二七项。"三十六娘"是女孩子在娘家的乳名，即赵鼎父亲的第三十六个孙女，这是同一个祖父的孙子孙女按出生顺序大排行的习惯；可能是赵鼎最小的女儿，是个庶生女，所以需要专门嘱咐一下。
④ 《清明集》卷七《官为区处》。
⑤ 《清明集》卷六《争山》。
⑥ 《清明集》卷九《已嫁妻欲据前夫屋业》。
⑦ 《清明集》卷八《女合承分》。

儿，立了一个侄儿为嗣子，商定把家产分为三份，嗣子的一份以"蒸尝"的名义使用，两个女儿以"奁具"的名义占有，后来发生纠纷时，官府说这种方式"于继绝之义、均给诸女之法两得之"①，是合理又合法的。还有女儿自争奁产的，前面提到过的宋代那个吝啬富人不给儿子们分家，死后儿子们打官司争家产的时候，"其处女亦蒙首执牒，自讦于府庭，以争嫁资"②，由"争"字可以知道，这个小女儿已经把获取陪嫁奁产视为自己的一种法定权利了。

奁产的种类和数量没有统一标准，由于娘家的贫富不同往往有很大悬珠，"贫穷父母兄嫂所倚者，惟色可取，而奁具茫然"③。甚至有的贫穷人家由于"资财遣嫁力所不及，故生女者例皆不举"④，在宋代一些地区因此形成了溺女婴的风俗。富裕人家可以为女儿拿出丰厚的财物，宰相张尧佑仗势逼进士冯京为婿，并且"示以奁具甚厚"⑤；另一个进士黄左之成了富豪王生的女婿，"得奁具五百万"⑥；前面引述的南宋景定年间郑家的订婚状中的奁田有500亩；大将杨沂中的女儿嫁给向子丰时的奁产不见记载，女儿有了小孩杨沂中专门"拨吴门良田千亩以为粥米"⑦，可以想见当初奁产的规模……当然这都是比较特殊的情况。

从有关实例来看，宋代一般的富户给女儿的奁田确实不少。秦桧结婚的时候还不太富贵，妻子也从娘家带来了20万贯的奁产。⑧ 吴和之妻"王氏原有自随田二十三种，以妆奁置到田四十七种"⑨；虞某娶陈氏，

---

① 《清明集》卷七《官司斡二女已拨之田与立继子奉祀》。
② 司马光：《温公家范》卷之二《祖》。在敦煌变文中也曾有父母死后女儿与儿子争夺遗产的反映，如"未待此身裁与谢，商量男女拟分钱"；"送回来，男女闹，为分财物不停懊愕（懊）恼"，可能指未婚女儿争嫁资，不是平分家产。见《敦煌变文集》卷四、卷五，人民出版社1957年版，第293—294、668页。
③ 吴自牧：《梦梁录》卷二〇《嫁娶》。
④ 李心传：《建炎以来系年要录》卷一一七，绍兴七年十二月庚申。
⑤ 祝穆：《古今事文类聚》前集卷二六《不娶贵戚》。
⑥ 洪迈：《夷坚志》卷四《黄左之》。
⑦ 周密：《齐东野语》卷一八《向氏粥田》。杨沂中的女儿不能生育，向子丰的小妾生了儿子，她要了过来"作为己出"，巩固了在婆家的地位。杨沂中很高兴，所以在这时候又给了女儿千亩良田。
⑧ 徐梦莘：《三朝北盟会编》卷一四二《炎兴下帙》。
⑨ 《清明集》卷一〇《子与继母争业》。

"得妻家摽拨田一百二十种，与之随嫁"①。当时以一"种"为一亩，是王氏有奁田70亩，陈氏120亩。另一个案例说，"息娘原随嫁奁田，每年计出租谷六十六石"②，以每亩收租一石为率，奁田为六七十亩。③ 值得注意的是，自耕农家庭也要给女儿田地，通常为10亩左右，余姚人孙介"初有田三十亩，娶同县张氏，得奁资十亩，伏腊不赡，常寄食，授书自给"④。应该属于比较常见的情况。

奁产随嫁带到婆家，主要是作为奠定其在婆家地位的物质基础，或者丈夫早逝后维持生计之用。同时，奁产还常被充作其他用场。宋代的叶梦得的妹妹出嫁的时候，妻子用自己的"积箱箧所有及所存奁具"充作小姑的奁产，使其"奁具亦不致敛薄"⑤；施扬休用节省的俸禄和"其室赍送之奁"买地600亩为义庄，赡济族人生活；⑥ 景祐年间开封城里建延宁观，需要征买市民宅地，保庆太后信道教，"出奁中物市其地以建"⑦；治平年间福建莆田修木兰陂，钱四娘子捐了巨资，有学者推测她用的就是自己的妆奁；⑧ 还有人"将妻妆奁置到田业等，拨充蒸尝"，即充作祭田之用⑨……我们对此且不多说。

最能体现奁产是女儿参加娘家家产析分的间接方式这一特性的，是其对奁产的支配权和所有权。

汉代已经有了"弃妻畀所赍"之说，⑩ 畀就是给，即离异的时候妻子可以带走当年的随嫁奁物。唐代明确规定，分家的时候"妻家所得之财，

---

① 《清明集》卷八《立昭穆相当人复欲私意遣还》。关于"种"的含义尚不明确，可能是用籽种数量来代指亩积的办法。

② 《清明集》卷一三《叔诬告侄女身死不明》。

③ 南宋时期把给女儿的奁田与田产交易等同视之，收取"嫁赀"税，见《建炎以来系年要录》卷一四九，绍兴三十一年十一月王之望奏。

④ 沈焕：《定川遗书》卷一《承奉郎孙君墓志铭》。

⑤ 《说郛》卷一五《石林家训》。

⑥ 胡寅：《斐然集》卷二一《成都施氏义田记》。

⑦ 《长编》卷一一九，景祐元年七月乙卯。

⑧ 鲍家麟、吕慧慈：《妇人之仁与外事——宋代妇女与社会公益事业》，载邓小南主编《唐宋女性与社会》上册，上海辞书出版社2003年版。

⑨ 《清明集》卷八《嫂讼其叔用意立继夺业》。

⑩ 《礼记·杂记》郑注。

不在分限"①，奁产一直单独存放，归妻子本人使用。圣历二年（699）的一方墓志说，墓主嫁到慕容家以后"宝箱绮箧，不为己物；绣缕金针，咸与众共"②，这是作为"超常"的美德来赞颂的，说明"正常"的做法与之相反，应该是作为"己物"的。还有韦氏嫁与王脩本后"府君抱疾，越□年，药饵饮食，尽妆奁箧笥之有无，以冀疾愈"③，把家中的钱财用完了，最后拿出自己的奁产为丈夫治病。这方面最典型的也是宋代。前面提到的杨沂中给女儿千亩良田为"粥米"，女儿用这些田地在婆家建了"粥米庄"，被称作"向氏粥田"，一直用来赈济婆家家族的穷人，但不与向家的田产合并，实际上归杨沂中的女儿自己支配。

从宋代的一些案例可以看出，奁产带到婆家之后一直与其他财物分属。刘拱辰与两个弟弟同父异母，分家的时候他只把部分家产"析为三分，以母郭自随之田为己所当得，遂专而有之，不以分其二弟"；两个弟弟告官，县官也认为二人不是郭氏所生，"不当分郭氏自随之产，合全给与拱辰"④。尽管后来州官复审的时候提出了不同的处理意见，但郭氏嫁到刘家几十年，死后儿子仍然能分清哪些田产是郭氏的奁产。再如"吴子顺死，其子吴昇又死，独子顺妻阿张在，留得自随奁田十余种。暮年疾忧交作，既无夫可从，又无子可从，而归老于张氏"，携带着当年的奁田回娘家养老去了，⑤ 也是数十年之后仍然完整地保有原来的奁田所有权。一个叫江滨舆的人想休掉妻子虞氏，诬告其有通奸之事，继而又诬告其私拿家中财物，"称虞氏曾令妾搬去房奁器皿，是虞氏盗与奸俱有"；后来官府审理的时候"勒令对辨，则又皆虞氏自随之物"⑥，拿走的是自己的奁产，不算偷婆家的东西。欧阳修的妹妹守寡的时候抚养其夫前妻之女，此女后来嫁给了欧阳修的侄子，带去不少奁产，有人状告欧阳修兄妹此举是贪占夫家之财。结果查明，带去的奁产其实是欧阳修的妹妹用自己当年

---

① 《唐律疏议》卷一二《户婚》。
② 毛汉光主编：《唐代墓志铭汇编附考》第十三册第1253种《慕容费婉志》。
③ 周绍良主编：《唐代墓志汇编》大中一四三《唐故太原王府君夫人韦氏墓志铭并序》。
④ 《清明集》附录二《郭氏刘拱礼诉刘仁谦等冒占田产》。
⑤ 《清明集》卷八《利其田产自为尊长欲以亲孙为人后》。
⑥ 《清明集》卷一○《夫欲弃其妻诬以暧昧之事》。

的"奁中物买田"为之，①是欧阳家的财产物归原主，不是夫家的财产，别人无由干涉。这些案例都反映出奁产一直单独使用，并且都是以奁产归妻子所有为原则来审理和判决的。

在当时人们的观念中，作为丈夫索要妻子的奁产是被人歧视的。一个叫廖万英的人得知，当年岳父去世的时候曾经"批付孟城田地"给其妻子做奁田，结果被妻子娘家的堂兄石辉占去，便打官司索要。最后官府把这块地批给了廖万英，当时其妻已经去世，所以有司在判词中写道："虽石辉固失矣，而廖万英亦未为得也。娶妻论财，夷虏之道，大丈夫磊磊落落，肯视妻孥房奁中物为欣戚也？"②很是瞧不起。这也可以看作奁产不应归丈夫而应归妻子的反映。

当然，奁产归妻子所有主要体现在丈夫亡后或离异之时，尤其是发生家产纠纷的时候，在正常和睦的家庭中没必要也分不清哪些财产是丈夫的、哪些是妻子的，随嫁的奁产也是这样，往往是"并同夫为主"③，是夫妻小家庭的共有财产。与一般家产不同的是，一般家产完全归丈夫或家庭所有，奁产则可以妻子和丈夫共同拥有。

（三）女儿招婿入赘继产承户

在有女无子又不准备立嗣养子的家庭中，女儿便成了家产和门户的实际继承人。不过，在这种家庭中，女儿在未出嫁的时候父母死亡，作为"在室女"才能继承全部家产；如果父母死亡的时候已经出嫁，成了"出嫁女"，按宋代的户绝财产法规定，只能继承 1/3 到 1/2 的家产，其余部分归族中近亲或者没官。即使以"在室女"的身份继承了全部家产，出嫁的时候想要带走也会受到族中的干预。如果女儿想永久地继承娘家的全部财产，就必须承担起传宗接代、继立门户的义务，这便需要招婿入赘。

---

① 《长编》卷一五七，庆历五年八月甲戌。
② 《清明集》卷六《诉奁田》。
③ 《清明集》卷九《孤女赎父田》。这是地方官审理案件的时候以"照得"（即"按"）的语气讲的，不是引用的法令原文，判词引用法令原文的时候通常以"准令"开头。《文献通考》卷十三记载的南宋庆元年间规定"女适人，以奁钱置产，仍以夫为户"，是临时"从臣僚奏请"，不是正式法令。

用招婿的方式由女儿传代，在习俗观念上被认为是特殊的不正常的，甚至被认为是"借种"传代，但从生物事实上看，女儿传代与儿子传代一样，都是直系血缘关系的传承。招婿入赘之后女儿的家产继承权扩大，可以继承全部家产，表面上看似乎是因为有了赘婿，其实是以女儿（妻子）的间接继承权为基础的，是女儿间接继承权的扩大。

招赘婿的习俗出现很早，在《诗经》中就有不少反映，《邶风·匏有苦叶》说"士如归妻，迨冰未泮"，高亨先生解释"归妻"就是赘婿，"士如归妻"是说男人出赘到妻子家；《小雅·我行其野》说的"婚姻之故，言就尔居，尔不畜我"，是以男人的口气抱怨的，这个男人也是赘婿。① 还有《王风·葛藟》中的"终远兄弟，谓他人父；终远兄弟，谓他人母；终远兄弟，谓他人昆"，也是说当赘婿的男人离开本家父母兄弟后，在妻子家遭人白眼。《周礼·地官·媒氏》说的"凡娶，判妻入子者，皆书之"，判是婚书，所谓"入子"也是指的赘婿。出土的秦墓竹简中曾规定："自今以来，叚（假）门逆吕（旅），赘婿后父，勿令为户，勿鼠（予）田宇。三（世）之后，欲士（仕）士（仕）之，乃（仍）署其籍曰：故某虑赘婿，某叟之乃（仍）孙"②，秦朝的时候已经有了"赘婿"的习惯称谓。

先秦时期的齐襄公淫乱成性，"姑姊妹不嫁，于是令国中民家长女不嫁，名曰巫儿，为家主祀。嫁者，不利其家。民至今（按：指汉代）以为俗"③。有儿子也让长女招赘婿，称为"巫儿婿"。不惟齐国，秦国在商鞅变法之后，随着"家富子壮则出分"，便有了"家贫子壮则出赘"的现象，④ 赘婿也多了起来。

这个时期的"赘婿"包括穷人典质于富家做奴仆的男子，即"赘子"，这种赘子如果超过三年，"父母赘而不赎，主家配以女（按：指女

---

① 高亨：《诗经今注》，上海古籍出版社1982年版，第48、265页。
② 睡虎地秦墓竹简整理小组编：《睡虎地秦墓竹简》，文物出版社2001年版，第292—293页。
③ 《汉书》卷二八《地理志》。据俞正燮《癸巳类稿》卷七记载，直到清朝这一带还有这种习俗，"巫儿依令不得嫁，则必赘婿。齐人贱赘婿，以其为巫儿婿，无夫道"。
④ 《汉书》卷四八《贾谊传》。

婢），则谓之赘婿"①，继续在主家劳作，并为主家生养下一代奴婢。不过，多数还是一般意义上的赘婿。云梦睡虎地4号秦墓出土的秦始皇二十四年（前223）的两封木牍家信中，就有入赘现象的反映。这两封家信分别是黑夫、惊和中三兄弟之间的通信，黑夫和惊在外从军，两封信都有惊问候其妻家的内容，问候妻家"两老"，嘱其妻"勉力视瞻丈人"。黄盛璋先生推断这是因为惊的妻子住在娘家，惊就是赘婿。② 这也与戍边首先征派"七科谪"之一的赘婿的规定相吻合。③ 当时各种名目的赘婿确实不少。

汉代以后赘婿明显减少了，虽然个别地区存在有子嗣也招婿入赘的习俗，如宋代"川峡富人多招婿，与生子齿，富人死即分其财。故贫人多舍其亲而出赘"；湖湘一带"生男往往多作赘婿，生女反招婿舍居"④。都属于一时一地的特殊情况，通常都是在有女无子、需要由女儿担负传宗接代和继立门户的义务的时候方才这样做。

唐代墓志中常有由女儿和女婿一起"摽名嗣业"的记载，⑤ 并为女方父母养老送终。墓志中出现的"嗣女"称谓，主要就是指已经在娘家招婿入赘的女儿。如杜氏丈夫早亡，只有一个女儿，杜氏去世后，"殓藏之礼，裳帷之具，皆嗣女郑氏躬自营护焉"⑥。女儿在娘家用父姓称"郑氏"而不称名，又称"嗣女"，表明已经继承郑家门户了。宋代关于赘婿的记载比唐代明显增多，《水浒传》第十七回曹正对杨志说自己是外地人，"在此入赘在这个庄农人家"，以庄客的身份生活着，反映的也是这种社会现象。

与前后的秦汉和宋元时期相比，唐代有关赘婿的记载明显稀少，这可

---

① 《汉书》卷六四《严助传》注引如淳语。
② 黄盛璋：《云梦秦墓出土的两封家信与历史地理问题》，《文物》1980年第8期。
③ 《史记》卷六《始皇本纪》。
④ 《长编》卷三一，淳化元年九月戊寅；范致远：《岳阳风土记》。
⑤ 毛汉光主编：《唐代墓志铭汇编附考》第九册第834种《袁柳氏志》。
⑥ 周绍良主编：《唐代墓志汇编》大和〇二三《唐郑府君故夫人京兆杜氏墓志铭并序》。唐代墓志由女儿所立的很多，如同书开元一一九《唐故楚州司马桓府君墓志铭并序》称卒后"有女一人"为之"勒铭藏志"；开元一三九《唐故青州刺史长孙府君墓志铭并序》说"孤女张氏妻"为父亲"勒此玄石"，都未称"嗣女"。可能这些女儿只是为父母发丧而不承立门户。

能是唐代女儿继承户绝资产的时候缺少义务约束的缘故。唐代的"户绝财产法"和开成年间关于"已嫁者，令文合得资产"的补充规定，都没有说是继承一部分还是全部；由《宋刑统》卷十二追记此条令文时北宋官员才建议加上"有出嫁女者，三分给与一分，其余并没官"的内容，似乎唐代还没有此类规定，无子嗣之家的女儿无论是已经出嫁还是待字闺中，都有权继承全部财产，[①] 所以就没必要一定通过招婿入赘的方式了。开成年间的补充规定接着说，"其间如有心怀觊望，孝道不全，与夫合谋有所侵夺者，委所在长吏严加纠察。如有此色，不在给与之限"。这是针对已经出嫁的女儿说的，所谓尽"孝道"指的应该是给父母养老送终，不包括传宗接代、继立门户。如果这个分析符合实际，那就是说，与前后各代相比，唐代女子在继承娘家的户绝资产的时候义务少而权利大。

将各代打通比较来看，赘婿的记载最多的是元代，这在《通制条格》和《元典章》中可以明确地观察到。《通制条格》卷三《户令》说，"目前作赘婿之家往往甚多，盖是贫穷不能娶妇，故使作赘。虽非古礼，亦难革拨。此等之家，合令权依时俗而行"。官府也无法改变，因为这已经成为"时俗"了。徐元瑞在《吏学指南·亲姻》中说元朝招赘婿的方式有四种：

  一是终身在女家，并改从女方姓氏，子女姓氏也随女方，称养老婿或入舍婿；

  二是不改姓，待女方父母亡后携妻儿回原籍，留下一个儿子继承女方门户，称归宗婿或舍居婿；

  三是规定在女家的年限，年限一到即携妻儿离开女家另觅居处（实际是出不起聘财以劳役抵之，并且娶的多是女方家中的女婢），称年限婿；

  四是夫妻婚后仍然分住在各自的父母家中，待女方父母亡后再商

[①] 《宋刑统》卷一二《户婚律》"户绝资产"条引唐文宗开成元年敕文。《唐六典》卷三《户部尚书》"凡食封皆传子孙"条说，分家时"其应得分房无男，有女在室者，将当房分得数与半"，没规定相应的义务，可能只是就食封贵族家而言的。

定在何处安家，称出舍婿。

这是当时的习俗，也为官府所认同。元朝律令规定："若招女婿，（须）指定养老或出舍、年限，其主婚、保亲、媒妁人等画字"①，订立作赘文书。至元年间还规定"民间富实可以娶妻之家，止（只）有一子不许作赘。若贫穷只有一子，立年限作出舍者听"②。在孤女继承遗产的时候也规定"候长大成人招召女婿，继户当差"③。都反映出元朝的赘婿数量多，而且种类分明。当然，这种分类并非从元朝才有，至迟在宋代已经是这样了。

这四种赘婿除"年限婿"以外，都要承担为女方父母养老送终的义务，并且有直接或间接的继立女方门户的责任；只有第一种赘婿能继承全部家产，因为这种赘婿连自己都改从女方姓氏，不可能离开女方家庭了；"舍居婿"和"出舍婿"只能继承部分家产，如宋代规定，舍居婿只能在"分居日比有分亲属给半"④。可以清楚地看出，不同种类的赘婿之所以有不同程度的继产权，是基于其（实际是其妻）对女方家庭和父母所尽义务的多少来确定的。

女儿招婿入赘，往往与娘家堂兄弟家庭产生矛盾。

在正常的家庭中，女儿带走一份奁产只涉及本家亲兄弟的利益，与堂兄弟家庭无关，亲兄弟出于同胞亲情也不会干预阻拦；无子嗣的家庭选立姐妹或女儿的孩子，则与堂兄弟的儿子有利益冲突，原则上侄儿优先于外甥，但这毕竟是小家庭内部的事情，家族的介入只是个仪式，加之亲姐妹比堂兄弟亲近可靠，过继外甥（及外孙）的时候，堂兄弟们实际上也很难插上手。女儿与堂兄弟家庭发生矛盾的，主要是招婿入赘的家庭。

唐宋时期的案例反映，有女无子之家在招婿的同时往往又立一个养

---

① 《通制条格》卷三《户令》。
② 《通制条格》卷四《户令》。
③ 《元典章》卷一九《户部》五《家财》。
④ 《长编》卷三三二，元丰六年正月乙巳。《清明集》卷七《立继有据不为户绝》记载，南宋时期笼统规定"诸赘婿以妻家财产营运，增殖财产，至户绝日，给赘婿三分"。

子，这种家庭的财产分配原则是"养子与赘婿均给"①，谁也不能独占。养子多是本家侄儿，其实是本家近亲与赘婿（女儿）争家产。宋代有个案例说，蔡梓、蔡杞兄弟都有女无子，女儿都招了赘婿，没有立嗣；有一次赘婿杨梦登"就本位山内斫伐柴木，于诸位本不相干，而诸位子弟群然将梦登等行打，其意盖谓蔡氏之本，不应杨氏伐之"。告官之后，官府知道是本家近亲欺负赘婿，也不便凭理公断，而是分别给蔡梓和蔡杞都立了侄儿当嗣子，并规定家产"合以一半与所立之子，以一半与所赘之婿，女乃其所亲出，婿又赘居年深，稽之条令，皆合均分"②。用压减赘婿夫妇利益的办法解决了争端。

宋代还曾专门规定，在有女儿不招赘婿而立嗣养子的家庭中，如果是"立继"即父母在世的时候亲自选定的养子，家产全归养子；如果是"命继"即父母亡后族人代选的养子，女儿与养子都有继承权，但是要按在室女、出嫁女和归宗女制定不同的比例，尽量限制女儿的份额；在又招赘婿又立养子的家庭中，原则上赘婿与养子均分家产，总之都是养子占优势。公开的理由当然是能摆到桌面上的，譬如在招赘婿又立养子的家庭中最终要由养子继立门户，其实是照顾族人的权益，因为养子多是族中近亲子弟。

这种家庭牵涉家产利益的时候，赘婿往往是被防范被压制的对象。刘传卿有一男一女，女儿招梁万三为赘婿，这已经有些特殊；不久刘传卿和儿子、女儿都死了，家中只有儿媳妇阿曹和赘婿梁万三。在这种情况下，按照习俗"其家产业合听阿曹主管，今阿曹不得为主，而梁万三者乃欲奄而有之，天下岂有此理哉！"即使妻子在世，"梁万三赘居，犹不当典卖据有刘氏产业"，况且妻子不在了，梁万三不会在刘家很久，更不可能承立门户。有可能承立门户的是遗孀阿曹，所以规定"如梁万三尚敢恃强欺陵占据，即请申解，切将送狱研究"③。不只是防范，还明显地透露出一种由歧视而生发的义愤。在历代关于分家诉讼的故事中，赘婿往往是

---

① 《宋会要辑稿·食货》六一之六六。
② 《清明集》卷七《探阄立嗣》。
③ 《清明集》卷七《宗族欺孤占产》。

作恶者和受惩罚的人，①汉代沛郡富人遗嘱案和宋代张咏在杭州审断的遗嘱案，都是这样。

赘婿的地位无论是在社会上还是在女方家族中，都是很低的。早在战国时期的魏国就规定，赘婿不能做户主，不能授与田地，三代以后的子孙才可以做官，并且仍然要注明是赘婿之后。②秦汉时期把赘婿与刑徒等并列，排在"七科谪"即充军戍边的七种人的第三位。在女方家族中，赘婿被视之为"如人疣赘，是剩余之物也"；"犹人体之疣赘，非所应有"，是多余的人。③宋代民间还有"称赘婿如布袋"的谚语，表面上是取借种"补代"之谐音，实际是说赘婿"如入布袋，气不得出"④。在人们的观念上，自家的儿子出赘也是不光彩的事情，宋代的义门大家庭曾把"出分出赘"并列，⑤以示区别。

做赘婿的大都是贫穷或能力比较差的人，在女方家族中受歧视的原因，主要还不是这些，而是他作为外姓人"继承"了本来不该属于他的财产，如前引案例说的"蔡氏之木，不应杨氏伐之"，等于抢夺了女方家族中近亲子弟的潜在的继承权。尽管这是本家的女儿在间接继产，名义上却是赘婿来了才得以继承，族中潜在的竞争者碍于情面，对本家族的女子不好意思发泄，便把气冲着这个无能的挡箭牌出了。因此，招赘婿的时候首先要经过族人特别是近支堂兄弟家庭的同意，有时候还请官府作证，并立下字据，名义上是让族人监督女儿和赘婿履行养老送终、继立门户的义务，实际上也是为了让族人表态同意接纳，防止日后排挤干预。

（四）立嗣外甥外孙继产承户

家中没有亲生儿子的时候，为了家庭门户的延续，经常采用立嗣他人之子为儿子的方式，俗称"过继"。被立嗣人有与亲生儿子相同的传宗接

---

① 邢铁：《家产继承史论》（修订版），云南大学出版社2012年版，第146—147页。
② 《睡虎地秦墓竹简》，文物出版社1978年版，第292—294页。
③ 《史记》卷一二六《滑稽列传》索隐。
④ 朱翌：《猗觉寮杂记》上。
⑤ 胡寅：《斐然集》卷二一《成都施氏义门记》。

代、继立门户的义务，也享有与亲生儿子相同的继承全部家产的权利。在选择被立嗣人的时候，按照民间习俗，只能依照"亲属推广法"在近亲范围内选择：一是本家族的昭穆相当之人，即丈夫的侄儿或侄孙；二是外甥外孙，即本家姐妹或女儿的儿子。在唐宋时期实际立嗣过程中，外甥外孙是仅次于侄儿侄孙的立嗣候选人，甚至在具体选立的时候不一定排在侄儿侄孙之后。

舅舅立外甥、外祖父立外孙为嗣的习俗，从社会学的角度看，属于"隔代母系继替"[1]，等于是让女儿或姐妹的代理人回娘家继承家产、继立门户了。再有，古代通行的姑表婚中，在外甥女嫁给舅父的儿子、成为外祖父家一分子的场合，也具有这种含义。这实际上也是给出嫁女儿保留的一种间接继承娘家家产的机会，即当初出嫁的时候娘家有子嗣或者还有可能有子嗣，后来出现了空缺，自己有责任为娘家继产承户，但是已经不能分身，就让自己的儿子回娘家代劳了。立嗣的具体情况在下面具体考察。

三 没有儿子的家庭立嗣养子继产承户

接下来，考察无儿无女或者有女儿但没有招婿入赘的家庭。

这种家庭面临着门户灭绝的可能，为了能够像正常的家庭那样传延下去，往往采用"拟制血亲"的办法来补救。拟制血亲又称模拟血缘、法亲或"准血亲"制，[2]是指通过一定的模仿程序改造而成的观念上的血缘关系。有的是改变人们原有的血缘关系，把疏远的改变为亲近的，把女系的改为男系的，还有的是在本来不存在血缘关系的人之间拟制出血缘关系。严格地讲，拟制血缘关系应该只包括最后一种情况，因为只有这种情况才是完全虚拟的；为了与历史实际相吻合，我们姑且把拟制血亲的概念

---

[1] 费孝通：《生育制度》，商务印书馆1999年版，第158页。
[2] 丁文：《家庭学》，山东人民出版社1997年版，第145页。还有研究者称这种方式是对血缘关系的"合法的虚设"，见［美］安·沃特纳《烟火接续——明清的收继与亲族关系》，曹南来译，浙江人民出版社1999年版，第4页。这个定义不完全符合中国的历史实际，接下来的考察中将会看到，无论习俗和法令都不允许随便选立没有血缘关系的人，只能按照"亲属推广法"进行挑选，可以把血缘关系疏远的"拟制"成亲近的，不能像西方那样把不存在的血缘关系"拟制"成血缘关系。

放宽一些，把这些情况都包括进去，因为都是为了拟制直系血缘关系。

拟制直系血缘关系是社会学和人类学的概念，在唐宋时期的分家过程中表现为立嗣继承和遗嘱继承两种具体方式。

（一）立嗣继产方式下的门户传承

立嗣继承又称立继、过继或继绝，即认领一个他人的儿子作为自己的儿子，称为养子或嗣子，使之担负起与亲生儿子相同的养老送终、承立门户的义务，同时也享有与亲生儿子相同的继承家产的权利。宋代的人表述为"人之无子，而至于立继，不过愿其保全家业，而使祖宗之享祀不忒焉耳"①；用通俗的话说，就是用立嗣的方式来保证家庭门户的延续。

从古代宗法制度的角度而言，嗣子与养子是有区别的。②嗣子主要是为了宗祧继承即保证由长房长子主持的祭祀而立，不一定是无子才立，有的时候正妻没有儿子即没有嫡生子，从庶生子中选一个人充长房也要经过立嗣手续，而且只有大宗才立，小宗不需要；养子则是为了养老送终、继立门户而立，一般没有亲生儿子的家庭都可以立。战国以降，随着宗法制度的衰落和个体小家庭独立性的增强，相对于日常的生产生活来说，家族的祭祀已经退居次要地位，所以一般说的立嗣都是指的立养子，都是就继立小家庭门户、继承小家庭财产而言了。尽管古人有多子多福观念，并辅之以早婚早育、一妻多妾等有利于生育的习俗，但对一个家庭来说，能使每一代都至少有一个亲生儿子来继产承户也并不容易，几乎没有不中断的，③立嗣也就成了经常使用的补救方式。

我国历史上的立嗣继承方式起于何时已经难以确考。按常识推想，应当是随着个体小家庭的确立、直系血缘关系观念的强化而出现的。《诗

---

① 《清明集》卷八《治命不可动摇》。
② 徐朝阳：《中国亲属法溯源》第五章第五、六节，（上海）商务印书馆1930年版。为了行文方便，以下不再区分，所说的嗣子、被立继人都是养子。
③ 我考察过明清时期曲阜孔府的继承关系，从宋代到民国初年，在32位由嫡长子世袭的衍圣公爵位的传继中，有4位因为没有亲生儿子而以昭穆立继来补续，平均每8代就有一次，尚不包括兄终弟及和庶出嫡。衍圣公一妻多妾尚且如此，一般家庭传延过程中的立嗣方式就更常见了。参拙文《明清时期孔府的继承制度》，载《历史研究》1995年第6期。

经·小雅·小宛》中有"螟蛉有子，蜾蠃负之"之句，《传》解释说"螟蛉，桑虫也；蜾蠃，蒲卢也"，都是昆虫类；《笺》解释说"蒲卢取桑虫之子，负持而去，照妪养之，以成其子"，所以就用"螟蛉"作为养子的代称了。①《诗经》传、笺的作者都是汉代的，可以知道到汉代普通民户立嗣养子继承家产、继立门户已经是习惯做法了。

1. 养子的选择范围

立嗣的时候，原则上应该由立嗣人即没有亲生儿子的家长在进入老年、确信自己没有了生子能力的时候自主选择被立嗣人，而且在不同情况下由不同的人来做主的具体规定，"立嗣合从祖父母、父母之命"；"夫亡妻在，则从其妻"；"若一家尽绝，则从亲族尊长之意"②。不过，选择的时候并不能由某个人包括小家庭的家长完全做主，还需要经过族人的同意，这便有了选择范围的限制。家庭的传延实际上是直系血缘关系的传延，在没有直系血缘关系的时候，也要尽量寻找血缘关系近一些的人来代替，所以，一般情况下毫无血缘关系的人不在考虑之列，大都是依照"亲属推广法"在两个方向上选择。

一是侄子或侄孙，即亲兄弟的儿子或孙子。

《唐律》规定"无子者听养同宗于昭穆相当者"，否则就是违法；③ 宋代也沿用了此规定，北宋初年所修的《宋刑统》照录了《唐律》全文，天圣年间又专门强调"无子者，听养同宗之子昭穆合者"④。所谓昭穆相当的"合者"，就是辈分合适的本家族的子弟。

最通常的是选立侄儿，因为大都是立嗣子，立嗣孙的比较少。在众多的侄儿中，又以亲兄弟之子（胞侄）为先，"兄弟之子谓之犹子，亦谓此奉承报孝，有子之道，与亲子不相远"⑤；如果亲兄弟之子不能选立，再

---

① 蜾蠃是一种寄生蜂，需要在螟蛉体内产卵，并以螟蛉为幼虫的食物。古人误以为蜾蠃不会产卵，是取螟蛉的幼虫养之。
② 《清明集》卷七《争立者不当立》《已有养子不当求立》。
③ 《唐律疏议》卷一二《户婚》疏议引《户令》。
④ 《长编》卷三〇三，元丰三年三月乙丑孟开追述天圣令之语。特殊需要的时候也可以打乱辈分，如中篇所提到的田县丞的儿子过继堂兄为嗣子。但这类情况在时人袁采看来属于"昭穆不顺"。
⑤ 袁采：《袁氏世范》卷一《友爱弟侄》。

选堂兄弟之子（堂侄）或本家远房兄弟之子（族侄）。这实际上是与昭穆相当原则并行的"先亲后疏"原则。① 并且，"养同宗昭穆相当者，其生前所养，须小于所养父母年齿"②。如果侄儿辈实在没有合适的人，"养侄孙以奉祭祀，惟当抚之如子，以其财产与之；受所养者，奉所养如父"③。为了昭穆相当并且考虑到血缘关系的远近，立胞侄最方便，立堂侄或侄孙往往要费一些周折，立族侄的就更少了。前面所引的天圣令文，就是孟开为了过继他的侄孙而提到的，他同时还向皇帝请求："晋侍中荀觊无子，以兄之孙为孙"，如今他也是这样选立，"请如开所乞"。当然这是有官位的人家立嗣，比较严格，普通民家不必如此，却也反映出对选立胞侄之外的人的限制。

白居易曾有一个儿子阿崔，三岁夭折，只剩下一个女儿，据《旧唐书》卷一六六本传说，是因为"无子，以其侄孙嗣"；《白氏长庆集》中的自撰墓志铭也说"乐天无子，以侄孙阿新为后"。到清朝雍正年间白家重修家谱时，请所属河南府知府张汉作序，张汉却专依据传统习俗对白居易立嗣一事作了详细考证，"余始读之而疑焉。夫先生兄弟已伯仲叔季矣，季弟虽早亡，然犹有伯与叔者存，侄辈固自有人，而先生有宁舍侄而以侄孙为嗣之理乎？"④ 近人陈寅恪先生也曾作过一篇《白乐天之先祖及后嗣》的考证，认为的确是先立了侄孙阿新，不久死去，又立从子即侄儿景受为嗣；之所以在开始的时候"越序"立嗣，是白居易夫人杨氏对阿新有"钟爱"的缘故。⑤ 且不管到底立的是谁，这两家的考辨都说明一个选择被立嗣人的通行原则：有胞侄一般不能"越序"立侄孙辈，更不能随意立别人。

---

① 陈鹏：《唐宋继承法研究》，载《法律评论》第15卷第3、4期，1947年7月、8月。
② 《清明集》卷七《双立母命之子与同宗之子》。
③ 袁采：《袁氏世范》卷一《立嗣择昭穆相顺》。
④ 《白居易家谱》，中国旅游出版社1983年版，第18页。
⑤ 陈寅恪：《元白诗笺证稿》，上海古籍出版社1978年版，第320页。立堂侄受限制，立侄孙似乎顺畅一些，宋人曾认为"绝家命嗣，有一举两得者，谓如父子俱亡，无人承绍香火，不必为父命继而立孙，则父之香火在其中矣"。见《清明集》卷八《父子俱亡立孙为后》。

司马光家也是这样，他没有儿子，也没有合适的胞侄，只好以"族人之子"司马康为子；司马康倒是有两个儿子，但一个夭折，另一个也早死，都没有留下后代，只好又为司马康选立了一个"从孙"即侄孙。按司马光这一支算，司马康没有亲兄弟，所以这个"从孙"只能是堂兄弟的孙子。[①] 王安石的独生儿子王雱早逝后，也曾选立了一个族侄为嗣。宋代有一个叫谢文学的人控告其寡嫂黎氏立嗣不合理，就是因为越过了他的儿子（即黎氏亡夫的胞侄）五六冬郎，选立了比较疏远的堂兄谢鹏之子五八孜，[②] 已经算是黎氏亡夫的族侄了。也表明了同样的原则。

通常情况下，需要立嗣的时候立不立还可以商量，如果立，就要合理合法。所以在选立族中子弟的时候，有的还要按族谱画出"宗枝图"排列顺序，以保证公平选立；地位高家产多的人家还要呈报官府，由"官司出给公据"[③]，从原来的父母家中除名，附籍于养父母家。

唐末宋初有一件立嗣文书，是一个叫胡再成的人过继王清朵为子，属于立异姓；[④] 但文书中专门说明，王清朵的父亲王保主是胡再成的"同母弟"。估计是胡再成的父亲去世后母亲改嫁到王家，在王家生了王保主。这样算起来，胡再成的母亲是王清朵的亲祖母，胡再成实际上是王清朵的伯父，姓氏不同血缘相同，不是一般的异姓之子，介于侄子和外甥之间，所以族人只好接受了。

社会学家认为，子家庭传继父家庭是"以多继少"[⑤]，这主要是从原来的父母大家庭的角度来看的，是一种客观效果；实际生活中人们更注重传继自己这一支小家庭，选立侄辈就是为了自己的小家庭的延续。因为，如果从原来的父母大家庭的家长即儿侄们的爷爷的角度纵向往下看，下面

---

① 邵伯温：《邵氏闻见录》卷一八。
② 《清明集》附录二《谢文学诉嫂黎氏立嗣》。
③ 《清明集》卷七《探阄立嗣》《争立者不当立》，卷八《父在立异姓父亡无遗还之条》。
④ 转自仁井田陞《唐宋法律文书的研究》，第534—535页。该文书只记"壬戌三年立"，从唐至宋初有七个"壬戌三年"，即唐龙朔二年（662）、开元十年（722）、建中三年（782）、会昌二年（842）、天复二年（902）和宋建隆二年（962）、乾兴元年（1022），仁井田陞推论为唐末宋初之物。
⑤ 费孝通：《生育制度》第十四章。

只要有一支传延就不算户绝；但是横过来看，每一支都有相对独立性，都需要沿着自己这条线往下传，兄弟家的儿子再多，也是自己的侄子不是儿子。为了保证自己小家庭的延续，自己没有儿子的时候，就需要把侄辈中的某个人过继过来，当作自己的儿子。显然，立嗣的时候不再满足于原来父母大家庭的传继，也不关心兄弟小家庭的传继，而是以自己的小家庭的传继为目的了。立嗣是小家庭内部的事情，关注的是直系血缘关系的传延。这也体现出直系血缘传承的特点：只纵向看，不横向看；纵向看时只往下看，不往上看。

在此，附带提一下"兼祧"方式。

选择被立嗣人的时候，如果凑巧诸兄弟中只有一个人有一个儿子，又不能或不愿选立堂兄弟的儿子，便可以让这个儿子（侄儿）同时继承父亲和叔（伯）的家产和门户，这就是兼祧制度。具体方法是，这个人仍旧住在亲生父母家中，长大以后父母家、叔（伯）家各自为其娶一房妻子，都算正妻；这个人轮流到两个妻子处居住，哪边儿的妻子生的儿子算哪边儿的后代，然后各自继承各自爷爷的家产和门户。

这种特殊的"兼祧"立嗣方式始于何时难以确考，[1] 直到唐宋时期还不太通行，即使诸兄弟中只有一个人有一个儿子的时候，也尽量不搞兼祧。譬如，一个叫方天禄的人死后无子，其兄方天福把自己的独生儿子过继给了亡弟为嗣，这个儿子仍然住在方天福这边，想按兼祧方式处理，但官府认为不妥，"方天福之子既是单丁，亦不应立，若以方天福之子为子，则天禄之业并归天福位下，与绝支均矣"，也等于是让方天禄绝户了。[2] 还有王怡也是死后无子，也没亲兄弟，"王广汉，从兄弟也，使其是时已有两子，则以近亲而言，固不当舍其子而立远族。只缘此时王广汉

---

[1] 明朝嘉靖皇帝继承堂兄正德皇帝，继位后立庙时，嘉靖对自己的生父和正德皇帝的父亲即其伯父都称父亲皇考，这便是一人兼祧两支了。《大清律例·户部》根据乾隆四十年的上谕《独子承祧例》专门加了一条规定："无子立嗣，……如可继之人亦系独子，而情属同父周亲，两厢情愿者，取具阖族甘结，承继两房宗祧。"成为法令认同的方式了。兼祧在清代俗称"两头大"，见郭松义《伦理与生活——清代的婚姻关系》，商务印书馆1998年版，第48页。

[2] 《清明集》卷八《检校婺幼财产》。

次子未生，族人以王怡不可绝嗣，同共商议"，才立了远房族侄。① 当时王广汉已经有一个儿子，双方都没考虑过兼祧方式。但有关判词说的"不可以一人而为两家之后"，是针对一个叫吴登云的人已经过继给吴季五家，又想同时过继给吴季八家的情况讲的，② 是嫌吴登云太贪，不是完全否定一人兼祧两支的做法。限于所见资料，对唐宋时期兼祧立嗣的具体情况且不多说。

二是选立外甥外孙，即自家亲姐妹或女儿的儿子。

唐宋律令都规定不准选立"异姓男"，否则要"徒一年"，连其亲生父母都要受处罚。据说这是因为"异姓之男，本非族类"，立嗣不可靠；③ 甚至有所谓"国立异姓曰灭，家立异姓曰亡"④；还有"养异姓之子，……祖先神灵不歆其祀"之类的说法。⑤ 就实际情况来看，这里说的"异姓"的"姓"似乎不是通常意义上的姓氏，而是指的血缘关系；所谓"异姓"是指没有任何血缘关系的毫无干系之人，不含外甥外孙在内。

这牵涉到女儿是否属于直系血缘关系范围的问题。有亲生儿子的家庭在继产承户的场合排除了女儿，没有亲生儿子的时候女儿又成了血缘关系最亲近的人，外甥外孙也因此被划在选立范围之内，成了仅次于胞侄的立嗣候选人，甚至可以同胞侄竞争。⑥ 这种立外甥外孙为嗣的习俗，是在诸子平均析产承户方式之下，有子嗣之家的家长留给已经出嫁的女儿的一种间接继产承户的机会。如前面所提到的，从社会学的角度解释，这种方式属于"隔代母系继替"，实际上是女儿或亲姐妹让儿子代替自己回娘家继承家产和继立门户了。

---

① 《清明集》卷八《父子俱亡立孙为后》附《所立又亡再立亲房之子》。
② 《清明集》卷七《不可以一人而为两家之后别行选立》。
③ 《唐律疏议》卷一二《户婚》；《宋刑统》卷一二《户婚律》。
④ 《清明集》卷八《叔教其嫂不愿立嗣意在吞并》。
⑤ 袁采：《袁氏世范》卷一《养异姓子有碍》。
⑥ 外甥通常争不过胞侄，亲兄弟的儿子比亲姐妹的儿子更占优势；但外孙比侄孙血缘关系亲近，因为侄孙是堂兄弟的孙子，而外孙是亲生女儿的儿子，相当于男系的亲孙子。外甥与外孙地位相同，都是仅次于胞侄，优先于堂侄和侄孙。

选立外甥外孙的习俗由来已久,^① 官府法令有的时候对此有些限制,主要是就贵族官僚家庭的爵位继承而言的。汉代曾经规定,继承爵位的只能是亲生儿子,外甥外孙连胞侄一概被排斥在外。经常有人因为继承者"非子"即不是合格的继承人而被削爵,^② 这当然是为了抑制诸侯势力(削藩)而采取的措施,却也反映出民间立嗣方式上的传统习俗。除了这种抑制诸侯势力的特殊场合,其他时候执行起来不太严格,尽管一直存在这种限制。晋朝的贾充封鲁国公以后亲生儿子夭折,立了外孙韩谧为嗣,有大臣上书弹劾,晋武帝却说:"吾退而断之,外孙骨肉至近,推恩计情,合于人心",让韩谧继承了封号。^③ 唐朝的司空图没有儿子,"以其甥荷为嗣,荷官至永州刺史",即凭司空图的恩荫补官当上了刺史;"以甥为嗣,尝为御史所弹,昭宗不之责"^④,也没有罢免其外甥的官。由晋武帝和唐昭宗的态度可以看出,这种限制执行起来有很大的灵活性,原因就在于外甥外孙与舅舅、外祖父"骨肉至近"。并且这主要是唐代以前的习惯,唐代以降,随着门阀士族的日趋衰落,贵族血缘与政治特权渐行渐远,这方面的限制也比以前更松弛了。

在民间的实际立嗣过程中,对外甥一直没有实质性的限制。早在汉朝时候人们的眼里,外甥外孙作为本家亲姐妹或女儿的儿子,与儿孙一样同这个家庭"有骨肉属姓"^⑤,并不比本家侄儿侄孙疏远。唐代姚崇对待侄儿和外甥没有区别,他认为"外甥自非疏,但别姓耳"(所说的"但"不是"但是",而是"仅仅"的意思),并且让外甥与儿侄们连名,视为一体;裴武抚养"甥侄"一视同仁,还给了成为孤儿的外甥任奕、任异兄弟一些家产;崔慎讲其家有"中外亲族"数千口时,包括"兄弟甥侄"

---

① 《清明集》中尚未看到立嗣外甥外孙的例子。宋代文集笔记中的例子也很少,但不是没有。宋代记载少是偶然的,还是在立嗣外甥外孙方面与唐代不同,尚难判断。
② 参见《史记》卷九五《樊哙传》、卷一八《高祖功臣表》;《汉书》卷六九《赵充国传》、卷一六《高祖功臣表》、卷一五上《武帝王子侯表》和卷一七《武帝功臣表》等。
③ 《晋书》卷四〇《贾充传》。
④ 《旧唐书》卷一九〇《司空图》。
⑤ 《汉书》卷二《惠帝本纪》注引如淳语。

三百余人。① 有位张氏夫人抚育失去父母的外甥，视如己子，"每长筵家会，语诸亲曰：子如甥焉，甥如子矣"②，也是把外甥与侄儿等同看待的。张氏夫人去世后外甥与亲生儿子一同"皆服缞"，行孝子大礼；另一位张氏夫人教子有方，"夫人母弟一人，先已殀殁，厥子以考亲祖，举家合葬"③，外甥对舅父的感情也类同于父子。立嗣的时候选立外甥的很多，后面还会提到，敦煌发现的唐末宋初的《养男契约格式》中就有专门针对过继外甥的，这已经是经常性的选择。估计立外孙的时候也应该与立外甥一样。

最典型是宋代的魏了翁家，魏了翁的"祖父娶高氏，生七子男，其第六子曰孝璹。以祖母之兄高黄中无子，自襁褓中取孝璹为子"，高黄中算是过继了外甥魏孝璹，改名高孝璹。而且魏家和高家相互过继很频繁，包括魏了翁，其生父是魏（高）孝璹，他本人出生在高家，后来回到魏家，成了魏（高）孝璹的胞兄的嗣子。魏了翁自己都说魏高两家"虽云亲表，实同本生"④，已经很难分清楚了。

与之相似的，还有的寡妇做主立嗣的时候让娘家兄妹的儿子到婆家来继产承户，即立嗣女方的甥侄。宋代有两个案例提到这种情况，一个是黄家，黄廷吉身后无子，兄弟四人中只有长兄廷珍有三个儿子，但廷珍与廷吉不和，加之其子不肖，廷吉之妻阿毛不肯选立，便"向其表姑廖氏家

---

① 王谠：《唐语林》卷一《德行》；卷三《方正》。
② 周绍良主编：《唐代墓志汇编》贞元一二七《唐故左威卫和州香林府折冲都尉朝议大夫兼试大理评事赐紫金鱼袋上柱国□君夫人清河张氏墓志铭并序》。记载"甥侄一体"的很多，如周绍良、赵超主编《唐代墓志汇编续集》天宝○九九《大唐故正议大夫行仪王傅上柱国奉明县开国子赐紫金鱼袋京兆韦府君墓志铭并序》、开成○一四《故幽州卢龙节度都押衙银青光禄大夫检校太子宾客使持节檀州诸军事檀州刺史兼殿中侍御史充威武军团练等使汝南周府君墓志铭》、大中○六一《唐陇西韦氏女十七娘墓志铭并序》；《全唐文》卷三三八《崔孚公宅陋室铭记》；《旧唐书》卷一○○《崔澣传附从弟宽传》、卷一三二《李晟传》、卷一四一《张孝忠传》、卷一五五《穆宁传》和卷一八九《徐岱传》；《旧五代史》卷一三三《钱镠传》；《宋史》卷二五四《赵赞传》、卷二五五《杨廷璋传》、卷三六九《刘光世传》和卷四○○《汪大猷传》等。不过，外甥毕竟是另一个家族的后代，与侄子还是有区别的，比如犯罪后株连的时候的"赤族"之祸，只株及侄子，把外甥剔除了，见《旧五代史》卷一三《王师范传》、卷一四《罗绍威传》和卷一○七《王章传》等。
③ 毛汉光主编：《唐代墓志铭汇编附考》第十八册第1730种《张氏志》。
④ 魏了翁：《鹤山先生大全集》卷二三《申尚书省乞荫补表侄高斯谋状》、卷九一《哭叙州弟》。

乞子法郎，立为廷吉后，名曰黄臻"。按辈分推算，法郎应当是廖氏的孙子（不是儿子），廖氏是阿毛的表姑，即其父亲的堂姐妹，法郎原来应该称阿毛为表姨。这是越过胞侄选立了自己娘家一方的人。后来打官司，官府判定把法郎（黄臻）与廷珍的一个儿子同时立为嗣子，义务同担，家产平分。这主要是考虑到阿毛的特殊处境，即23岁守寡，"慨然以不嫁自誓，此诚人所难也。壮而守节，犹可敬也，况少而守节乎？有子而守节，犹可敬也，况无子而守节乎？"阿毛立异姓为嗣，"诚有非得已者"①，所以被允许，同时又立了廷珍的儿子，以平息争端。另一个是邢家，邢林也是身后无子，弟弟有儿子不愿给他过继，结果其母蔡氏和寡妻周氏做主，"立祖母蔡氏之侄为林嗣"②，祖母即邢林之母，蔡氏之侄疑为侄孙，也是立了娘家的人。后来出现纠纷的时候，官府认为这属于"违法而立之"，但已经选立多年，所以没有更改。由这两个案例的判决可以看出，选立娘家的甥侄到婆家原则上是不允许的，而且这种情况也比较少见。

从实际情况来看，过继外孙比过继外甥的似乎更多一些，这可能是因为外祖母喜欢女儿的儿子，舅母与丈夫的姐妹（即姑嫂）常常不和，难以接受她们的儿子的缘故。在过继外孙的时候，大都是有计划地与嫁女儿一并进行。具体办法是，在有女无子又不招赘婿的家庭中，女儿（一般是长女）出嫁的时候就明确约定，将来的第一个男孩子给外祖父过继为孙子，让这个外孙以孙子的身份给自己养老送终，传承血缘和门户。

不只是中原汉人家庭，连塞外蒙古人也有这种习俗，并且规定被过继的外孙必须改姓外祖父的姓氏，不改姓者只能得到一部分家产而不能得全部，③ 因为不改姓意味着只给外祖父母养老送终而不传宗接代、继立门户，只尽了一部分义务。据说古希腊、印度等也有这种习惯。④ 在家产传承和血缘门户传延上，不同的民族有着相同的心态和处理原则。

---

① 《清明集》卷七《双立母命之子与同宗之子》。
② 《清明集》卷七《生前抱养异姓殁后难以摇动》。
③ 吕光天：《解放前牧区蒙古族的家庭与婚姻》，载人类学研究之三《婚姻与家庭》，江西教育出版社1982年版。
④ ［美］顾素尔：《家族制度史》，黄石译，开明书店1931年版，第107页。

以上是选择被立嗣人的两个主要限定范围。

尽管习俗和律令为立嗣准备了夫妇双方血缘关系最近的侄甥辈作为选择范围，并且在侄儿少的时候还可以辅之以兼祧之类的方式，设计可谓细致周密，但是，这并不等于说凡是没有亲生儿子，面临门户灭绝的家庭都要或都必须立嗣，过于贫穷的姑且不说，平常的家庭也往往由于各种原因不立嗣。宋代一户范姓人家有四个儿子，老大范熙甫死后不久妻子和儿子也都死了，另外三个兄弟都有儿子，母亲却不主张给老大立嗣了。一条理由是虚的，"三房之子皆其犹子，虽不立嗣，而祭祀不绝矣"；另一条理由是实的，"盖谓蕞尔田业，分与见有三子，则其力均"，即把老大名下的田产均分给三个弟弟，不闹矛盾；如果"立一孙为熙甫后，则一房独分之业已割其半矣"，即立某一房的儿子为嗣，独自继承了老大的田产，这个儿子和他的生父一起占有了老兄弟四股中的两股，也就是一半家产，"则三子中立有厚薄之分，此通一之本意也。故宁均与三子，而以熙甫私置之田为蒸尝田，使三房轮收，以奉其祭祀"①。这是寡母张氏担心为老大立嗣养子会引起三个儿子之间的矛盾，所以没有立，只安排侄儿们轮流为老大祭祀。但这样一来，即使是祭祀不绝也没有了自己的子孙，老大一支的门户已经传延不下去了。

唐宋时期的习俗和律令对被立嗣人的选择还有一层特别的限制，只能立平民良人，不能立奴仆及其子孙，"养杂户男为子孙者，徒一年半，养女杖一百。官户各加一等，与者亦如之。若养部曲及奴为子孙者，杖一百，各还正之"②。杂户、官户和部曲在唐代都是半奴隶。《清明集》中记载的南宋时期江南地区的案例也有不少这方面的纠纷，一个叫黄以安的人死后无子，哥哥黄以宁为其选立了本家仆人的儿子为养子，被本家近亲诉于官府。官府的判词说："以宁亦何忍以仆之子为弟之子，非特辱其弟，辱其叔，亦自辱其身，而上辱祖先矣。"③ 下令解除了继立关系。由于律令已经把没有血缘关系的人排除在选择范围之外了，所以，这里说的半奴

---

① 《清明集》卷八《嫂讼其叔用意立继夺业》。
② 《唐律疏议》卷一二《户婚》；《宋刑统》卷一二《户婚律》。
③ 《清明集》卷七《不当立仆之子》。

隶身份的人主要是本家子弟和外甥外孙，也就是说，昭穆相当的这些人如果是半奴隶身份也不能选立。作这种限制是必要的，这不只是歧视奴仆，也是实际需要，因为没有良人身份的人被选立之后难以支撑门户。

南宋后期特别是南方一些地区的实际立嗣过程很混乱，《元典章》卷十七《户部》的"禁乞养异姓子"条说：

> 南方士民，为无子嗣，多养他子以为义男，目即螟蛉，姓氏异同、昭穆当否一切不论。人专私意，事不经久，及以致其间迷礼乱伦、失亲伤化，无所不至。有养诸弟从孙为子者；有不睦宗亲，舍抛族人而取他姓为嗣者；有以之弟姪为子者；又有以后妻所携前夫之子为嗣者；又因妻外通以奸夫之子为嗣者；有由妻慕少男养以为子者；甚至有弃其亲子嫡孙，顺从后妻而别立义男者；有妻因夫亡听人鼓诱，买嘱以为子者；有夫妻俱亡而族人利其货产，争愿为义子者……照旧例，诸人无子，听养同宗昭穆相当者为子……养异姓子者有罪。

这是元朝前至元二十九年（1292）福建行省的一份奏疏，距南宋灭亡仅16年，所反映的应该包括南宋时期的情况；所说的"照旧例"，也是说按唐宋以来的习俗规定，只能选立侄儿侄孙或外甥外孙。

通常情况下，立嗣的时候唯一可以选立毫无血缘关系之人的，是收继被遗弃的孤儿。《通典》卷六九记载汉魏时期有所谓"四孤论"，即可以收养为嗣子的四种异姓之人：

> 遇兵、饥馑有卖子者；
> 有弃沟壑者；
> 有生而父母亡，复无缌麻亲，其死必也者；
> 有俗人以五月生子妨忌不举者。

这四种幼婴虽然是异姓，如果"家无儿收养教训成人"即收养为嗣子是可以的。同卷载董仲舒在评论一起养子争议案的时候说："夫拾儿道旁，断以父子律"，就是依照上述第二条讲的。唐宋时期也规定，如果被遗弃的小儿年龄在 3 岁以下，"虽异姓，听收养，即从其姓"[1]。特殊情况下还不限于幼儿，最大可以放宽到 15 岁，唐高祖曾令"雍、同、华州贫窭之家有年十五以下不能存活者，听一切任人收养为男女"[2]；南宋初年也有诏令说"遭金人及贼寇杀虏，遗弃下幼小，自十五岁以下，听行收养，即从其姓"[3]，并先后三次重申此令。但通常情况下只能收养 3 岁以下的异姓小儿。

有的时候民间主张收养稍大一些的异性儿，以便看准其品行，"今世之富人养他人之子，多以为讳，故欲及其无知之时抚养。或养所出至微之人，长而不肖，恐其破家，方议逐去，致有争讼。若取于既长之时，其贤否可以粗见，苟能温淳守己，必能事所养如所生，且不致破家，不致兴讼也"[4]。但这往往又带来另一个问题：倘若养子知道了自己的身世会与养父母有感情隔阂，不能亲密无间。所以实际生活中收养异姓之子的还是以幼小者居多。

与收养异姓孤儿相似的，还有一种买幼儿做养子的方式，也是用来承继门户和家产。买养子的时候要立文书，并且有人说"媒"，讲明条件。由于买立毫无血缘关系的幼儿为嗣的做法常遭到族中近亲的反对，所以伴有一种折中办法：收买了异姓幼儿或收养了异姓弃儿的户绝之家，在用这个幼儿为养子的同时，必须再立一个本族近支的昭穆相当之人，称为"并立"，两个养子的权利和义务相同。

此外，还有一种名义收养方式，俗称认"干亲"。这种干儿子不改姓，不到养父母家中去住，也没有具体的义务和权利，仅仅是名义上"过继"给了某个人。有的把这种养子称为"假子"或"义儿"。这种方式最初起源于迷信，为了防止婴儿夭折，将其"过继"给地方神灵、山石或树木，后来发展为"过继"给某个有名望地位的"命硬"之人；再

---

[1] 《唐律疏议》卷一二《户婚》；《宋刑统》卷一二《户婚律》。
[2] 《旧唐书》卷五《高宗本纪》下。
[3] 《宋会要辑稿·食货》六八之一二二。
[4] 袁采：《袁氏世范》卷一《养子长幼异宜》。

后来发展为一种拉关系的手段，看到某个人已经或即将发迹，便与之认干亲。这种方式在上层官僚贵族家庭中流行的时候，又往往成为政治联姻的前奏。在唐末五代的军阀战乱中，收编"义儿"曾经是藩镇笼络将士经常使用的方式，《新五代史》中专门有一卷《义儿列传》。严格地讲，这种名义收养的方式不属于我们所考察的立嗣范围。

2. 立嗣文书

在选定被立嗣人之后要订立继嗣文书，俗称过继文书、过继单。这与亲生父子兄弟的分家文书不同，亲生父子兄弟之间的权利和义务不言自明，只写清楚各个儿子分得的田产即可；继嗣文书则要写明原委、被立嗣人的权利和义务，由当事人双方签字，还有让族中近亲等以见证人的身份一同签押。

保存下来的唐宋时期的继嗣文书原件极少，仅在敦煌文书残卷中存有几种，兹各引录一道。[①] 一道是吴再昌的《立养子文书》格式，已难辨年月，仁井田陞先生考证为唐朝后期之物：

> 百姓吴再昌先世不种，获果不圆，今生孤独壹身，更无子息。忽至老头，无人侍养。所以五亲商量，养外甥某专甲男，姓名为如。自后切须恭勤，孝顺父母，恭敬宗诸，恳苦力作，侍奉六亲。成竖居本，莫信闲人构闪，左南直北。若不孝顺者，仰至亲情，当日趁却，更莫再看。两共对面平章为定，更无改亦（易）。如若不凭言约，互生翻悔者，便召五逆之罪。恐人无信，故勒私契，用为后凭。
>
> △年月日△专甲养男契。

另一道文书是北宋初年史汜三的《立嗣约》，是史汜三过继侄子的时候使用过的文书。虽然个别字脱漏，有几处语义费解，仍然能看到当时继嗣文书的基本特征：

[①] 唐耕耦、陆宏基主编：《敦煌社会经济文献真迹释录》第二辑，第 172、156 页。释文参考沙知《敦煌契约文书辑校》，江苏古籍出版社 1998 年版，第 362—363、358—359 页。

乾德二年甲子岁九月二十七日，弟史汜三前因不备，今无亲生之子，请屈叔侄亲枝姊妹兄弟团座商量，□□欲议养兄史粉堆亲男愿寿，便作汜三覆（腹）生亲子。自今已后，其叔汜三切不得二意三心，好须勾当，收新妇荣聘。所有（家）资地水活（业）什物等，便共汜三子息并及阿朵，准亭愿寿，各取一分，不令偏并。若或汜三后有男女，并及阿朵长成人，欺屈愿寿，倚大猥情作私，别荣小□□故，非理打棒，押良为贱者，见在地水活业□□壹分，前件兄弟例，愿寿所得麦粟债伍拾硕，便任叔汜三自折升合，不得论算。其□□分，愿寿自收，任便荣活。其男愿寿后收□妇，渐渐长大，或不孝顺父娘，并及姊妹兄弟□，且娶妻亲之言，不肯作于活之计，猥情是他愿寿亲生阿耶并及兄弟姊妹招换（唤），不□上下，贪酒看肉，结般盗贼他人更乃作□者，空身趁出，家中针草，一无□数。其□债麦粟伍拾硕，升合不得欠少，当便□付。汜三将此文书呈告官中，倍加五逆之□（罪）。今对亲枝众座，再三商议，世世代代子孙□（男）女，同为一活。押字押证见为凭，天转地回，不（下缺）。

这两道文书一个立嗣外甥，一个立嗣胞侄，符合通常的选立范围的规定，并且有两个相同之处：一是所谓"自后切须恭勤，孝顺父母，恭敬宗诸，恳若力作，侍奉六亲"和"便作汜三覆（腹）生亲子"，都是言明被立之人有了与亲生儿子相同的义务。至于史汜三文书写了嗣子的继承权，吴再昌文书没写，可能是由于史汜三有亲生女儿，而且此前已经立了一个异姓之子，这次立胞侄，属于前面提到过的"并立"方式，家庭关系比较复杂，需要事先一一说清楚；吴再昌文书格式是按只有一个嗣子设计的，继承权不言自明。二是所谓"五亲商量"和"亲枝众座再三商议"，并且一同签押，说明立约的时候都按习惯请了本族近亲，并且连侄辈甚至姐妹都请到了。

附带说一下，元朝的时候也有立嗣文书的通用格式，比唐宋时期的格式更详细，是两份一套的配套文书，即立嗣人（养父母）立的《过房子书式》、出嗣人（原父母）立的《过房子回书式》，① 估计至少在宋代已经有了这种配套文书，故附录于此：

　　过房子书式
　　某里住人姓某，娶某氏为妻，已经年久，并无子息。诚恐老来绝嗣，为此遂与妻某氏商议，托得某人为媒，过房得某处某人第几男名某（见年几岁）为嗣，承续祖宗香火。备到酬劳恩养财礼（若干）。所有螟蛉之后，两无返悔。其过房男，须管小心侍奉，听从训导，毋得悖逆，擅自抛离。今立礼书为用者。
　　　年　　月　　日　　姓　某押书
　　　　　　　　　　　　媒人姓某押

　　过房子回书式
　　某处某人，娶某氏为妻，生下男子几人。有第几男名某，见年几岁，卜算命与父母相克，难以完聚，今凭某人为媒，过房与某处某人为男嗣，侍奉本人年老，承继祖宗香火。得酬劳恩养财礼（若干）。自过房之后，任从改姓换名，训导艺业，侍奉养老，不得抵拒悖逆，及不敢擅自抛离回家。两下更无返悔。如有此色，甘罚钱（若干），入官公用无词。今立过房文字为照者。
　　　年　　月　　日　　父亲姓　某押书
　　　　　　　　　　　　母亲姓　某押
　　　　　　　　　　　　过房子姓某押
　　　　　　　　　　　　媒人姓　某押

　　所谓立嗣文书格式，是当时民间通用的标准格式，立嗣的时候按照这种格式填写姓名、籍贯等具体内容即可。从内容来看，元代的这套文书格

---

① 《新编事文类聚启札青钱》卷一〇《杂题门》。转引自仁井田陞《唐宋法律文书の研究》，第538—539页。

式不是选立侄甥时所用，而是用于买幼儿作养子的场合。

吐鲁番出土文书中有一种回鹘文的《过继儿子契》，① 也是唐宋时期使用过的，内容、格式与敦煌及内地的立嗣文书相同。皖南闽北地区的分家文书中是否有唐宋时期原件存留，尚未见披露。由于"纸寿千年"的保存时间的客观限制，估计实物存世的可能性很小了。此外，有的分家文书保留在族谱中，历代修谱的时候都要重新抄录。尽管已经不是文书实物，也有很高的史料价值。

3. 立嗣继产与门户传承

按照血缘关系传继家产、传承门户是人的自然本性，由亲生儿子继产承户的时候社会需要和自然本性得到了统一，女儿继产承户时的障碍主要是观念上的，因为从生理上讲女儿与儿子的血缘关系是完全相同的。拟制直系血缘关系的立嗣继承方式则不然，主要是基于社会性的需要，缺少自然亲情，所以，在这种家庭的分家过程中，手段与目的的关系表现得往往很直观很明显。

户绝之家的家长之所以要立嗣，主要目的并不是为了托付家产，而是为了防止身后门户灭绝；② 为了让养子担负起养老送终、继立门户的义务，才给了其继承家产的权利。甚至可以说，在立嗣的时候，家产的继承只是让被立嗣人继立门户的交换条件。

就被立嗣人即养子而言，往往是为了继承财产而来，③ 为了继承本来不属于自己的财产，才愿意多尽一份义务。有些涉及立嗣的官司对此说得很露骨，譬如宋代的熊家三兄弟中，幼弟死后妻子改嫁，唯一的女儿也夭折，"二兄争以其子立嗣"，并为此打官司。官府判词痛斥道，二人是看

---

① 李经纬：《吐鲁番回鹘文社会经济文书研究》，新疆人民出版社1996年版，第303—306页。

② 日本人的家是一个"具有经济能力的、以家产的永续相继为目的的经营体"，立养子的目的首先是为了传继家业，所以立异姓养子很多，甚至有儿子也可以立几个养子。参见官文娜《日本平安时代的养子及其历史意义和文化特征》，张国刚主编《家庭史研究的新视野》，生活·读书·新知三联书店2004年版。

③ 周珽《中国立嗣制度研究》（载《新生命》第3卷第1号，1930年）一文主张废除立嗣制度，并给立嗣制度罗列了四大弊端：违自然、乱伦理、坏婚制和启争端。立足于对旧制度的批判，有些偏激。

到弟弟家产多，"立嗣之说，名虽为弟，志在得田"①。另一个案例记载，叶秀发、叶瑞之都没有子嗣，按习惯应当选立堂弟容之或咏之的儿子，因为秀发富裕，瑞之贫穷，两个堂弟便"争欲以其子为秀发后，而不愿为瑞之后"。祖母出面调停，被指责有偏袒；诉之于官府，官府也不便决定谁去谁家，只好让两个堂兄弟的儿子"焚香拈阄，断之以天"②。还有蔡梓与蔡杞，都是死后无子嗣，蔡梓穷，蔡杞富，侄儿们"皆愿为杞之后，而不为梓之后也"，最后也只好"当官拈阄，以一为梓之子，以一为杞之子"③。更有甚者，一个叫吴登云的人"已过房为（吴）季五子，今又欲为（吴）季八后，亦不过贪图其产业，岂真为死者计哉！"④把过继当成了发财的手段，被官府揭穿阻止了……这些当然都是一些极端的例子。那些没有表现得如此露骨、没有打官司的立嗣关系中，养子毕竟不是养父母所亲生，感情在很大程度上也是靠财产来维系的。

为了防止立嗣之后养子只继承家产不尽义务，在立文约的时候都有专门的条款予以限制，律令也专门对养子进行监督限制，"诸养子所养父母无子而舍去者，徒二年"⑤。给养父母养老送终之后不继立门户也属于违法。宋代一个叫吴锡的人"继吴革之绝，（吴革死后）未及一年，典卖田业，所存无几"，想变卖完毕后回归本宗，结果被官府勘杖一百，并追回了所得的钱财。⑥同时，习俗和律令对被养子的权利也予以保护，在立嗣文书中都要讲明，继立之后养父养母不能随意解除关系。宋代规定"诸养同宗昭穆相当子孙，而养祖父母、父母不许非理遣逐"，作为养父养母不能随意剥夺养子的继承家产的权利；只有在养子"破荡家产，不能侍养，及有显过，告官验证，审近亲尊长证验得实"并且同意之后，⑦才可以解除关系，剥夺其继承权。

---

① 《清明集》卷四《熊邦兄弟与阿甘互争财产》。
② 《清明集》卷七《兄弟一贫一富拈阄立嗣》。
③ 《清明集》卷七《探阄立嗣》。
④ 《清明集》卷七《不可以一人而为两家之后别行选立》。
⑤ 《唐律疏议》卷一二《户婚》；《宋刑统》卷一二《户婚律》。
⑥ 《清明集》卷四《吴盟诉吴锡卖田》。
⑦ 《清明集》卷七《出继子不肖勒令归宗》。

养父养母年龄越大越有依赖性，通常不会嫌弃养子；如果他们年龄不太大，立嗣之后又有了自己的亲生儿子，他们对待养子的态度会发生变化甚至反悔。按照习俗，在这种情况下可以让养子与亲生儿子一同过活，类同亲兄弟，义务和权利相同。宋代某家兄弟两个都没有儿子，哥哥先抱养了本家族的一个小孩，不久自己家生了儿子，弟弟想替哥哥抱养这个养子。嫂子不同意，说"未有子而抱之，甫得子而弃之，人其谓我何？"弟弟坚持要，嫂子就把自己生的儿子给了他，留下了抱养的儿子。① 这两个儿子长大以后连同他们的后代都相继科考登第，这家也因此成了名门。但这属于"卓行"特例，一般人家很难做到。

立嗣养子之后又有了自己的亲生儿子的情况历代常有，经常因此产生矛盾。东晋的时候，一个叫贺峤的人立其兄之子为嗣，不久贺峤妻子生了一个儿子，两个儿子长大的时候贺峤已经去世，为如何安排两个儿子的位置顺序，贺妻于氏上书朝廷，从10个方面旁征博引，论证应当把养子与亲生儿子同样对待，《通典》卷六九对此事作了长达5000字的记述，可见朝廷对这类事情极为重视，同时也透露出实际立嗣过程中常为此纠缠，是一个棘手的事情。宋代有个案例说，"陈文卿妻吴氏昨来抱养陈厚为子，继而亲生二子，陈谦、陈寅是也。吴氏夫妇若贤，则于有子之后，政当调获均一，使三子雍睦无间言可也"，但吴氏偏向两个亲生儿子，"陈谦、陈寅挟母以治其兄"。分家的时候"吴氏子母违法析产，以与陈厚者，是欲蹙之使贫也"。陈厚也与吴氏争吵，以致诉于官府，闹得不可开交。② 在这种情况下，大都是让养子归还本宗，解除继立关系；作为补偿，给其一部分财产。官府为此专门约定，抱养之子"若共居满十年，仍令州县长官量给资产"③，即按规定参与家产的析分，同居不满十年可能就没有继承家产的资格了。

还有的家庭先后立有两个养子，譬如异姓养子与本家族的侄儿"并立"，前面提到的敦煌文书中所反映的胡再成家，先立了一个叫永长的嗣

---

① 周密：《齐东野语》卷八《昌氏章氏》。
② 《清明集》卷八《母在不应以亲生子与抱养子析产》。
③ 《宋会要辑稿·食货》六一之六一。

子（可能是异姓），又过继同母弟之子清朵作为"腹子"，实际也是养子；按照习俗和规定应该不分顺序亲疏，两个养子的继承权相同，权利和义务一样，都相当于亲生儿子。但这类家庭同样容易闹矛盾，宋代一个叫李至的人幼年丧父，被军将李知审收养；李知审原来有个养子，李至与养子不和，"及贵，即逐其养子以利其资"①。南宋临安富户刘都仓收养了两个养子，他死后"长者欲逐其后立子"，独占家产，并且贿赂官府，把后立的养子赶了出去。② 有两个养子的家庭很难相处，最后大都是走一个留一个。所以，立嗣的时候都尽量避免"并立"，可以引为佐证的是，唐宋时期曾经规定宦官只能收养一个儿子，而且必须身居五品、中年以后方许收养，养子的年龄不能超过 10 岁；北宋有个宦官收了四个养子，因此被"决杖配扫洒班"了。③ 这也折射出民间立嗣的习俗：通常情况下有一个养子最合适，既可以传继门户，又不至于引起事端。

在分家过程中最容易出现混乱的就是立嗣，有的时候连习俗和律令也不遵守，譬如前引《元典章》所反映的南宋末年到元朝初年东南地区的情形。不过，越是明显的违法不合理的行为，一旦出现纠纷越容易处理，按有关法规判决即可；难的是那些游走于法律条文交接线边缘的势利小人钻空子的案件，眼看着不对劲又没办法干预。而且立嗣家庭的具体情况各不相同：有的夫妻双亡，有的只有夫或妻一方尚在，有的无儿无女，有的有女无儿，有女无儿之家有的不招赘婿只立养子，有的则又招赘婿又立养子……尤其是在家产比较丰厚的家庭中，经常导致复杂繁乱的家产纠纷。鉴此，官府逐渐制定了一套规则。以宋代为例，主要有三个方面：

其一，把立嗣分成立继和命继两种。所谓"立继者，谓夫亡而妻在，其绝则立也，当从其妻"，当然丈夫在世的时候夫妇一同做主也属于这一类；"命继者，谓夫妻双亡，则其命也当惟近亲尊长"④。这是宋代的规

---

① 《宋史》卷二六六《李至传》。
② 周密：《齐东野语》卷一八《长生酒》。
③ 《唐会要》卷六五《内侍省》；《宋史》卷四六六《宦官》序及《王仁睿传》。东汉以来严格限制一个养子的主要是级别高的可以传袭爵位的宦官，普通宦官的限制松一些。
④ 刘克庄：《后村先生大全集》卷一九三《书判》。

定。唐代已经有了这种区分，《户令》规定"诸子孙继绝，应以户者，非年十八已上不得析；其年十七已下，命继者俱于本生籍内。注云年十八，然听即所继处有母在者，虽小亦听析处"①。由于"命继者"的养父养母都已经过世，年龄十七岁以下难以独立生产生活，所以户口暂时留在其亲生父母家；由此推论，前一句说的"继绝"的子孙是被立嗣人，而且应该是养父母亲自选立的"立继者"。在家产继承方面，宋代具体规定"立继者，与子承父法同，当尽举其产以与之；命继者，……只得家财三分之一"②。体现了权利与义务相一致的原则，因为立继的养子要担负养老送终、继立门户一整套的义务，命继的养子只是承奉祭祀而已。

这个规定在审理纠纷的时候是被严格执行的，甚至可以作为审理相关案件的参照。一个叫江齐戴的人无子嗣，按昭穆相当原则应该选立江瑞为嗣子，但江瑞已经出继给江齐戴的另一个弟弟江齐梦；如果按"宗枝图"排列，可选立者又不止一人，会产生争立的问题，更不方便，结果还是选立了江瑞。但江瑞一个人承祧三房，江齐戴兄弟三人的家产最后全归他一个人，又担心族中近亲不服气，官府便采取了变通方式，与族人商定"江瑞之立，当以命继论，不当以立继论"，即在过继给江齐戴之后，只能得到江齐戴家产的1/3，用以"奉承祭祀"，传承门户；另外2/3分别拨为族中义庄和没入官府。议定之后，官府"委官一员前去，唤上江宅干人，取索砧基祖簿，集本族尊长从公点对，从条检校，径行均作三分，就县厅同所委官员及房长揽拈开具供申，照限十日。其余浮财什物一并检校均分，毋令偏曲"③。特殊情况比照"命继"之法，因为"命继"与"立继"的区别很大很严格，并且在民间经常使用。

其二，有女儿不招赘婿而立养子，如果是立继，家产全归养子；如果是命继，则女儿和养子都有继承权，但要由养子承立门户。在出现后一种

---

① 白居易：《白氏六帖事类集》卷二二《户口版图》引《户令》。《通典》卷七《食货》七引此《户令》无"命继者"一句。

② 刘克庄：《后村先生大全集》卷一九三《书判》。

③ 《清明集》卷八《命继与立继不同》。江瑞承祧三房，属于极为特殊的"兼祧"方式，无成例和律令可依，审理者才灵活变通，比照"命继"方式处理。

情况时，又按女儿的身份具体规定了女儿的继产权限：有在室女即未出嫁之女，以家产的3/4归女儿，1/4归养子；如果只有出嫁女，则养子和出嫁女各得1/3，余下的1/3入官；如果既有在室女，又有归宗女即夫亡或离异后回娘家居住生活者，养子和归宗女各得1/5，3/5归在室女；如果只有归宗女，则归宗女得1/5，养子得2/5，余下的2/5入官。[1] 在这种家庭中，养子尤其不能挤对女儿应得的部分，尽管有时候并不是严格按上述比例析分。有个案例说，郑应辰有两个女儿，又过继侄儿为养子。"应辰存日，二女各遗嘱田一百三十亩，库一座与之，殊不为过；应辰死后，养子乃欲掩有"，图谋占取两个女儿应得的家产。判词说的郑应辰遗嘱留给女儿的部分"殊不为过"，是指没有超过规定的比例（郑家有3000亩地，两个女儿所得不到总数的1/10）；所以最后判决将养子"杖一百，钉固；照元（原）遗嘱各拨田一百三十亩"，给了两个女儿。[2] 前面提到过的吴锡一案也说，吴锡在养父吴革死后变卖田产，连原来养父分给女儿的部分也想卖掉，官府判令"北源一项四百五十把，元（原）系摽拨与吴革之女，吴锡不应盗卖。……对定元（原）拨女分田产"，如数给了女儿。立嗣养子的同时给亲生女儿一份家产，是合乎人之常情的。

其三，既招婿入赘又立养子的家庭中，养子的继承权原则上与赘婿相同。前面引述过的一个案例说，蔡梓没有儿子也没有立嗣，只招了赘婿，但族人不满意，趁赘婿伐木的时候将其殴打。官府为了平息争执，"乃与族人议定，以远房侄儿蔡烨为蔡梓之后"，所有的家业、田地、山林，"仍请本县委官从公均分。庶几断之以天，而无贫富不公之嫌。合以一半与所立之子，以一半与所赘之婿。女乃其所亲出，婿又赘居年深，稽之条令，皆合均分"。可能当时遇到这种情况的时候常用"均分"的方式把矛盾抹平。但也不尽然，南宋绍兴年间沅州（今湖南沅陵）知州李发上书称，分家的时候"财产养子与赘婿均给"之法与有关律令相矛盾，因此朝廷又专门补充规定，"如遗产不满一千贯，若后来有养子，合行均给；

---

[1] 《清明集》卷八《命继与立继不同》。
[2] 《清明集》卷八《女合承分》。

若千贯以上各给五百；一千五百贯以上给（赘婿）三分之一，至三千贯为止，余数尽给养子"①，养子比赘婿占优势。这不完全是歧视赘婿，可能是因为在既有赘婿又有养子的家庭中，最终继立门户的多是养子，女儿要去赘婿家。尽管养子也不是亲生骨肉，但他所继承的财产不会像亲生女儿那样与赘婿一起带到另一家去，流入外姓之手。

实际生活中的立嗣纠纷很复杂，这几种处理原则并不能包揽一切，还需要多方考虑，灵活处理。譬如宋代的吴琛有子夭折，四个女儿有两个招了赘婿，同时又立了养子。三个人都有继承权。吴琛死后，赘婿和女儿们便以养子为异姓不合礼法为由，声称"吴氏之产乃二婿以妻家财物营运增殖"，不肯分给养子。官府判决的时候只得参照律令、礼俗和实际情况，以"均分议嫁"的方式处理，②即先留出两个未出嫁女儿的陪嫁家产，其余部分由两个赘婿和养子作三份均分。细绎之，这个分法与律令规定的优待养子的原则不同，优待了女儿赘婿，让养子吃了亏：未出嫁女儿的陪嫁按男子聘财（按这个家庭的实际情况，只能是养子和两个赘婿每个人所得家产）的半数计算，则两个女儿共得家产的1/4，养子和两个赘婿各得1/4；分家的结果是两个女儿实际各自得到了3/8，养子只得到了1/4，比女儿少了1/8。个中的奥妙在于，女儿和赘婿都参与了家产的分配，养子只是自己参加，他的妻子没有资格。

从律令的角度而言，只能针对一些常见的情况作些规定；后来补充的条文，像宋代的"敕"和"例"虽然比律令详细，也不可能穷尽所有的可能出现的情况，不可能具体规定所有特殊情况下的处理原则和方法，审理判决的时候仍然会无法可依。南宋时期的涪州（今四川涪陵）知州赵不琦上疏说，"如甲之妻有所出一女，别无儿男。甲妻既亡，甲再娶后妻，抚养甲之女长成，招进舍赘婿"，这已经够复杂了；"甲既亡，甲（后）妻立甲之的（嫡）侄为养子"……在这种多重关系中，如果赘婿与养子争家产，官府也无法按成例判决。据赵不琦说，当时诸如此类的

---

① 《宋会要辑稿·食货》六一之六一。
② 《清明集》卷七《立嗣有据不为户绝》。

"词讼繁剧"①。不得已，官府又做出一条硬性而简便的限定，如果"其被养本身、所养父母并已没亡，官府不在受理之限"，以防有人无休止地纠缠。

(二) 遗嘱——立嗣方式下的门户传承

除了上面提到的立嗣养子的同时又招赘婿、立嗣养子之后又有了亲生儿子以及同时立两个养子的特殊情况，还有的人在立嗣养子的同时又用遗嘱方式对家产的处理做出具体安排，使立嗣与遗嘱方式合一了。

在此，需要先说一下古代社会遗嘱继承方式的基本特征。与近现代不同，古代遗嘱继承中"财产"的含义广泛得多。英国法律史学家梅因通过考察古罗马的遗嘱法发现，立遗嘱的时候"遗嘱人当场把他的全部'家产'，也就是他在家族上以及通过家族所享有的一切权利转移给他（按：指被遗嘱人），包括他的财产，他的奴隶以及他的一切祖传特权，连同他的一切义务和责任"②。用法律术语来说，这是一种权利与义务相结合的"概括继承"或"整体性继承"。我国古代的遗嘱继承也明显地具有这一基本特征，被遗嘱人所继承的不仅仅是家庭的财产，而且包括（甚至主要是）立遗嘱人的家长身份、义务和责任，这便是传宗接代、继立门户。这个基本特征应该是我们认识唐宋时期遗嘱继承方式的基础。

由于我国传统分家方式的限制，遗嘱继承原则上只能在没有法定继承人即户绝的情况下才可以使用，才被习俗和律令所承认。所以总的看来，唐宋时期分家过程中的遗嘱继承属于补充方式，而且都是比较特殊的例子；更重要的一点，遗嘱继承并不只是把家产给了某个人，而是要求被遗嘱人与被立嗣人一样，在继承家产的同时还要承担相应的义务，也就是为遗嘱人养老送终、传宗接代和继立门户。所以，遗嘱经常与立嗣合二为一，即用遗嘱方式立嗣；从权利和义务方面看，被遗嘱人也的确等同于养子了。《清明集》卷八把"遗嘱"一目放在"立继类"，正是基于这种观

---

① 《宋会要辑稿·食货》六一之六五。
② [英] 亨利·梅因：《古代法》第六章《遗嘱继承的早期史》。

念和事实。

1. 遗嘱与立嗣的合一

我国古代用遗嘱方式安排后事的记载出现比较早,春秋时期楚国丞相孙叔敖临终的时候遗嘱儿子说:"吾死,王则封汝,必无受利也",不能要"美地",只能要"寝丘"①;西汉元帝时欧阳地余曾经"戒其子曰:我死,官属即送汝财物,慎勿受"②。这两个人都是告诫儿子不要接受某种财物,也可以算是财产方面的遗嘱。西汉有个王室成员病重时曾立下"先令:令能为乐奴婢从死";师古注曰:"先令,预为遗令也"③,即遗嘱能奏乐的奴婢殉葬。虽然这不是安排身后的财产和门户,也反映出汉代已经有了"先令"这种遗嘱的专门称谓,并且已经有了安排家产继承内容的遗嘱,如前面提到的沛郡某富人临终"呼族人为遗书"和江苏仪征出土的西汉《高都里朱凌光先令券书》。值得注意的是,这些已经是书面形式的遗嘱了。

就现存的资料来看,张家山汉简《三年律令·户律》中已经有了用"先令"方式析分家产的内容,④最早在律令上对遗嘱继产做出具体规定的是唐代。《唐令拾遗》卷三二《丧葬令》规定:

> 身丧户绝者,所有部曲、奴婢、店宅、资财,并令近亲转易货卖,将营葬事及量营功德之外,余财并与女。无女均入已次近亲。无亲戚者,官为检校。若亡人在日,自有遗嘱处分,证验分明者,不用此令。

这表明,在处理户绝财产的时候首先要尊重死者的遗愿,没有遗嘱时才按户绝条令给予女儿或近亲。遗嘱继承在"户绝"的场合已经有了优于法定继承的效力。

---

① 《吕氏春秋·异宝》。
② 《汉书》卷一九《儒林传》。
③ 《汉书》卷五三《景十三王传》。
④ 张家山二四七号汉墓竹简整理小组:《张家山汉墓竹简〔二四七号墓〕》释文修订本,文物出版社 2006 年版,第 54 页,第 334—335 简。

可以直观地感觉到，宋代有关遗嘱继产的记载比唐代以前明显增多了，南宋人袁采说："父祖有虑子孙争讼者，常预为遗嘱之文"①，似乎已不限于户绝之家。但这并不是说家长可以随意分配家产，主要指的是嘱咐子孙不要分家，或者分家的时候要互相谦让等教化内容。《宋刑统》卷十二《户婚律》沿用了《唐令》中关于遗嘱继产的规定，《宋刑统》编成于北宋初年，在此后三百年间一直遵行，并且在有关令文中还时常重申《宋刑统》中的内容，仅在北宋仁宗天圣四年七月和五年四月就连续两次下诏，要求户绝财产的处理要依照《户绝条贯》的有关规定执行，并且"若亡人遗嘱证验分明，并依遗嘱执行"②。臣僚的奏疏中也时常提到遗嘱问题，表明这已经是经常使用的方式了。

宋代律令中规定的遗嘱继承方式的使用范围也比较广泛，譬如对外国客商的遗物，唐代规定如果"海商死去，官籍其资，满三月无妻子诣府，则没入"③；宋代则规定"诸国藩客到中国居住已经五世，其财产依海行无合承分人，及不经遗嘱者，并依户绝法，仍入市舶司拘管"④，增加了遗嘱的内容。还有恩荫制度，太中大夫以上官员致仕的时候可以上遗表求为子弟封官，封官的秩序也依照长幼，如果"父母、祖（父母）有遗嘱及兄弟能义逊者，不在此限"⑤，在唐代以前则不见有恩荫补官的先后参照遗嘱的规定。

在世俗遗嘱继承方式的影响下，唐宋时期遁入空门净土的僧尼们在传继私有财物的时候也开始使用这种方式。本来，按照佛家的教义僧尼是不应该有个人财产的，但僧尼也是人，寺庵毕竟坐落在私有制的世俗大环境之中，所以"寺院的财产制度不会与家族的财产制度有天然的差异"⑥。

---

① 袁采：《袁氏世范》卷一《遗嘱之文宜预为》。
② 《宋会要辑稿·食货》六一之五八。
③ 《新唐书》卷一六三《孔戣传》。
④ 《宋会要辑稿·职官》四四之九一十。
⑤ 《庆元条法事类》卷一二《职事门·荫补》。遗表也称遗嘱，宋人杨万里《诚斋集》卷九《论吏部恩泽之弊札子》说恩荫"自有成法，焉用遗嘱呼？"
⑥ 陶希圣：《唐代寺院经济概说》，《食货》第5卷第4期，1929年；何兹全：《佛教经律关于僧尼私有财产的规定》，《北京师范大学学报》1982年第6期，何先生讲的也是唐代的情况。

至迟到了唐代,佛教的经律开始允许僧尼们有一定数量的私有财物了。

由于僧尼们没有儿女,私有财物传承的时候遗嘱方式就显得尤为重要,并且有着具体的特别规定。据唐代名僧道宣所著《四分律删繁补阙行事钞》卷一记载,僧尼们对身后私有财物的处理有"嘱"和"授"两种方式,"嘱"即生前立遗嘱,是最主要的方式,遗嘱财物的范围限定为奴婢、田宅、车牛和庄园等;"授"则是用一般方式送给别人,"授"的范围只能是衣服、绢匹和宝器等物品。有时候还规定可"嘱"的财物不可"授",而可"授"的财物可以"嘱",实际上是所有的财物都可以用遗嘱方式处理。"若临终时嘱物与佛法僧,若我死后与等,佛言一切属僧",遗嘱财物受到佛教的承认和保护。还具体规定,如果把同一种财物先后"嘱与众多人,最后人得",像世俗遗嘱那样,以体现立遗嘱人最终意愿的遗嘱为准。对僧尼遗嘱的履行也有专门规定,即以"善"与"不善"为标准来决定遗嘱能否成立,僧尼的遗嘱如果是出自公正的良心和忏悔心,即为善,可以成立,否则便不能成立。而且僧尼遗嘱财产算是身后"舍财",不能附带有任何条件,如造碑记功德之类,附带这类条件的也算是不善,也不能成立。至于遗嘱给僧尼还是嘱给原来的家人,都是允许的,据敦煌文书中的唐代僧尼遗嘱来看,大都是嘱给了原来的家人(详下)。宋代天台宗名僧、西湖孤山玛瑙院的智圆大师晚年也曾立下一道遗嘱,[①] 虽然没有多少财产,所嘱也不全是财产传继之事,但从中也可以看出宋代遗嘱使用的广泛性。

我们再接着考察民间的遗嘱继承方式。唐宋律令在对遗嘱继承方式予以法律承认和保护的同时,也对此做出了一些限定,其中最主要的,是限定了遗嘱继承人的选择范围和遗嘱继承方式的适用范围。

从法学的角度讲,遗嘱继承方式确立的首要前提,应该是立遗嘱人有选择继承人的自由;但是在我国古代包括唐宋时期,立遗嘱人并不能完全凭个人的意愿随意选择,只能在规定的条件下和范围内进行选择,用法律术语说,只是具有"相对的遗嘱自由",不是绝对自由。首要的一个限

[①] 刘琳、曾枣庄主编:《全宋文》卷三六《遗嘱》,巴蜀书社 1993 年版。

制，便是"有承分人不合遗嘱"①，即有合法继承人的时候，不能无故剥夺其继承权而将财产遗嘱给他人。这既保证了法定继承人即儿孙的优先继承权，同时也把遗嘱继承方式限定在户绝之家了。

按照唐宋时期的规定，在户绝即没有儿子继承的家庭中，主人死后所有的资产由本家近亲变卖，作为营葬的费用，余下的钱物给女儿，没有女儿给本家的近亲；如果主人生前有遗嘱，可以打破这个继承顺序，但一般情况下仍然不能超出女儿女婿或本家近亲的范围。近亲指缌麻以上亲，即同宗不出"五服"之人，也就是亲兄弟的儿孙（死者的侄子和侄孙），目的是不让财产流出本族，归属他姓。所以在具体过程中，遗嘱继承必然与户绝立嗣的方式接近，甚至合二而一，②遗嘱继承人的选择范围也就是前面所说的被立嗣人的选择范围。按照习俗和规定，立嗣的时候有比较严格的亲疏远近之序，遗嘱继承的时候相对自由一些，可以打破亲疏先后，甚至可以"本宗不以有服亲及异姓有服亲，并听遗嘱"③，本宗有服亲指同姓晚辈，异姓有服亲指外甥外孙，即可以越过侄辈，遗嘱给外甥外孙；但是在具体执行中却很难打破既定秩序，尤其是立嗣与遗嘱结合在一起的时候。

如前所说，女儿在娘家户绝的时候可以继承部分或全部资产，继承全部户绝资产的主要是未出嫁的在室女，她们在出嫁的时候往往把资产带往婆家，不承担继立娘家门户的义务。所以，在把家产全部遗嘱给女儿的时候大都要为其招婿入赘，这又使得遗嘱继产与招婿入赘合二为一，把家产遗嘱给赘婿。宋代有"遗嘱财产，养子与赘婿均给"的规定，④绍兴年间涪州知州赵不琦说："户绝继养遗嘱所得财产，虽各有定制，而所在理断间或偏于一端，是致词讼繁剧"⑤，也是就户绝之家先立嗣养子，又把部

---

① 《清明集》卷五《继母将养老田遗嘱与亲生女》。
② 官府的法令也往往促使人们尽可能地把遗嘱和立嗣两种方式同时使用，晁说之《晁氏客语》记载，王安石变法的时候规定了"新法：户主死，本房无子孙，虽生前与他房弟侄，并没官"。这里所说的"生前与"应该包括遗嘱方式。说明只立遗嘱不行，还需要立嗣。
③ 《宋会要辑稿·食货》六一之六一。
④ 《宋会要辑稿·食货》六一之六六。
⑤ 《宋会要辑稿·食货》六一之六五。

分家产遗嘱给了赘婿而言的。前面考察女儿在娘家的继承权的时候曾经指出的，遗嘱给赘婿实际上还是遗嘱给了女儿，没有超出遗嘱继承人的选择范围。

遗嘱继承的规定针对的主要是户绝资产的传继，有时候遗嘱继承方式的使用范围并不完全局限于此，有养子甚至有亲生儿子的人也往往把家产遗嘱给别人，尤其是女婿（不只是赘婿）。遗嘱给女婿的大都是因为儿子不孝，譬如许昌某富豪将家产遗嘱给女婿张孝基，是因为亲生儿子"不肖，斥逐之"[1]；王有成不肯赡养父母，迫使其父依栖婿家，其父便把家产遗嘱给女婿李茂先了。[2] 还有的是为了不使自己死后幼儿继产出问题而采取的特殊措施（详后张咏所判遗嘱争产案）。不过，由《唐令》把遗嘱继产的规定放在户绝资产处置法中叙述、《宋刑统》将其放在"户绝财产"条目之下可以知道，唐宋时期的遗嘱继承方式主要限定并适用于户绝之家。

2. 遗嘱的方式

遗嘱一般是在年迈或临终前才立，也有人为了稳妥起见而早立，防止到最后措手不及。袁采就主张"遗嘱之文宜预为"，不然的话，"风烛不常，因循不决，至于疾病危笃，虽中心尚了然，而口不能言，手不能动，饮恨而死者多矣。况有神识昏乱者乎？"[3] 可见早立遗嘱也是一种习俗，并且大有人在。而且由袁采说的"口不能言，手不能动"，以及有关案例的判词所说的"其所谓遗言者，口中之言邪，纸上之言邪"来看，[4] 唐宋时期立遗嘱主要有口头和书面两种方式。

口头（含代书）遗嘱，是立遗嘱的人在不识字或者因病不能执笔的情况下采用的方式，也有的是觉得发生争执的可能性不大，口头嘱咐一下身后家产的处理，令当事人（主要是晚辈）遵守即可。由于遗嘱"若曰

---

[1] 李元纲：《厚德录》卷一。
[2] 《清明集》卷四《子不能孝养父母而依栖婿家则财产当归之婿》。
[3] 袁采：《袁氏世范》卷一《遗嘱之文宜预为》。按，"中心"疑为"心中"。
[4] 《清明集》卷七《立嗣有据不为户绝》。

口中之言,恐汗漫无足据,岂足以塞公议之口?"① 多数人为了防止日后发生争执的时候口说无凭,口述同时还要请人代书。《文选》载南朝刘宋时候颜延年《陶征士诔》中有"式尊遗占"之语,唐人吕延济解释说:"遗占,遗书也;占者,口隐度其事,令人书之也。"由颜延年所说、吕延济所注可以知道,南北朝隋唐时期这已经是一种通常方式。唐宪宗时裴晋公"临薨,令弟子执笔,口占状"②;《全唐文》卷三〇二记有王元宗《临终口授铭》一则,都属这种方式。

这种方式在宋代使用比较多,譬如一位姓黄的寡妇在急病临死前曾经"面授遗嘱",请娘家兄弟负责用自己的遗产做女儿的嫁妆;③许文进是王氏的接脚夫,义子许万三显露出逐赶王氏独吞产业的苗头,"许文进病重,口令许万三写下遗嘱,分咐家事,正欲杜许万三背母之心"④……事实上,单独的口头遗嘱很少,很容易发生争执;一旦发生争执,官府又难以理断。所以,涉及大宗财产的遗嘱一般都尽量付诸文字,以为凭据。

自书遗嘱也称为书面遗嘱,是沿用已久的主要方式。西汉颍川太守何并"疾病,召丞、掾,作先令书曰:告子恢,吾生素餐日久,死虽当得法赗,勿受;葬,为小椁,檀(但)容下棺"即可,⑤告诫儿子不要接受皇帝追赠的钱物以及薄葬诸事,就是用亲作"先令书"的方式为之的。两《唐书》列传所记姚崇、袁滋、刘弘基等人分家产的时候都有"遗令",都是自书的遗嘱,《旧唐书》卷九六《姚崇传》记载,"崇先分其田园,令诸子姪各守其分,仍为遗令以诫子孙",遗令的内容为:

  古人云:富贵者,人之怨也。贵则神忌其满,人恶其上;富则鬼瞰其室,虏利其财。自开辟以来,书籍所载,德薄任重而能寿考无咎者,未之有也。故范蠡、疏广之辈,知止足之分,前史多之。况吾才

---

① 《清明集》卷四《立嗣有据不为户绝》。
② 赵璘:《因话录》卷三《商部》下。
③ 《清明集》卷九《已嫁妻欲据前夫屋业》。
④ 《清明集》卷八《背母无状》。
⑤ 《汉书》卷七七《何并传》。

不逮古人，而久窃荣宠，位愈高而益惧，恩弥厚而增忧。往在中书，遘疾虚惫，虽终匪懈，而诸务多阙。荐贤自代，屡有诚祈，人欲天纵，竟蒙哀允。优游园沼，放浪形骸，人生一代，斯亦足矣。田巴云："百年之期，未有能至"；王逸少云："俛仰之间，已为陈迹。"诚哉斯言。

比见诸达官身亡以后，子孙既失覆荫，多至贫寒。斗尺之间，参商是竞。岂惟自玷，仍更辱先，无论曲直，俱受嗤毁。庄田水碾，既众有之，递相推倚，或至荒废。陆贾、石苞，皆古之贤达也，所以预为定分，将以绝其后争。吾静思之，深所叹服。

……

接着又讲了身后薄葬等事，并且在最后嘱咐子孙们"汝等身没之后，亦教子孙依吾此法"。《旧唐书》记载的只是遗嘱的主要内容（原文说是"其略曰"，不是全文），没有把遗嘱的格式体现出来。敦煌发现的公元10世纪即唐末五代时期的文书中，有几件当时通用的"遗嘱格式"，其中比较简要完备的一件内容为：①

遗书一道某尊甲

身染患疾，已经累旬。种种医疗，未蒙抽咸（减）。今醒素（甦）之时，对兄弟子侄诸亲等遗嘱：房资产业、庄园宅舍，一一各支分数。例（列）名如下：

……

右厶乙生居杯幻，处在凡流。今复苦疾缠身，晨昏不觉，准能报答。因缘房资贫薄，遗嘱轻微；用表单心，情□（函）纳受，准前支给。

恐有诤论，盟（冥）路之间，故勒斯契，用为后凭。

---

① 唐耕耦、陆宏基主编：《敦煌社会经济文献真迹释录》第二辑，第180页。承杨际平先生相示，"情□（函）纳受"应为"情垂纳受"。

厶年月日遗书。

这是用于病重但神志清醒之时的遗嘱格式（可以是自书也可以由别人代书）。同时同地的另一件文书是僧尼在传继私有财物的时候使用的遗嘱文书原件，[①] 与世俗民间通用的格式和内容应该相同：

尼灵惠唯书

咸通六年十月廿三日，尼灵惠忽染疾病，日日渐加，恐身无常，遂告诸亲，一一分折（析）。不是昏沉之语，并是醒甦之言。灵惠只有家生婢子一名威娘，留与侄女潘娘。更无房资。灵惠迁变之日，一仰潘娘葬送营办。已后更不许诸亲恡护。恐后无凭，并对诸亲，遂作唯书，押署为验。

弟金刚

索家小娘子

外甥尼灵皈

外甥十二娘　十二娘指节

计计索甥外　侄男康毛　康毛

侄男福晟（押）

侄男胜贤　胜贤

索郎水官

左都督成真

见证人包括弟弟、侄子、外甥和外甥女；有三个人亲笔签名，外甥（女）十二娘按了指印。这份遗嘱很完整，是尼姑灵惠把财物和女婢送给

[①] 唐耕耦、陆宏基主编：《敦煌社会经济文献真迹释录》第二辑，第153页。唯书即遗嘱。现存的遗嘱文书原件只有唐代僧尼使用的，未见宋代的。僧尼遗嘱涉及的人和物并不限于寺庵之内，所以僧尼的遗嘱文书应该与世俗文书相一致。有学者指出，唐宋时期的僧人有"世俗化的倾向，他们有僧籍又有俗籍，与世俗家庭可以相互继承财产和代偿债务"。参苏金花《唐后期五代宋初敦煌僧人的社会经济生活》，载《中国经济史研究》2003年第2期。

侄女潘娘的时候立的，分为立遗嘱的原因、被遗嘱人、所嘱财产和义务、誓语和见证人，最后呈官府盖印。请"诸亲"的同时还请了两名当地官员。奇怪的是，立遗嘱人灵惠和被遗嘱人潘娘没有在上面签名。

宋代的遗嘱大都采用自书方式。有案例记载，曾千钧有两个女儿，过继了一个养子，病重"垂没，亲书遗嘱，摽拨税钱八百文与二女"①；徐二的后妻阿冯带来前夫的儿子陈百四，母子专其家产，"徐二虑之熟矣，恐身死之后，家业为异姓所攘，乃于淳祐二年手写遗嘱，将屋宇、园地给付亲妹与女，且约将来供应阿冯及了办后事"②；还有一个叫柳璟的人，为了让四个侄儿照料其孀妻幼子，病重的时候遗嘱每人每年给钱十千，"书之于纸，岁以为常"，几年后发生争执的时候，四个侄儿的理由也是说此遗嘱"系璟亲手"写成的。③ 刘夔"前死数日，自作遗表，以颁赐所余分亲族"④；涪州有个赘婿，曾经拿着岳父的"遗嘱与手疏"跟养子争家产，⑤ 也是自书的遗嘱……后面还会提到，官府审理遗嘱纠纷案的时候，比对鉴别立遗嘱者的笔迹是最可靠最常用的方法。

北宋真宗咸平六年（1003）陕西扶风法门寺的《重真寺真身塔主兼都修□主赐紫衣大德志□遗留记》碑文说，塔主志谦俗姓杨，在寺中数十年，"余与师兄志永、师弟志元辍郁衣钵，去寺北隅置买土田四倾（顷）有余，又于西南五里已来有水磨一所，及汷渠田地"。晚年的时候志谦嘱咐说，"羔羊尚立尊卑，鸿雁犹分次第"，这些共置的田产应该"一则用供僧佛，一则永滋法义所述诫勖"，按佛寺的习惯留作寺中公用，并且详细开列了田亩地段、房舍、牛车以及碌碡等物，总计折合款数，最后刻上了寺中所有僧人的名号。⑥ 这是刻在塔身上的遗嘱，由于是以志谦的口气叙述的碑刻文字，也可以归入自书遗嘱的范围。

除了上述两种方式之外，唐宋时期的遗嘱还有一种特殊的方式——

---

① 《清明集》卷七《遗嘱与亲生女》。
② 《清明集》卷九《鼓诱寡妇盗卖夫家业》。
③ 《清明集》卷八《诸侄论索遗嘱钱》。
④ 《宋史》卷二九八《刘夔传》。
⑤ 《宋会要辑稿·食货》六一之六五。
⑥ 转自仁井田陞《唐宋法律文书の研究》，第644—645页。

家训。

　　古代士人常在晚年把自己一生的治家处世的经验整理成文字，传给后代，称之为家训或遗训、遗令、遗诫、世范，后来也有直接称为遗嘱的。家训的内容很广泛，并非专门谈论分家的问题，但大部分家训都包括分家的内容；因此，含有身后家产处理内容的家训，也可以看作是分家遗嘱的方式之一种。事实上，家训也经常与遗嘱合在一起。前述姚崇的家训在《全唐文》卷二〇六称为《遗令诫子孙文》，姚崇不仅要求自己的儿子照此嘱咐去做，还要求历代子孙遵守，有明显的遗嘱特征。宋代的杨万里自尽前，"取春膏纸一幅，手书八十有四言"，痛斥奸臣韩侂胄当道，迫害忠良，谋危社稷，封缄之后在外面又"题云：遗嘱付长孺母子兄弟姊妹，吾押既书题毕，掷笔隐几而没，实五月八日午时也"。被嘱之人也在上面题记："臣长孺、臣次公、臣幼与，得先臣万里遗嘱，泣血收藏。"[①] 杨万里所写很难分清是遗嘱还是家训了。

　　家训在宋代明显增多，仅宋人刘清之《戒子通录》卷六记载就有30余种。影响比较大的有司马光的《温公家范》、陆游的《放翁家训》、袁采的《袁氏世范》、赵鼎的《家训笔录》、朱熹的《朱子训子贴》和叶梦得的《石林家训》等。[②] 这些家训有的仍然是嘱咐子孙不得分家析产，譬如赵匡胤的孝章宋皇后临终嘱咐娘家人不要分居，到真宗年间其弟弟宋偓闹分家，真宗仍然劝他要"务遵先后遗戒焉"[③]；还有南宋绍兴年间赵鼎在《家训笔录》中约束其家人"田产不许分割"，而且要求"子孙守之，不得有违"[④]。但是，唐宋时期特别是宋代的家训已经比较实际，多数家训都是告诫子孙要和睦相处，该分就分，不要被财产利害冲散了骨肉亲情，像前引姚崇和袁采所讲的那样。不论哪方面的家训，不论子孙能否遵守，家训的作者们都是当作对子孙的身后嘱咐来写的。

　　口头（含代书）遗嘱、自书遗嘱以及家训，是唐宋时期分家析产遗

---

① 杨万里：《诚斋集》卷一三三《谥文节公告议》。
② 见《中国丛书综录》第二册《经部·儒学类》家训部分，上海古籍出版社1986年版。
③ 《宋史》卷二五五《宋偓传》。
④ 赵鼎：《家训笔录》第八项。

嘱的主要方式。这些遗嘱的具体方式虽然不同，所体现的原则却是一致的，即在诸子平均析分家产、分别传承门户的制度之下，有亲生儿子的家庭可以自然地析分家产和传继门户，不必通过遗嘱方式；只有在没有亲生儿子或特殊需要的场合，才立遗嘱给女儿、赘婿或养子等人。此外，有亲生儿子的家庭超出常规安排家产的时候，也可以采用遗嘱的方式，譬如唐代的刘弘基临终前留下"遗令，给诸子奴婢各十五，良田五顷。谓之亲曰：若贤，固不籍多财；不贤，守此可免冻馁。余悉以散失"①。这是把部分财物施散与他人、没有完全按诸子平均析产方式分家的情况下才立的遗嘱。在正常的按习俗进行的分家过程中就不需要了。

3. 订立遗嘱的手续

订立遗嘱的手续，也有约定的习俗和具体的规定。由前面所引述的唐代遗嘱文书格式和宋代案例判词所说的"遗嘱经官给据，班班可考；质之房长，并无异词"来看，②除了遗嘱人、被遗嘱人和见证人签押之外，一般还要经过两道手续。

一是要经过族中近亲的同意。征得族人同意认可的原因在于，在古人的观念中财产不是个人的，而是家庭的；既然是家庭的，也便是家族的。在没有亲生儿子的家庭中，如果把财产遗嘱给女儿往往被带到婆家，遗嘱给赘婿、外甥外孙或异姓养子，等于剥夺了本族近亲子弟的潜在的继承权，无异于把本家族的财产拱手送给了外姓人。所以族人的态度非常重要，唯有族中长辈或近支兄弟以见证人的身份签字，表示同意，遗嘱才可以顺利履行。这也是很早就形成的传统做法，前面引述过的汉代沛郡富人临终"呼族人为遗书"，即有征得族人同意的目的在内。唐代尼姑灵惠的遗嘱中有"遂告诸亲"之语，签押处有弟弟和侄子。发生争讼的时候，官府也认为家产继承方面的遗嘱"必须宗族无间言而后可"③，必须在遗嘱的"文字内诸子皆有知押"方为有效。④ 前面引述的《清明集》案例

---

① 《旧唐书》卷五八《刘弘基传》。
② 《清明集》卷七《先立已定不当以孽子易之》。
③ 《清明集》卷八《继绝子孙只得财产四分之一》。
④ 《清明集》卷八《后立者不得前立者自置之田》。

中，曾千钧把家产遗嘱给女儿的时候，"千钧之妻、弟千乘、子秀郎并已签知"，表示同意，其弟弟已经分家，代表的是家族近亲。柳璟案例说其遗嘱是"就其族长（处）索到"，这份由族长保存的遗嘱无疑经过了族长本人的签字。

尽管立继产遗嘱的时候受族人制约，但不能违背立遗嘱人的意愿，更不能为他人所强迫。通常的操作过程与分家过程相似，先由户绝之家的家长决定了要立遗嘱，并且决定了遗嘱的内容之后，才征求族中近亲的意见；只要不违背习俗和律令，没有出格的地方，族人的同意只是一道手续，不能过多地干预。为了体现立遗嘱人的真实意愿，即使不是为人所迫，临终病重、神志不清的时候立的遗嘱也没有法律效力，前面引述的唐代遗嘱都说明是"今醒素之时"立下遗嘱，"不是昏沉之语，并是醒甦之言"，就表明这一点。宋代有个案例说，卢公达先过继卢应申为养子，又收养了续弦夫人带来的陈日宣为养子，死后"卢应申、陈日宣各执出公达生前遗嘱"争家产。官府见所出示的两份遗嘱的笔迹相同，都是真的，内容却互相矛盾，认为"皆是公达临终乱命，不可凭信"，不能代表其本意，判令遗嘱作废。同时又"以大义裁之"，废除了卢应申的继立关系，勒令陈日宣归宗，请卢氏长辈"从公择本宗昭穆相当人，立为公达之后"[①]。等于是由族中长辈代为"命继"，继承家产继立门户了。

第二道手续，是经官府盖印。灵惠遗嘱的见证人押字处有索郎水官和左都督二位官员，这两个人应该是兼有证人和官方代表的双重身份。在另一份残断的遗嘱格式上，清楚地写着"但将此凭呈官"的字样，[②]以及当事人必须遵守、否则罚钱"没官"的官方告诫语，都是遗嘱呈报官府的反映。宋代明确规定，"诸财产无承分人，愿遗嘱与内外缌麻以上亲者听自陈，官给公凭"[③]。官府盖印意味着法律的承认和保护，所以有"经官投印，可谓合法"之说。[④] 由宋代的有关案例可以知道，遗嘱必须符合习

[①]《清明集》卷八《出继不孝官勒归宗》。
[②] 唐耕耦、陆宏基主编：《敦煌社会经济文献真迹释录》第二辑第162页。
[③]《清明集》卷九《鼓诱寡妇盗卖夫家业》。
[④] 同上。

俗和律令的规定官府才能批准盖印。在没有合法继承人的户绝之家，遗嘱给内外缌麻以上亲（本家侄儿或外甥外孙）的时候，官府盖印之前还要进行严格审核。

习惯上也认为，遗嘱"若曰纸上之言，则必呈之官府，以直其事矣"①，才有得以履行的法律保障。前述曾千钧的遗嘱在亲属签押之后又"经县印押"，后来族人指控该遗嘱是伪造的理由，也是说所盖"县印为私（刻）"。还有案例说，汪如旦的遗嘱曾"经官府除附给据，付（被遗嘱人）庆安收执"保存；②寡妇余氏的继产遗嘱发生纠纷的时候，官府认定其不合法的主要依据是"设果有遗嘱，便合经官印押，执出为照"，而余氏的遗嘱却没有经过这样手续；③何烈的遗嘱被判为无效的原因，也是其"不曾经官印押，岂可用私家之故纸而乱公朝之明法乎？"④并且，官府鉴别遗嘱真伪的时候不仅要求"印同"，还必须"印之年月并同"⑤，方可凭信。

官府审核盖印是为了日后争讼的时候有真实凭据，同时也是想通过监督订立遗嘱的过程和限制遗嘱财产的数量，来增加官府的财政收入。

唐代的《丧葬令》和《宋刑统》都只规定说，户绝财产用于营葬之外的"余财并与女"，没涉及数量。北宋仁宋天圣四年（1026）审刑院制订《户绝条贯》的时候则规定，户绝财产只可给女儿 1/3，但是"若亡人遗嘱，证验分明，依遗嘱实行"⑥，有遗嘱原则上不受这个比例的限制。实际上是不限制遗嘱财产的数量，完全由立遗嘱人自行决定。这种规定一直沿用到北宋中期，到哲宗的时候就予以限制了。据元祐元年（1086）左司谏王岩叟说，"遗嘱旧法（按：指此前的"嘉祐遗嘱法"）所以财产无多少之限，皆听其与也。或同宗之戚，或异姓之亲，为其能笃情义于孤老，所以财产无多少之限，皆听其受也，因而有取所不忍焉。然其后献利

---

① 《清明集》卷八《立嗣有据不为户绝》。
② 《清明集》卷八《后立者不得前立者自置之田》。
③ 《清明集》卷八《父子俱亡立孙为后》。
④ 《清明集》卷五《僧归俗给分》。
⑤ 《清明集》卷五《侄假立叔契昏田业》。
⑥ 《宋会要辑稿·食货》六一之八五。

之臣不原此意而立为限法，人情莫不伤之。不满三百贯文始容全给，不满一千贯给三百贯，一千贯以上给三分之一而已。"王岩叟认为，这样的规定于国家财政无大补济，对民风却破坏极大，因此恳请哲宗"特令复《嘉祐遗嘱法》"，取消数量限制。这里，王岩叟是把遗嘱与立嗣合起来讲，是在分析养子履行义务的问题，认为靠亲生儿子养老送终可以凭借血缘亲情，依靠养子的时候则要靠利益的驱动了，所以应该把自己所有的家产都遗嘱给养子，以诚意换真心。

虽然宋哲宗看了王岩叟的建议以后曾诏令"从之"，[①]事实上并未得到采纳，官府一直限制着遗嘱财产的数量。所以，到南宋绍兴三十二年（1142）沅州知州李发又上疏建议，"若财产满一千五百贯，其得遗产之人依现行成法止合三分给一，权与养子均给；若养子、赘婿各七百五十贯，即有碍《遗嘱财产条法》，乞有司更赐命定"，说明限制数量仍然是当时的"现行成法"；户部根据李发的建议又补充规定："诸路州县如有以上条陈之人，若当来遗嘱田产过于成法之数，附依条给付（被）遗嘱人之外，其余数目尽给养子；如财产数目不满遗嘱条法之数，令依近降指挥约定"。所说的"近降指挥"，具体规定为"遗产不满一千贯，若后来有养子，合行均给；若一千贯以上，各给五百；一千五百贯以上给（赘婿）三分之一。至三千贯为止，余数尽给养子"，或者没入官府。[②]尽管有此规定，实际执行情况仍然很难一致。总的看来，北宋中期以降的规定是财产数在1000贯以下可以全部遗嘱与人，超过1000贯则要限制在1/3到1/2之间。

限制遗嘱财产数量的目的，不只是为了避免纠纷，也是为了把超过限额的部分没官。北宋后期到南宋战争不断，战乱中死散的家庭也成为户绝之家，家产往往比平常的户绝之家更多，所以官府特别重视户绝财产的处理。同时，官府还要征收"遗嘱税"。随着遗嘱继产方式使用场合的增

[①] 《长编》卷三八三，元祐元年七月丁丑。"嘉祐遗嘱法"与下列李发所说的《遗嘱财产条法》均已佚，所可推知者，前者不限制遗嘱财产的数量，后者规定为总数的1/3。参魏天安《宋代户绝条贯考》，载《中国经济史研究》1988年第3期。

[②] 《宋会要辑稿·食货》六一之六六。

多，有的地方官发现这是一笔不小的财源，便把遗嘱中的财产转移与市场交易等同视之，规定遗嘱田业与典卖一样，要"当官开割，开收税租"①。到南宋便有了专门的"遗嘱税"，绍兴三十一年（1141）总领四川财政王之望说，检括民间隐漏税钱可以增加财政税收，并且可以扩大税源，他具体设计："凡嫁赀、遗嘱及民间葬地，隐其值者，视邻田估之。虽产去券存，亦倍收其赋。"王之望在四川推行此法一年，"于是岁中得钱四百六十七万余引"②。原来官府收田宅交易税的时候按每价值千文收百文为率，即按1/10的税率征收，可能遗嘱税也是这个比例。遗嘱税刚实行的时候曾经遭到一些大臣的反对，然而终究没能取消，到南宋孝宗乾道年间，遗嘱税已经从四川扩及到江南，每年可以"得钱三十余万"③。宁宗庆元年间规定，"典卖、遗嘱、户绝者，依常税法不见元（原）税额者，取比邻例"酌定，并且要由转运司保明，申户部备案。④ 从语气来看，征收遗嘱税已经成为常制了。

4. 遗嘱的履行与门户传承

遗嘱经过当事人和族人签押、官府盖印之后便为合法，在立遗嘱人死后即行生效，大多数都能顺利地履行。但是，财利面前易生是非，围绕遗嘱继承而发生的纠纷在历代史书中屡有记载。⑤ 虽然有的纠纷可以通过协商或本家族的调解来解决，就实际情况来看，家族的调解主要是在拟定遗嘱的过程中起作用，订立之后履行过程中产生的矛盾争执则主要靠官府来裁决了。

唐宋律令规定的户绝财产"若亡人在日，自有遗嘱处分，证验分

---

① 《清明集》卷六《抵挡不交业》。
② 《建炎以来系年要录》卷一九四，绍兴三十一年十一月。官府收遗嘱税后常用于救助，《宋史》卷一九《徽宗本纪》说，在京师开封附近置"居养院"收留鳏寡孤独之人，费用"仍以户绝财产给之"。一个"仍"字表明这是习惯做法。
③ 《宋史》卷一七四《食货志》。
④ 谢深甫：《庆元条法事类》卷四七《赋役门》。
⑤ 我国古代的与遗嘱继承相关的案件少，也简单得多，不像西方那样经常出现围绕遗嘱而产生的家庭争斗甚至谋杀。揣其原因，在于西方是"绝对自由遗嘱"，家长可以凭个人意愿把家产遗嘱给亲生儿子以外的人，遗嘱的适用范围大，出事也多；我国古代是"相对自由遗嘱"，只限定在户绝之家使用，适用范围小，矛盾也相对少了。

明"，是官府监护继产遗嘱履行的基本法律依据。同时还有一些具体的条文，如前述必须由官府盖印或给予凭由，户绝财产一般只能遗嘱与"内外缌麻以上亲"，有合法继承人不适用遗嘱方式，以及守节"寡妇以夫家财产遗嘱者"亦被允许，① 发生纠纷的时候"遗嘱满十年而诉者不得受理"②。据有关案例来看，官府监督和保护继产遗嘱顺利履行的方法主要有三种。

一是鉴别遗嘱的真伪，以确认是否有效。伪造遗嘱是巧夺遗产的惯用方法，也是遗嘱争讼中最常见的现象。唐宋律令规定遗嘱继承法的时候，专门提出要将遗嘱"证验分明"，就是针对这种情况讲的。如果官府认为某个"遗嘱非真"，便不予保护，并且可以宣布无效，③ 然后按律令处理有关财产。同时，还要对本来"无所谓遗嘱，特凿空诬赖，为骗取财物"而伪造者予以严惩，④ 罚金乃至处以笞杖或徒刑、流刑。

发现遗嘱有伪造嫌疑的时候，审理者通常是"先论其事理之是非，次考其遗嘱之真伪"⑤，把论理和辨伪结合起来。事实上，论事理大都是在发现伪造嫌疑的时候起作用，辨别真伪才是审断的关键；辨别真伪的主要方法，就是核对笔迹。宋代一个案例记载，钱居茂用遗嘱的方式把山田给了女婿牛大同，钱氏族人讼称遗嘱是牛大同伪造的。官府审理后认为，钱居茂把山田遗嘱给女婿"虽未为当理，却是居茂亲笔书押"，与30年前的析产"分书比对，出于一手，真正自无可疑"，所以承认遗嘱有效，"令牛大同凭遗嘱管业"⑥。宋人郑克《折狱龟鉴》卷六记载，郎简知窦州（治今广东高州北）的时候遇到一个案子，某县吏死的时候儿子尚幼，其女婿"伪为券收其田。后子长，累诉不得直，因诉于朝"。朝廷令郎简审理。郎简"以书按示之曰：此尔妇翁书耶？曰：然。又取伪券视之，弗类也"，女婿便无话可说了。接着又记述说，李行简为彭州（今四川彭

---

① 《清明集》卷五《继母将养老田遗嘱与亲生女》。
② 《清明集》卷五《侄与继叔争业》。
③ 《清明集》卷八《先立一子俟将来本宗有昭穆相当人双立》。
④ 《清明集》卷八《伪造遗嘱以伐丧》。
⑤ 《清明集》卷六《争山》。
⑥ 同上。

县）军事推官的时候，有"富民陈子美者，继母诈为父遣（遗）书逐出之，累诉不得直。转运使檄行简劾正其事"，李行简识破其遗书是伪造的。《长编》卷五八和《宋史》卷三〇一本传都记载了此事，都没说李行简辨伪的具体方式；郑克用前面记述的郎简之法对比推论说，李行简"劾正继母诈为父遗书者，亦必有以核之，惜乎史辞太简，故失其传耳"，认为可能与郎简核对笔迹之法相同。郑克此书专门记述断案之法，做出这样的推理合乎逻辑，因为当时审理遗嘱纠纷案件常用到鉴别笔迹的方法。

遗嘱需要靠其他文书来核对笔迹以辨别真伪，同时遗嘱也是鉴定其他文书的重要依据。宋代有个寡妇周八娘，诉称林榕伪造其亡夫莫君实所立的地契，妄图夺其产业。官府审理的时候，当堂验示林榕所执的地契，"周八娘又执出君实临终遗嘱之文，乞与辨验君实押字。寻与点对，则契上君实押字，与遗嘱笔迹不同"，断定林榕所拿的地契是伪造的。[①] 值得注意的是周八娘自己拿出了丈夫的遗嘱，请官府验证笔迹，连一个普通寡妇都懂得用这种方法验证契约的真伪，可见这已经是一种常识了。

二是对有悖常理的遗嘱改判履行方式或予以销毁。改判履行方式的往往是遗嘱并非伪造，但太不合情理，有很充分的理由来改变遗嘱的内容；从有关案例来看，这些理由往往是审理者依靠常理和见识来推断的。张咏任杭州知府的时候，曾遇到一个姐夫与妻弟争家产的遗嘱案：[②]

> 有民家子与姊婿讼家财。婿言妻父临终，此子才三岁，故见命掌资产；且有遗书，令异日以十之三与子，余七与婿。咏览之，索酒酹地，曰：汝妻父，智人也，以子幼故托汝。苟以七与子，则子死汝手矣。亟命以七给其子，余三给婿。

---

① 《清明集》卷六《伪冒交易》。
② 《宋史》卷二九三《张咏传》。家产继承中的这种现象属于"孤幼继承"，官府有相应的规定。参见王菱菱等《论宋政府对遗孤财产的检校与放贷》，《中国经济史研究》2008 年第 4 期；罗彤华《宋代的孤幼检校政策及其执行——兼论南宋的"女合得男之半"》，《中华文史论丛》2011 年第 4 期。

这个案例并没有宣布遗嘱不合法，只是用巧妙的方式判断出遗嘱的真实含义，改动了一下家产的分配比例。实际说来，用这种方式断案很难说是真的符合了立遗嘱者的原意，人们之所以赞成这样改动，赞同这样的判法，主要是惩罚了贪财之人。而且这个案例处罚的是赘婿，迎合了人们歧视赘婿的心理，更为这种断案方法的可信性和公正性打了折扣。

对那些已经难以厘清或事实上难以履行的继产遗嘱，官府便宣布作废并予以销毁，然后依照有关的规定判令析分。前面考察女儿继承权的时候引述过的《建昌县刘氏诉立嗣事》也牵涉到遗嘱问题，田县丞死后不久儿子世光也死了，田县丞的弟弟以世光遗嘱过继他的儿子世德为理由，企图占据田县丞的家产。刘克庄审理此案时，认为县丞的弟弟贪心太大，并且所持的两份遗嘱都是"不由族众，不经官司之遗嘱"，因此判定"此遗嘱二纸，止合付之一抹"，然后依照律令规定析分了田县丞父子的家产。前述柳璟遗嘱给四个侄儿每年每人钱10千，让他们伺候其遗孀一案，后来诸侄与柳璟之妻发生争执，范西堂审理的时候认定，诸侄只知道索要钱财而不照顾柳璟的孀妻弱子，已经违背了立遗嘱人的意愿，下令"元（原）约毁抹"作废，不再按遗嘱支钱了。还有一位寡妇赵氏，招接脚夫后占据了前夫魏景宣的田宅，自称是婆婆黄氏令其小叔"量支钱物，与之招夫及充女荣姐嫁资"。官府认为，既然说婆婆黄氏是"忽然病患，面授遗嘱"，为何后来黄氏又"卧病四年，遗嘱有所讳言"，疑点颇多，所以认定黄氏的遗嘱"并无照据，委难实行"[①]，把赵氏和接脚夫赶了出去。另一个案例记载，贾勉仲死前把田产遗嘱给了小妾严氏，后来严氏改适勉仲的弟弟性甫，严氏与贾勉仲的儿子贾文虎拿着其父把田产给予严氏的遗嘱诉于官府，说"严氏，吾母也，得以予我"，不能把田产带到性甫家。官府见遗嘱确实是贾勉仲所书，但觉得"严氏既归性甫，则自随之业合

[①] 《清明集》卷九《已嫁妻欲据前夫屋业》。

归性甫……夫何遗嘱印于文虎之手?"① 与常理不合,在诸当事人关系繁杂难辨并且没有其他人证物证可查的情况下,只好宣布当众销毁贾勉仲的遗嘱,按律令规定仍然把家产判给了严氏。

三是对合理合法的遗嘱保证其按原意履行。这主要是针对无理取闹、妄图改变遗嘱内容的情况而言的。在继产遗嘱争讼案中,伪造的、被改判的或被销毁的是少数,多数都是合理合法应当按愿意履行的,即使有人干扰,也不能改变初衷。这方面的记载也有不少,仅举《清明集》所记南宋时期东南地区的几个例子:

——卷五《侄与出继叔争业》记载,杨训武的儿子杨天常过继给了伯父,按说不应当再继承生父的门户和产业,但后来杨天常的侄子告官说,杨天常占了生父的1300硕谷田。官府审理时"索到干照,得见提举训武妻夏氏立为关约,称训武在日,借天常金银钱会五千余贯,训武临终遗言,拨此田归还"。官府也很难搞清楚借钱、拨田、遗嘱诸事的真伪,但按法令规定"遗嘱满十年而诉者,不得受理",此时杨天常占有这些田地已经23年,结果只能承认"杨天常得业正与未正,未暇论;其历年已深,管佃已久矣,委是难以追理",让杨天常照旧占用田产,侄子也不要争了。这实际上等于承认杨武训的遗嘱有效了。

——卷五《继母将养老田遗嘱与亲生女》记载,蒋汝霖的父亲死后继母叶氏掌管家产,叶氏晚年立下遗嘱,"割其田业为三:汝霖得谷一百七十硕,叶氏亲生女归娘得谷三十一硕随嫁,叶氏自收谷五十七硕养老"。蒋汝霖不同意这样析分,想争回另外两份,官府以寡母有权安排亡夫遗产为据,判决叶氏的养老田可以留用,但是"私

---

① 《清明集》卷五《侄假立叔契昏赖田业》。这个案例有些特殊,贾文虎是贾勉仲的庶子,已经过继给了别人,似乎没有其他子嗣,所以贾勉仲把家产遗嘱给了小妾,官府允许小妾把田产带到了后夫家。这样一来,贾勉仲的门户就灭绝了。通常情况下不应该这样判决,而且族人也没要求为贾勉仲立嗣,其中似有隐情。

自典卖固不可，随嫁亦不可，遗嘱与女亦不可"，意思是叶氏死后这部分田也要由蒋汝霖继承；已经遗嘱给归娘的部分，则"自合还归娘随身，汝霖不得干预"。算是维护了叶氏遗嘱的原意。

——卷七《不可以一人而为两家之后别行选立》记载，吴季八年迈无子，族人吴烈以祖母朱氏有遗嘱为借口，不让为季八立嗣，想日后独占其家产。官府查明其"祖母遗嘱，已知身后不得所托，但摽拨产业，自为殡葬之资，未尝有不与季八立嗣之说"，因此判定"除照朱氏遗嘱摽拨外，余一分产业，别行命继"。既维护了祖母遗嘱的原意，又剔除了吴烈所谎加的内容。

——卷八《女合承分》记载，郑应辰有两个女儿，过继族侄郑孝先为养子。家中共有田3000亩，郑应辰临终遗嘱给两个女儿各130亩。后来郑孝先却以"假使父母无遗嘱，亦当自得"为理由，起诉养父遗嘱不合理。官府认为，郑孝先所说的"无非刻薄之论，……今只人与田百三十亩，犹且固执，可谓不义之甚"。对这种情况，官府认为不能只是"较遗嘱之是非，义利之去就，却不思身为养子，承受田亩三千，而所拨不过二百六十，遗嘱之是非何必辩也！"判令依照"元（原）遗嘱各拨田（与两个女儿）一百三十亩，日下管业"，并把郑孝先杖一百，以示惩戒。

——卷九《鼓诱寡妇盗卖夫家业》记载，徐二的前妻无子，续弦夫人冯氏带来了前夫之子陈百四，母子二人阻挠徐二立嗣，徐二不愿让陈百四继产承户，便立下遗嘱，"将屋业、园地给付亲妹与女，且约将来供应阿冯及了办后事"。但是冯氏不肯按遗嘱去做，与其子一起盗卖家产，徐二的妹妹和女儿告诉了官府。官府认为，"徐二虽为家业虑，亦未尝不为阿冯虑也，其遗嘱可谓曲尽"，应当履行。判令将冯氏卖掉的田地追回，归还徐二的妹妹和女儿"同共管佃，别给断由，与之照应"；同时又责成徐二之女"照遗嘱供奉阿冯终身，不得背弃"。完整地维护了徐二遗嘱的原意。

……

这方面的事例颇多，不再胪列。随着遗嘱继产方式的增多，官府法律监护遗嘱履行的方法也日趋完善。到唐宋时期特别是宋代，家族习俗规范于前，官府法律监护于后，已经形成了一套履行继产遗嘱的保障体系。这套保障体系的宗旨，是为了最大限度地保证落实立遗嘱人的遗愿，通过继产遗嘱的履行把家庭门户传延下去。

4. 遗嘱继承与家庭观念

体现财产的私有制原则是遗嘱继产的本质特征，不同时期和地区的遗嘱又各有其不同的特性。最早见于记载的古罗马《十二铜表法》中的遗嘱继承，主要是从对死者的崇拜中产生的；近代欧洲各国的遗嘱继承制度，是为了维护财产私有权而发展和完善起来的。但也并非都是这样，据说德意志人的继产遗嘱最初所体现的只是一种宗教信仰……我国古代的遗嘱继承方式尽管也与财产私有权的强化有关，更与传统的家庭观念密切相关。前一层意思比较明显，这里只分析一下遗嘱继产方式与传统家庭观念的关系。

西欧长子继承制下财产最终属于一个人，需要立遗嘱的家庭并不一定是没有继承人，而是为了从中选择一个中意的儿子来继承，[1] 以保证家产（企业）的长盛不衰，其着眼点是家产（企业）而不是家人和家庭。日本的情况也与西欧相似，据研究日本史的学者讲，[2] 与中国家庭以直系血缘关系为纽带不同，日本的家庭是以"家业"为纽带的，血缘关系居次要地位。在日本人的观念中，家庭的延续主要不是血缘关系的延续，而是家业的传承；家业包括田地和房产，也包括生产生活生存的技能，只要能把家业传下去，后代是不是自己的直系子孙并不重要，儿子、养子和女婿谁有能力传承家业就用谁，就立遗嘱给谁。在他们看来，家产（企业）的

---

[1] 亨利·梅因称之为"指定一个长子"，见《古代法》，第138页。

[2] 李卓：《生命的传承与家业的传承——中日家的比较》，载张国刚主编《中国社会历史评论》第一卷，天津古籍出版社1999年版。

传延比血缘家庭的延续更重要。

诸子平均析产方式首先考虑的是家人的生存，尤其是家庭门户的传继。财产，我国古代称之为"家产"，表明这不是个人所有，而是家庭乃至家族所有的；家产的继承不是父亲和儿子之间的个人行为，而是父家庭和诸子家庭之间的家庭行为；不单单是一种财产的继承和财产转移的方式，也是宗祧继承，是维系血缘关系和家庭延续的手段。对有亲生儿子的家庭来说，在宗祧继承的同时也完成了家产的传继，所以就不用遗嘱的方式来处置家产了。不只是遗嘱继承，我国传统分家方式的各个方面都是这样，都是围绕血缘和门户的传承需要而设计的。与近代西方和日本的继承制度有着明显的不同。

附带说一下，当人们年老体衰或突然遇到某种意外而身逢绝境，意识到自己将有不测的时候，首先想到的不是自己的财产和地位，而是对家庭的责任。这种中国式的"终极关怀"，也是遗嘱继产精神实质的重要佐证。这方面的例子很多，唐朝的李勣80岁的时候感到身体不适，召集家人训话，并嘱咐弟弟李弼说：

> 我自量必死，欲与汝一别耳。恐汝悲哭，诳言似差可，未须啼泣，听我约束。我见房玄龄、杜如晦、高季辅辛苦作得门户，亦望垂裕后昆，并遭痴儿破家荡尽。我有如许豚犬，将以付汝，汝可防察，有操行不伦、交游非类，急即打杀，然后奏知。

让弟弟代他管束他的儿孙（豚犬）们，并说子孙如"违我言者，同于戮尸"。李勣死后"弼等遵行遗言"[①]。最典型的是韩愈，他幼年失去父母，靠寡嫂照顾，这一代只有他一个人，下一代只有侄子十二郎；后来十二郎也死了，韩愈心灰意懒，就在乡间买了几顷地，抚养侄子的儿子。其他的可以不管，传延门户的责任不能放弃。更有趣的是，有一次韩愈

---

① 《旧唐书》卷六七《李勣传》。

"尝登华山，攀缘极峻而不能下，发狂大哭，投书与家人别"①，嘱咐家里的事情。宋代的士大夫们遭遇政治风波而性命堪忧之际也有同样的反应，苏轼上疏斥责奸臣之后，"与妻诀别，留书与弟辙处置后事"②；刘安世被流放到岭南，途中有朝廷使者追来，他以为是赐死的诏令到了，"取笔书数纸，从容对曰：闻朝廷赐我死即死，依此数纸行之。……（所书）皆经纪其家之事"③；牛皋"遇毒而归，知其必毙，乃呼亲吏及家人嘱以后事"④。这些人突遇危难时的行为来不及也没必要掩饰伪装，最能反映其真实的内心情感，他们都不约而同地放心不下家人和家事，这正是传统的家庭观念和家庭责任感的真实反映，与遗嘱继产的精神实质相契合。

　　本文开头说过，分家是为了传家。传家的客观作用是维系家族的存在，主观上则是为了小家庭的延续，因为血缘关系的特点是近亲远疏，最亲近的是自己的直系血缘关系的小家庭。分家之后亲兄弟单立门户，单系纵向传继，自己没有亲生儿子的时候，即使本家族的其他支系包括亲兄弟小家庭都有儿子，从自己的父祖的角度看确实是人丁兴旺，但无补于自己的小家庭的缺陷，仍然面临着如何保住和延续自己的小家庭的问题。这就是户绝之家的家长极力立嗣或招婿入赘的原因，也是遗嘱继产与立嗣合一、并且主要存在于户绝之家的原因。说清了这层道理，再看唐宋时期的遗嘱继产问题，就不应该只注意财产私有权的强化这一个方面，还应该看到与传统的家庭观念的因果关系。这样，才能准确把握唐宋时期乃至我国古代遗嘱继产方式的特有性质——不是通常的分家方式，只是户绝之家传延家庭门户的补救办法。

---

① 魏泰：《东轩笔录》卷一五。李肇《唐国史补》卷中记载此事作"乃作遗书"。
② 《长编》卷四五八，元祐六年五月丁丑。
③ 邵伯温：《邵氏闻见录》卷一三。
④ 《建炎以来系年要录》卷一五六，绍兴十七年三月丁卯。

四 结语

通过这三个部分的考察，分家方式的整个框架大致勾勒出来了。① 可以这样说：到唐宋时期，我国传统的分家方式已经发展到了相当完善的程度，形成了一个以诸子析产承户为主干，辅之以女子继产承户和立嗣、遗嘱等方式的完整的分家方式体系；一个家庭不管处在什么状况下，只要想把门户传下去，都有现成的办法，都能传下去。

最后，简要说一下我国传统分家方式的影响，主要是诸子平均析产方式的影响，作为本文的结语。

首先是对中国社会历史进程的影响。

在诸子平均析产方式下，各个家庭的田产呈现着"分散—积累—分散"的周期性循环特点，在这种循环过程中，很难真正发家致富。虽然我们经常看到古人文集和族谱中有迅速扩展家业的记载，这些记载大都是夸张吹嘘，不可靠；加之所记载的只是发家的，不记败家的，往往使人误以为发家的很多。其实，绝大多数家庭始终处在自耕农半自耕农的地位，能守住祖业不败家、维持家人温饱就很不错了，扩大家业只能是奢望。为数很少的家庭从其不断扩大田地占有量来说，似乎是在进行着积累，随着下一代的长成又不可避免地分割着积累起来的田产。总的看来，历代乡间农家都很难有长久的大规模的田产积累，民间流传的"富贵无三辈"就是说的这个意思。

早在1937年，梁漱溟先生就已经指出："西洋为什么能由封建制度过渡到资本主义制度呢？即是因为长子继承制的缘故——因为长子继承制，所以在封建制度中已为他造成一个集中的力量，容易扩大再生产。考之英国社会转变，可资佐证。那么，中国始终不能成为工业社会，未始不是由

---

① 这三个方面都是考察的乡村农家的分家情况。工商家庭分家的时候，田宅和钱物与乡村农家一样诸子均分，专门技艺和商铺字号的传继则以单传为主，有特殊的方式和习俗。我在《家产继承史论》第六章专就明清时期的情况做过考察。

遗产均分造成的。"① 更早些年，日本学者稻叶君山将中国的诸子平均析产方式与日本的长子（家督）继承制作了对比，也得出了相同的结论。② 后来一些西方学者也是这样看问题。③ 这种说法固然有些简单绝对，我们也应当承认，我国古代社会进展缓慢的确有这方面的原因，④ 而且是一个基础性的原因。

再就是对人际关系和观念的影响。

家庭内部一直存在两股力量，即血缘亲情产生的向心力和财产利害产生的离心力，两股力量在不断的倾斜与平衡中维系着家庭的存在。家庭人际关系以血缘亲情为基础，又不可避免地陷入"情与利"的矛盾旋涡，分家析产是最容易激化矛盾的场合。古代圣贤一方面倡导孝悌的高标准，让人们高山仰止；同时又比较实际，要求人们对自身的欲望不禁不纵，讲究一个"节"字，以适中为度。具体到分家析产的时候，即使做不到主动谦让，至少不要过分奢求，防止利欲压倒亲情。如果都能做到这个最基本的要求，按照古人"内圣外王"逐层扩延的思维习惯，每个人每个家庭的意愿和观念的升华，就可以成为一种"文化自觉"，共同维护传统的人伦精神。

我国传统的人伦精神与西方的人文主义不同，人文主义讲究"自我"，人伦精神讲究"我们"。这个"我们"从道理上说应该尽量扩展，甚至"兼济天下"，但对多数人来说，只能施行在小家庭的范围之内。中国人浓郁的家庭观念和家庭责任感，概括地说，是从古代自然经济环境中生发的；具体分析，应该与诸子平均析产的习惯有直接的关系，因为与人

---

① 梁漱溟：《乡村建设理论》，载《梁漱溟全集》第二卷，山东人民出版社1990年版，第171页。
② ［日］稻叶君山：《中国社会文化的特质》第十节，载《东方文库》第32种，（上海）商务印书馆1923年版。
③ 赵喜顺：《英美社会人类学家对中国家庭问题的研究》，载《社会学研究》1991年第4期。
④ 韦伯在《新教伦理与资本主义精神》中说，现代理性资本主义的前提有两个，一个是生意与家庭分开；再一个是建立合理的账簿，计算收益以个人为单位，也抛开了家庭。谷川道雄先生在2002年南开大学"中国家庭史国际学术讨论会"上即席发言指出，当年日本经济发展快，原因之一是把家庭破坏了。马克思恩格斯在《共产党宣言》和《共产主义原理》中反复强调要废除财产继承权，虽然针对的是私有制，但没有了传统继承制度也就没有了传统家庭。揣其与家庭冲突的原因，在于资本主义和共产主义都是社会化大生产，传统家庭是个体化小生产方式。

文主义的"自我"和个人主义对应的,是财产的个人私有制、长子一人继承制;与人伦精神的"我们"和家庭观念对应的,是财产的家庭所有制形式、①诸子平均析产方式。

  这篇论文只是想勾勒分家方式的框架,对这两个问题就不展开了。不过,勾勒分家方式框架也不是个简单的事情,在撰写本文的过程中,有几个基础性的问题一直困扰着我:为什么中国形成了诸子平均析产方式,而不是长子继承制?② 为什么人们需要分家,需要把自己的小家庭传下去?还有,为什么人的生理欲望与传家的需要连在了一起,从而与人类的繁衍连在了一起?……我反复思考过这些问题,找不到答案。有的是我的认识能力的限制,有的可能已经属于"天人之际"的问题了。

---

① 我国古代的财产所有制形式既不是所谓的国家或皇帝所有制,也不是近代西欧式的个人私有制,而是一种以家庭为基本物权单位、以诸子共有为实质内容的家庭所有制形式。这种所有制形式的特征是只有家庭的财产,没有个人的完整的财产,个人是法权意义上的"无产"者。参见拙文《从家产继承方式说我国古代的所有制形式——以唐宋为中心的考察》,载《中国经济史研究》2007 年第 3 期;《从家产继承方式说我国古代的"灭私"观念》,载《河北师范大学学报》2017 年第 1 期。

② 本文开头所讲的只是诸子平均析产方式的形成过程,不是原因。

续 篇

家学传承与唐宋士族

士族的本质特征不是官爵和婚配，而是家学和门风，特别是家传的学问。本文由此入手，借助遗传学理论，考察了唐宋时期家学传承的具体方式，分析了科举制度下文学、经学、史学和技艺作为家学的传承情况；借助社会分层和流动理论，重新审视了士庶融合的历史过程。试图说明，士族阶层在唐宋时期不完全是衰落，而是分化——有的衰落了，有的凭借世代相传的家学优势和优秀的遗传素质、通过科举制度继续走着仕途，并且与庶族阶层中的精英相融合，形成了新的士大夫阶层。

为了考察方便，先界定两个概念：一是"家学"指家传的专门学问，不包括私塾之类的教学场所。严格意义上的家学应该是高层次的学问，甚至专指累世不变地传授一经；① 本文适当放宽了一些，把家传的文学、史学和技艺也归入了家学的范畴，只是不包括读书识字之类的童子功课。至于家庭还是家族相传，大都是先从家庭内部开始，逐步扩展到家族，就不再细分了。二是"士族"与"世族"可以通用，准确地讲，世族泛指享有世袭性政治特权的贵族阶层，其中有着独特的家传学问和礼法门风的才可以称为"士族"。② 本文所考察的就是出身"士族"的这部分人。

陈寅恪先生指出："所谓士族者，其初并不专用其先代之高官厚禄为其唯一之表征，而实以家学及礼法等标异于其他诸姓"；甚至直接称士族为"高等文化之家族"③。陈先生说的士族，是指汉代以来由专治一经的经学世家转变成的官宦世家，世代高官和婚配门第只是其外在标志，家传的学问和礼法门风是其内在特征，优秀的遗传素质才是其区别于其他社会阶层的本质所在。魏晋时期士族的势力膨胀，形成了门阀政治，其产生和发展的基础仍然是"作为纯粹文化的学问，即儒学和家教"④；他们表面上是官僚贵族、土地贵族，实际上却是"教养贵族"，大都"自有他们的家教和门风"⑤，这种特有的家教门风在南北朝时期被称为"士大夫风操"⑥，是士族阶层的本质特征。科举制度兴起以后这个本质特征更加明

---

① 赵翼在《廿二史劄记》卷五讲汉代家学的条目为"累世经学"，就是专就传授一经而言的。
② 世族和士族是可以互换的概念，但"前者偏重于婚宦家世传承，后者偏重于礼法文化传承"。见张国刚先生为王力平博士《中古杜氏家族的变迁》写的序言，商务印书馆2006年版。
③ 陈寅恪：《唐代政治史述论稿》，生活·读书·新知三联书店1956年版，第71页；《论李栖筠自赵徙卫事》，载《金明馆丛稿二编》，上海古籍出版社1980年版，第2页。陈先生因其特殊的家族背景而与历史上的士族情趣相投、赞颂偏多，但作为被传统文化"所化之人"，陈先生的感触是准确的，比通常的认识深入一层。只是他没有区分开"世族"与"士族"，都按"士族"看待了。
④ [日]内藤湖南：《支那中古的文化》，载《内藤湖南全集》第十卷，筑摩书房1969年版。
⑤ [日]谷川道雄：《中国中世社会与共同体》，马彪译，中华书局2002年版，第186—207页；钱穆：《国史大纲》，商务印书馆1940年版，第192页。
⑥ 颜之推：《颜氏家训》卷上《风操篇》六。

显，优势也凸显出来了。

科举制度确实使士族的世袭性政治特权受到了冲击，不过，与原来的征辟察举和九品中正制度相比，科举制度改变的只是选官的标准和方法，目的是为了更广泛地网罗各个社会阶层的精英，并不是为了抑制士族或抬举庶族。科举考试确实轻门第出身，重个人能力，从理论上讲有利于代际（异代）流动，增加社会的公平程度；但是，当时科举考试所要求的文化属于精英阶层的"小众"文化，不是普及性的大众文化，参加科考、尤其是考中的是当时文化素质最高的一小部分人，这就决定了科举考试仍然是上层社会的事情，有着传统的家学优势和优秀遗传素质的士族子弟是考场上的主力。[①] 历史的实际运行过程和结果是：通过科举考场的筛选把士族中的不肖子弟淘汰出局，把庶族平民中的优秀分子吸纳进来，共同形成了新的士大夫阶层，旧士族也由此得到了更新。

这是个很难做的题目，概括地讲还可以、具体考察却很难说清楚，所以很多论著都提到过，都没有具体论证。这篇论文从家学传承入手考察士庶融合和士族阶层的更新过程，也只是研究问题一个尝试。

一　家学的崇尚和传承方式

把自己所拥有的一切传给子孙，是人的本能愿望，而且分为不同的层面：普通家庭留给子孙一份田宅，借此传延血缘和门户；官僚贵族还要把自己的权力地位通过制度的和非制度的途径，尽量让子孙沿袭下去；到了最上层的士族家庭，在传承田宅门户、权力地位的同时，还有文化和素质的传延。

素质是先天性的，素质的遗传是不可操控的。尽管如此，人们还是设法通过选择婚配等方式来保证后代有良好的遗传素质，传统的门当户对观念、包括表现得比较极端的魏晋到唐前期士族的通婚方式，都有这方面的

[①]　内藤湖南在《概括的唐宋时代观》中指出"隋唐的科举依然是贵族的"，载刘俊文主编《日本学者研究中国史论著选译》第一卷，中华书局1992年版。

考虑；① 下面的考察中将要提到的"教子"的女性，从一个方面展示了这种选择的效果和意义。在此且不多说。

文化属于社会学上说的"后天获得性"的内容，不能遗传，可以用教与学的方式传授。汉代学术文化的中心在京师太学，由官府操办，以经师授徒为传授方式；魏晋以后成了家庭家族的事情，形成了所谓的"家学"，家庭家族内部世代相传成了主要方式。陈寅恪先生对此有过精辟的论述：②

> 盖自东汉末年之乱，首都洛阳之太学，失其为全国文化学术中心之地位，虽西晋混一区宇，洛阳太学稍复旧观，然为时未久，影响不深。故东汉以后学术文化，其中心不在政治中心之首都，而分散于各地之名都大邑，是以地方之大族盛门乃为学术文化之寄托。中原经五胡之乱，而学术文化尚能保持不坠者，固由地方大族之力，而汉族之学术文化变为地方化及家门化矣。故论学术，只有家学之可言，而学术文化与大族盛门常不可分离也。

越到后来，学术文化越呈现出"家学化"的特点，成为贵族阶层的事情，士族的最本质的特征也便成为家学和门风了。南北朝时期已经有了这种趋势，③ 科举制度兴起以后就更为明显了。

有的论著不赞同把家学门风作为判别士族的标准，理由是这种标准"主观性太强，是一种软标准"，应当以连续三代以上不间断地做官，而且做到五品以上才可以称之为士族。④ 官爵实际上只是外在的标志，内在

---

① 潘光旦先生认为两晋六朝是中国历史上的"优生试验时代……优生基础之一是适当的婚姻选择"。见潘乃穆等编《斯文悬一发——潘光旦书评序跋集》，群言出版社2015年版，第91页。
② 陈寅恪：《崔浩与寇谦之》，载《金明馆丛稿初编》，上海古籍出版社1980年版，第131—132页。
③ 王永平指出，六朝"世家大族要想保持门第兴盛，世代承传，必须加强对其子弟的文化教育，培养其德行和才干"。见《六朝江东世家之家风家学研究》，江苏古籍出版社2003年版，第339页。
④ 郭锋：《唐代士族个案研究——以吴郡、清河、范阳、敦煌张氏为中心》，厦门大学出版社1999年版，第63—64页。陶晋生：《北宋士族——家族·婚姻·生活》，（台北）"中央"研究院历史语言研究所专刊之一○二，2001年版，第316页。

的家学门风虽然抽象甚至有些笼统模糊，却是更为重要的本质特征和标准。再细分一下，门风属于道德范畴，比较抽象笼统，是在日常生活中训练成的某些习惯，与家族中的所有成员都有关系；家学则比较具体，需要专门研习和传授，而且只与家族中的部分高素质的成员有关。当然，把家学作为士族的"标准"，也只能作为"标志"来判别是不是真正意义上的士族，并不能据此"量化"出士族的等级，因为很多判别标准都是一种综合印象，越具体往往越不准确。

（一）家学的崇尚

汉代就有"遗子黄金满籯，不如一经"的说法，[1] 唐宋时期这样讲得更多了，并且与劝子孙读书、科考入仕连在了一起。唐人李袭誉做官的时候用俸禄雇人抄了很多书，罢职后对子孙说："吾近京城有赐田十顷，耕之可以充食；河内有赐桑千树，蚕之可以充衣；江东所写之书，读之可以求官。吾没之后，尔曹但能勤此三事，亦何羨于人！"[2] 把书与田、桑并列为家产了。宋代刘敞的祖上喜欢收藏书籍，称书库为"墨庄"，其后人刘清之还以《墨庄总录》为文集的名称，[3] 意思是读这些书可以像田园一样获得收成。李畸继承父祖之志，收藏了很多书，认为"遗子孙黄金满籯，不如一经。亲既以是遗我，我复以是遗子，子子孙孙用之不竭，况万卷之多乎？庶几我之富在此而不在彼也"[4]，藏书才是最长久最可靠的财富。这个时期的家训、诗词也不厌其烦地规劝子弟刻苦读书，据说宋真宗也写过一首颇为俗气的《劝学诗》，[5] 说是书中有"千钟粟""黄金屋"和"颜如玉"，有志向的男儿应该"五经勤向窗前读"……

这个时期的社会舆论最崇尚的似乎不是田宅财宝，而是读书和学问。不过，这些人并不是清高到了只要精神层面的东西，而是在抓"根本"，

---

[1] 《汉书》卷七三《韦贤传》。
[2] 《旧唐书》卷五九《李袭志传附弟袭誉传》。
[3] 该文集已佚。传世的张邦基《墨庄漫录》一书与刘清之《墨庄总录》不是一回事。
[4] 邹浩：《道乡集》卷三六《李季侔墓志铭》。
[5] 又名《励学篇》，载黄坚编《古文真宝》卷一《真宗皇帝劝学》。

因为他们清楚，按照已经形成的社会运行机制，有了学问才有可能得到一切；特别是科举制度产生以后，"学而优则仕"主张得到了制度化的保障，大家都看清楚学问的实用价值了。

伴随着对学问的看重，对有家学背景的人更加崇敬和羡慕了。唐代墓志刻石的篇幅虽然有限，对有家学背景的人也都要写上一笔"世袭孝廉，家传学术"之类的话，[1] 到两宋时期仍然是这样，《宋史》列传中也特别推崇"世以儒学名家"的人物，[2] 对学问的崇拜特别是对有家学背景的人的敬重，已经成了普遍的社会心态。相应地也更加看不起没有家学背景的人了，不论其现实的地位多么高，甚至把没有家学背景的科考第二名的榜眼称为"瞎榜"[3]。李清照说秦少游的词没层次，"譬如贫家美女，虽极妍丽丰逸，而终乏富贵态"[4]，也流露出这种世俗观念。

到唐朝后期门阀望族已经失去了往日的辉煌，人们仍然"惑于流俗，不究本宗源流，执唐所推望姓，认为己之所自出"[5]，崇尚门第的观念仍然很浓郁。宋代有很多关于名人出身的附会传说，譬如陆游出身不显贵，传说是其"母氏梦秦少游"后怀孕而生；[6] 名士真德秀"起自白屋……时真母方娠，忽见道者入室，遂产西山"[7]；王安石虽然位极人臣，祖上不

---

[1] 周绍良主编：《唐代墓志汇编》永徽〇〇四《大唐乐君墓志》、永徽一一六《大唐韩君墓志》、显庆〇二六《大唐故王君故任夫人墓志铭并序》、开元一〇三《大唐故国子明经吏部常选赠赵州长史赵郡李府君墓志铭并序》、开元二六四《先府君玄唐刻石记》、天宝〇七二《大唐故宣德郎通事舍人高君墓志铭并序》、天宝二二五《唐故高士哲人河东裴府君墓志铭并序》、大历〇四九《唐故银青光禄大夫司天监瞿昙公墓志铭并序》、贞元〇五二《大唐故朝散大夫太子左善大夫南阳樊府君墓志铭并序》、元和一二六《大唐故肖府君墓志铭》、咸通〇一四《唐范阳卢夫人墓志铭》等，上海古籍出版社1991年版。就连唐朝皇室也未能脱俗，其祖籍"赵郡说"就是攀附山东望族李氏的结果，是不可靠的。参见拙文《唐朝皇室祖籍问题辨正》，载《西部学刊》2015年第4期。

[2] 参见《宋史》卷三八四《陈尧佐传宋庠传》、卷三八五《葛邲传》、卷三九五《李大性传》、卷三九八《李壁传》、卷四二一《包恢传》、卷四三九《和山蒙传》等。《宋元学案》详细缕析了每个大学者的家学渊源和本家子弟的传承情况，主要是依据《宋史》列传整理的，重视家学渊源，侧重家传与师授的结合，详下。

[3] 《宋史》卷二六一《陈思让传附孙若拙传》。

[4] 徐培钧：《李清照集笺注》词论第三卷，上海古籍出版社2000年版，第277页。

[5] 赵彦卫：《云麓漫钞》卷三。

[6] 叶绍翁：《四朝闻见录》乙集。

[7] 周密：《齐东野语》卷一。

太高贵，一位戴花道士曾推算说他是南唐后主李煜转世；[1] 蔡确少年时是个"贫儒"，有个道士说他会当宰相，因为他"状貌极似李德裕"，有圣贤之像；[2] 宦官梁师成出身卑微，他先后自称是文彦博、韩琦等人的私生子[3]……这些传说不可当真，只是反映出了相同的价值观念。

宋代任用官员的时候要填写类似于现代履历表的"脚色"，虽然主要是为了搞党禁，要求写清楚"三代名衔"[4]，也透露出重视家世出身的传统观念。这也不难理解，因为人类的优生学知识有限，只能从效果倒推原因，判别一个人的素质优劣，最简便可靠的办法就是通过其祖上的状况来推测，唐朝薛用弱在《集异记》中说，"尝闻人之绍续，其或三五世，则必有一人有肖其祖先之形状者"。不惟形状，素质的遗传也是这样，可以结合门第、名望和家学门风，形成一个连续性的评判方法和相应的观念。

这种崇尚和羡慕家学背景的心态，在社会中下层往往表现为两种倾向：一是对自己没有家传学问的身世尽量回避，苏洵说，修族谱的时候那些"由贱而贵者，耻言其先；由贫而富者，不录其祖"[5]，这是一种"英雄不问出身"的草根心态。二是推崇贫而有志，那些经过个人奋斗走向成功者，不回避甚至主动讲自己的出身，借此显示个人的能力。这方面的例子很多，唐朝的段文昌以才艺知名，位至宰相，追忆说小时候家里贫穷，到寺庙去蹭饭吃，和尚们经常捉弄他；[6] 在牛李党争中为寒门出身的官员说话的牛僧孺，也是个"少单贫，力学，有俶傥之志"的人；[7] 创办应天书院的宋代学者戚同文自幼父母双亡，过着寄人篱下的贫寒生活，没有力量拜师，便发奋自学，走向了成功；[8] 陆游的祖父陆佃小时候"居贫苦学，夜无灯，映月光读书"，后来考取进士，当了宰相；[9] 马端临的父

---

[1] 赵彦卫：《云麓漫钞》卷四。
[2] 马永卿：《嬾真子》卷三。
[3] 陆游：《家世旧闻》卷下。
[4] 赵升：《朝野类要》卷三《脚色》。
[5] 苏洵：《嘉祐集》卷一七《谱例》。
[6] 孙光宪：《北梦琐言》卷三《段相踏金莲》。
[7] 孙光宪：《北梦琐言》卷一《牛僧孺奇士》。
[8] 《宋史》卷四五七《戚同文传》。
[9] 《宋史》卷三四三《陆佃传》。

亲马廷鸾幼年丧父，母亲经常"藜藿不给"，他能"甘贫力学"考中了进士，① 也当了宰相……他们苦读打拼成功之后回首往事，贫寒出身成了自我形象的衬托，流露出的已经是一种自负的心态了。

（二）父传子受

虽然家学不包括韩愈《师说》中说的"习其句读"的功课，也不包括识字和计算之类的"诵数之学"②，那些称得起学者的人，大都是从小在家庭里面学习这些"童子功"，读书识字与传授专门学问是一个前后相续的过程：开始学习的内容比较简单，主要是一种氛围的熏陶和气质的训练，唤醒其潜在的素质，到一定程度和年龄再钻研学问。我国古时候的这个过程是在家庭家族中完成的，主要方式就是父教子以及兄教弟。

父祖教子孙读书的方式出现很早，据说孔子就在家里教过儿子孔鲤，称之为"庭训"。不过，学问大官职高的人忙于"治国平天下"，顾不上教自己的子孙，大都是请先生代劳；有时间亲自教子孙的主要是一些喜好读书、终生不得志的人，像科考和仕途屡受挫折、被称为"三不遇"的孙庸；③ 或者是入仕前、致仕后的休闲时光，如知名学者刘昊，在朝中任国子四门教授的时候忙着教国子监的生员，后来得罪了宋仁宗，称疾致仕回乡，"还家三径在，教子一经贤"④，才顾上教自己的子孙了。

就唐宋时期的名士看，父亲教儿子读书，儿孙传承父祖学问的记载很多，都比较简略笼统。长安的颜氏家族有悠久相传的家学，北齐年间颜之推在《颜氏家训》中回忆说，"昔在龆龀，便蒙诱诲；每从两兄，晓夕温清"⑤，父兄子弟依次相教，到唐代的颜师古仍然是这样。唐高宗时期的沈即济在《词科论》中说，当时有家学传统的家庭都是"父教其子，兄教其弟，无所易业。……五尺童子，耻不言文墨"⑥。并且已经注意到了

---

① 《宋史》卷四一四《马廷鸾传》。
② 《宋史》卷三八《安焘传》。
③ 曹月堂主编：《中国文化世家·中州卷》，湖北教育出版社2004年版，第448页。
④ 王象之：《舆地纪胜》卷一四五《简州·人物》。
⑤ 颜之推：《颜氏家训》卷上《序致篇》一。
⑥ 《全唐文》卷四七六。

因材施教，《史通》的作者刘知几"年十二，父藏器为授《古文尚书》，业不进"；给他的哥哥们讲《左传》的时候他去跟着听，理解得却很透彻，父亲便让他专门攻读《左传》了。① 后来刘知几考中了进士，还成了著名的史学理论家。还有辽朝的学问家族，无论契丹人还是汉人，也都是在父子、兄弟以及祖孙、叔侄之间相教切磋，② 同时也完成了传延过程。

宋代刘清之主张"人生至乐无如读书，至要无如课子"③，不只是自己读，还要教子孙。有学者考察了太平兴国五年（980）考中进士的6位官至宰辅的人的家世，发现都有家学背景，他们的父祖都注意子孙的文化教育。④ 南丰曾氏是诗书之家，子弟"家传父兄之学""远继父兄之业"，曾布是曾巩的弟弟，他的学问就是跟曾巩学的，兄弟二人都考中了进士。⑤ 有位乡居的读书人"家故多赀，悉散以赒乡里；而教其二子以学，曰：此吾赀也"⑥，尽管学问不大，也把家传的学问当成了最大的财富。苏辙曾说"惟我与兄，出处皆同；幼学无师，先君是从"⑦，都是跟父亲苏洵学的。北宋熙宁年间苏颂说，当时"有四大儒，越出古今，王氏父子，吕氏兄弟"⑧，说的是王安石和王雱父子、吕公著和吕公弼兄弟。吕公著兄弟是东莱吕氏。在开封的吕夷简、吕本中一支也是这样，兄弟之间经常"会课"研讨，⑨ 父子、叔侄之间也时常切磋学问。

徽州婺源胡氏以经学传家，在宋元时期有七位名儒，都是在家里跟父祖学的，胡一桂跟父亲胡方平学《易经》，胡炳文跟父亲胡孝善学《尚

---

① 《新唐书》卷一三二《刘子玄传》。"藏器"是其父亲的名字。
② 陈伟庆：《辽代文学家族的兴起及构成》，载《中国社会科学报》2016年9月5日。
③ 《戒子通录》卷六。
④ 徐红：《北宋初年进士研究》第四章《社会的变革与进士家世仕途》，人民出版社2009年版。
⑤ 《宋史》卷四七一《曾布传》。该卷末尾的"论曰"称赞说"曾氏之家学，盖有两汉之风矣"。
⑥ 欧阳修：《欧阳文忠公全集》卷二四《吴处士墓表》。
⑦ 苏辙：《栾城集》卷二五《再祭亡兄瑞明文》。
⑧ 苏颂：《苏魏公文集》卷三一《翰林学士兼侍读学士宝文阁学士礼部侍郎吕公著可守御使中丞制》。并参姚红《宋代东莱吕氏家族及其文献考论》第四章《家族文化》，中国社会科学出版社2010年版；陈开勇：《宋代开封——金华吕氏文化世家研究》第五章《读经重史》，中国社会科学出版社2010年版。
⑨ 陈开勇：《宋代开封——金华吕氏文化世家研究》第二章《聚居讲学：家学家风的传递方式》，中国社会科学出版社2010年版。

书》和《易经》;还有汪克宽,10岁开始跟父亲学朱熹选注的四书,[1] 后来也成了大学者。明州楼氏家族最初只是乡间的富豪,北宋仁宗皇祐年间楼郁考中进士以后,"一门书种,赖以不绝",形成了颇有影响的"西湖家学"[2]。楼氏在宋代成为名门,主要得益于这种"世代业儒的家族传统"[3]。两宋时期士大夫的家训中都有劝子孙读书科考、耀祖光宗的内容,还有的在遗嘱中嘱咐儿孙传承家学,《独醒杂志》的作者曾敏行自幼生活在有家学传统的家庭中,临终"呼纸笔,书二十余言,嘱诸子以力学"[4],别把家传的学问弄丢了。

较早捕捉到家学视角的学者,对宋代四川家族的学术传承作过专门研究,[5] 展示了很多父子相教的事例。眉州士人有重视经术的传统,大都"训子孙"读经,像家氏"守其家学之传,汲汲然以读书讲习为事",有计划地教育子弟;[6] 井研的牟氏也是这样,牟应龙与父亲"自为师友,日以经学道义相切磨"[7],成了理学大家。苏舜元"课子舍经治史,率有准程,所以诸子皆积学有立"[8];普州的冯氏"其父子兄弟以诗书相颉颃,虽甚贫不破业,虽至老不废学";有的还能够"教诸子事业,悉有端次"[9],已经摸索出一套教与学的方法。阆州陈氏教子的方法也很有特色,当时"天下皆以陈公教子为法"[10],陈尧叟、陈尧佐和陈尧咨兄弟号称"三陈",最初都是跟父亲陈省华课读。陈尧佐最聪明,"父授诸子经,其

---

[1] 赵华富:《徽州宗族研究》,安徽大学出版社2004年版,第465—466页。
[2] 楼钥:《攻媿集》卷一〇〇《叔祖居士并张夫人墓志铭》;《宋元学案》卷六《士刘诸儒学案》。
[3] 包伟民:《宋代明州楼氏家族研究》,载《大陆杂志》第94卷第5期,1997年。
[4] 曹月堂主编:《中国文化世家·江右卷》,第215页。
[5] 粟品孝:《宋代四川主要学术家族述论》,载邹重华等主编《宋代四川家族与学术论集》,四川大学出版社2005年版。该书序言提到蒙文通先生的一个论断:"中国之士族盛于晋唐,而蜀独盛于宋。"这是个很重要的问题,该书将其归之为四川家族的特殊性,值得进一步研究。
[6] 黄榦:《勉斋集》卷一九《家恭伯斋记》。
[7] 黄溍:《黄文献集》卷六《隆山牟先生文集序》。
[8] 蔡襄:《蔡忠惠集》卷三九《苏才翁墓志铭》。
[9] 李石:《方舟集》卷一五《冯主簿墓志铭》;文同:《丹渊集》卷三九《秘书丞冯君墓志铭》。
[10] 闫苍舒:《将相堂记》。转自胡昭曦《宋代阆州陈氏研究》,载前揭邹重华等主编《宋代四川家族与学术论集》。

兄未卒业，尧佐窃听已成诵"①，比哥哥学得还快。

　　理学家张栻是南宋宰相张浚的儿子，张浚文武全才，对理学有很深的造诣，"日夕读《易》，精思大旨，述之于编，亲教授其子栻"②。在罢官谪居和地方任上，一直不放松对张栻的学问传授；张栻的侄子张忠恕继承发扬了张家的学问，被全祖望称为"最有光于世学"的理学家，③时人也称赞"毕竟张氏子弟有真传"④。崇仁虞氏在宋元时期为理学名家，虞刚简能"克绍正学，以恢其家"，而且在赋闲期间"聚同产子而教之"⑤，把儿子和侄子们一起教了；虞集传延了《春秋》家学，有《道园学古录》等书传世；虞堪"犹能读书绩学，世其家"，代代有学问相传延。井研李氏的李舜臣"诲诸子以圣贤为法"，父亲去世的时候李心传兄弟三人还很小，他们继承父志，"相视如师友"，所以"其一家之学，言论操履，一归于正"⑥，把家学门风完整地传延下去了。蒲江高氏也很重视家学和教育，高宏甫到开封拜师求学的时候正值金兵南下，就返回老家，教授本家子弟，"训厉诸子益力"⑦。世道混乱，朝廷更迭，家传的学问不能因此中断。

　　这些教子读书的有的是传授学问，有的只是一般的读书识字；即使传授专门的学问，也不可能都因此而荣华富贵、耀祖光宗，很多人终生苦读却一无所获。他们并不甘心，自己不行了，把希望寄托于子孙，不少人教子的目的其实就是为了让子孙来弥补自己的人生遗憾。像吉州的刘氏，号称"五代六进士，一榜三举人"，却有过一段惨淡经营的家史，唐朝末年战乱中，刘素隐居在建有牛僧孺"读书堂"的山上，取名为"后隆山"，寄希望于后世子孙；儿子刘沆屡试不中，自嘲为与进士相反的"退士"，刘素鼓励他别放弃，终于在北宋天圣八年考中了，而且是第二名。⑧ 一个

---

① 《宋史》卷二八四《陈尧佐传》。
② 朱熹：《晦庵先生朱文公文集》卷九五下《少师魏国张公行状》。
③ 《宋元学案》卷五〇《南轩学案》。
④ 《宋史》卷四〇九《张忠恕传》。
⑤ 魏了翁：《鹤山先生大全文集》卷七六《虞公墓志铭》；《元史》卷八一《虞集传附弟槃传》。
⑥ 黄榦：《勉斋集》卷三八《知果州李兵部墓志铭》。
⑦ 魏了翁：《鹤山先生大全文集》卷七〇《处士高君大中墓志铭》。
⑧ 《宋史》卷二八五《刘沆传》。

叫倪天常的人考了几次败下阵来，灰心丧气，经常向儿子叹息："宦为吾素志，而划于半途，终身遗憾"①，也把希望寄托在了儿子身上。

理学创始人之一邵雍虽然很有学术成就，却一直不得志，47岁的时候得了儿子邵伯温，赋诗说"我欲愿汝成大贤，未知天意肯从否？"② 希望儿子超过自己。石介曾回忆说，他父亲终身苦读只做到了县令，"将终之时，制泪忍死，执介手以命于介，且曰：汝不能成若翁之志，吾不瞑矣！"③ 石介不负父亲厚望考中了进士，学问大官也做大了。"三苏"虽然享誉北宋文坛，也有一段惨淡的经历，苏洵在天圣、庆历年间连续落第后，回家专心教子，十年未出川，换来了嘉祐年间苏轼苏辙兄弟同科及第。何坚家里很富有，总劝儿子与士人交游，多读些书，因为他常感叹自己"平生为学之志于是不酬"④。丁度的爷爷曾经"尽其家资聚书至八千卷，为大室以贮之，曰：吾聚书多，虽不能读，必有好学者为吾子孙矣"，儿子不行，到孙子丁度才考中了进士，成了朝廷重臣。⑤ 陈淮的父亲和爷爷都曾考中过进士，他却在科场上屡屡失利，见儿子比较聪明，说"吾有志无成，成吾志者，必在吾子"⑥。一个叫葛宏的乡间富户，其父"一举进士不中，退而积书数百千卷，戒子孙业之"⑦，让子孙继续努力。还有文天祥的父亲文仪，家中"蓄书山，如经史子集，皆手自标序"，还编著了《宝藏》和《随意录》，南宋理宗年间带病陪文天祥兄弟到临安参加省试，在两兄弟中举的同时病死在客舍，也算是遂愿了。⑧ 江西德兴张氏家族、江阴葛氏家族，⑨ 也都有这样的人物和经历。

---

① 陈柏泉主编：《江西出土墓志选编》第39篇《倪天常府君墓志铭》，江西教育出版社1991年版。
② 邵伯温：《邵氏闻见录》卷一八。
③ 石介：《徂徕石先生文集》卷一四《上王状元书》。
④ 陈亮：《陈亮集》卷三八《何夫人杜氏墓志铭》。
⑤ 司马光：《涑水纪闻》卷一〇。
⑥ 杨万里：《诚斋集》卷一二七《陈先生墓志铭》。
⑦ 蔡襄：《蔡忠惠集》卷三四《葛君墓志铭》。
⑧ 文天祥：《文山先生全集》卷一一《先君子革斋先生事实》。
⑨ 黄宽重：《宋代的家族与社会》第三篇第一章，国家图书馆出版社2009年版；朱瑞熙：《一个常盛不衰的官僚家族——宋代江阴葛氏家族初探》，载《中国近世家族与社会学术讨论会论文集》，(台北)"中央"研究院历史语言研究所1998年版。说某个家族"常盛不衰"似不妥，详下。

以上都是直接教子孙读书、传承家学的例子。还有一些有家学的人教子孙做学问的时候不是泛泛地教和学，而是在干中学，父祖子孙相继做相同的学问。

北朝以来的名门颜氏家族中，颜师古编《五经正义》的同时还做过《急就篇注》。《急就篇》是很早以前的启蒙读物，过于深奥不容易让儿童理解，颜师古的爷爷颜之推曾经为之做过注释，只写了一卷没流传下来；父亲颜思鲁打算接着做，没来得及动手就去世了；颜师古在父祖整理的基础上完整地为《急就篇》做了注释，一直沿用到近代。相州李家世传史学，李大师在北朝就为写《南史》和《北史》做准备，直到去世也没能着手；儿子李延寿曾协助父亲整理资料，在父亲准备的基础上历时16年写成了这两部史书。当时唐朝已经建立了史馆，不允许私人修正史，鉴于这两部书编撰水平很高，才破例与官修的正史并列了。

宋代的"三苏"父子以文学知名，也以经学传家，特别是对《易经》很有研究，苏洵晚年写《易传》没写完得了重病，"命二公述其志。东坡受命，卒以成书"。《四库全书总目提要》说"此书实苏氏父子兄弟合力为之，题曰轼撰，要其成耳"，实际上苏辙也参与了，因为"二公少年皆读《易》。（父）为之解说"，早就打下基础了。[①] 宋敏求编《唐大诏令集》，也是继承的其父宋绶的工作。记载北宋史实的纪传体史书《东都事略》署名王称，洪迈写的《进书表》说"称之父赏在绍兴中为实录编纂，称承其绪余"，是在父亲王赏前期准备的基础上完成的。新喻刘氏对经学和史学都有研习，刘敞与弟弟刘攽先是兄弟同学，继而教儿子刘奉世学；开始读书的范围比较广，到刘奉世就专治《汉书》了。《三刘汉书标注》就是以刘奉世为主，刘攽参与撰成的，刘敞也不时参与一些意见，共析疑难。[②] 洪迈的《容斋随笔》共有五笔，写前三笔分别用了几年和十几年，写第四笔用了不到一年，主要是其幼子洪㰁催促的结果，"日日立案旁，必俟草一则乃退"；在第四笔第二卷《诸家经学兴废》开头说，这一则就

[①] 马斗成：《宋代眉山苏氏家族研究》，中国社会科学出版社2005年版，第145页。
[②] 《宋史》卷二〇三《艺文志》。并参王德毅《宋代的新喻刘氏家族世系和家学》，载王鹤鸣等主编《中华谱牒研究》，上海科学技术文献出版社2000年版。

是在洪櫰的提示下写的。① 陆九渊创立理学中的心学学派，也得益于与父亲陆贺、兄弟陆九龄和陆九韶多年的切磋，尽管他们对理学的理解不完全相同。大型类书《玉海》的作者王应麟，南宋亡后闭门谢客，终日在书斋中编写此书，并给儿子讲经史，儿子王昌世帮他整理修补；元朝初年书稿被盗，追回后丢失了很多，王应麟的孙子王厚孙重新编辑校补，刊行后世称"王厚孙本"，也是祖孙三代相继完成的。赵明诚写《金石录》也不是一蹴而就，也得益于父亲赵挺之多年的收藏和熏陶。

做专门的高深学问的人大都有家传的背景，文学、史学和专门技艺在家庭家族中就可以完成学习和传承的主要过程；经学则不然，即使是在有经学背景的家庭中，也往往是学到一定程度就要外出拜名师。

二程兄弟先是在家中由母亲教，父亲在虔州任上结识了周敦颐，便让两兄弟拜周敦颐为师，求学问道，与周敦颐一起成了理学的创始人。华阳"世以显儒"的范氏家族中的范祖禹是范镇的侄孙，开始跟范镇学过，后来又师从二程和司马光，家传与师授结合，兼收并蓄，写出了《家人卦解义》和《范氏论语说》等著作。② 蓝田理学世家吕氏家族的吕大防、吕大临、吕大钧兄弟六人中有四人科考入仕，有所成就，走的也是同样的求学历程，先是从教于父亲，兄弟"相切磋论道考礼"，后来吕大钧就近拜理学中的"关学"学派大师张载为师，吕大临则到洛阳拜程颐为师了。③ 前面提到的理学家张栻，最初由父亲张浚教，同时还私游二程，最后师从胡宏，朱熹评价他是"自其幼壮，不出家庭而固已得夫忠孝之传；既又（听）讲于五峰之门，以会其归"④，掌握了理学的要旨。

四川"井研四李"中的父亲李舜臣既通经学又懂史学，李心传和李性传兄弟是史学家，都是跟父亲学的；另一个弟弟李道传搞理学，起先也是跟父亲学，考中进士以后便从四川来到东南，拜朱熹为师了。⑤ 宋元时

---

① 洪迈：《容斋四笔》序、卷二《诸家经学兴废》。
② 粟品孝：《宋代四川主要学术家族述论》，载前揭邹重华等主编《宋代四川家族与学术论集》。
③ 《宋史》卷三四〇《吕大防传附兄大钧大临传》。
④ 朱熹：《晦庵先生朱文公文集》卷七六《张南轩文集序》。张栻的老师胡宏（五峰先生）也是这样，既受父亲胡安国教诲，又私淑二程兄弟。
⑤ 黄榦：《勉斋集》卷三八《知果州李兵部墓志铭》。

期出了7位名儒的徽州婺源的胡氏家族,被称为"七哲世家""明经胡氏",其中的胡一柱的"《易》学得于家庭",后来到福建等地求学拜师,人称"其《易》源流出于朱子"[①],家学的色彩淡化了;胡孝善、胡炳文父子开始都"闻而修之于家久矣",后来受学于朱熹的孙子,"得《书说》《易说》之传",胡炳文还带着从父亲和老师那里学来的内容,向朱熹的嫡传弟子临川吴澄求教,"探其粹精"[②],所以讲师承关系的时候,通常认为胡氏理学得到了朱熹的真传……有成就的经学家大都有求学名师门下的经历,他们的学问基础是在家中奠定的,所传承和弘扬的已经不是自家的学问,而主要是某个学派大师的学问了。

(三) 良母教子

通常的家学传承方式是父子兄弟相传,相应地考察也侧重父亲一方,实际上母亲在这个过程中的作用也很重要。[③] 古人讲的贤妻良母的标准是能相夫教子,特别是在士族家庭中,良母不只是生儿育女,还有教子女读书的职责。

遗传学的研究表明,男子的生理特征传给儿子是直接的,传给女儿是间接的——在女儿身上不明显,通过女儿传给外孙则很明显。[④] 可以举个例子:据陆游说,丞相曾子宣家的人"男女手指皆少指端一节,外甥亦或然。或云襄阳魏道辅家世指少一节,道辅之姊嫁子宣,故子孙肖其外氏"[⑤]。手指的这个特征是从外祖父家传来的。还有宋代流传的"外甥多似舅"的谚语,[⑥] 也是讲的母亲(即外祖父)一方对儿子的遗传影响问题。所以说,媳妇(母亲)不仅带来了在娘家学会的文化技能,也带来了娘家的遗传素质。古人家训讲"嫁女必须胜吾家"和"娶妇必须不若

---

① 《四库全书总目》卷四《经部》。
② 胡炳文:《云峰文集》。并参前揭赵华富《徽州宗族研究》,第465页。
③ 粟品孝:《宋代士人家庭教育中的母教》,载漆侠主编《宋史研究论文集》,河北大学出版社2002年版。
④ 潘光旦:《优生概论》,北京大学出版社2012年版,第271页。
⑤ 陆游:《老学庵笔记》卷七。
⑥ 洪迈:《容斋随笔》卷一二《天生对偶》。

吾家",是从日常生活需要特别是和睦婆媳关系的角度考虑的;上层士族家庭出于遗传因素的考虑,特别讲究门当户对,是有道理的。我们对此且不多说,只考察一下家学传承中的母亲教儿子的情况。

上层社会所注重的门当户对的婚姻方式是良母教子的前提,因为能够胜任教子读书、包括有见识督促儿子读书的母亲,大都有着娘家的文化学问背景。至少到唐宋时期,追求门当户对的婚姻已经有了这方面的明确意识,福建莆田的理学世家方氏在宋代迅速发展壮大,主要就是得益于与当地有家学背景的家族(如刘克庄的刘氏家族、叶颙的叶氏家族)累世通婚。这种通婚"利益上的考虑并非关键所在,基本上是因属于同一文化阶层",智商相同,思想观念接近,属于"文化圈与婚姻圈的重叠"[①]。叶梦得《石林燕语》卷五记述唐代士族张家几代宰相,就专门提到了张延赏的妻子苗氏出身士族家庭;记述宋代韩氏家族的韩亿子孙拜相,也专门讲韩亿的夫人是三槐王氏家族的宰相王旦的女儿,有了这种婚姻上的优化组合,所以张韩两家成了"他士族未有比者"。直到明清时期,这种选择趋向一直很明显,"在科举家庭的婚姻行为中,除了从政治上考虑外,更受重视的是双方的文化背景,在中间起决定作用的往往是家族的文化素养,而不是权力和财富。在相当大的程度上,科举家庭的婚姻行为突出体现为一种文化行为"[②]。这也是符合优生规律的选择。

唐代的家学不仅在家族内部的男子之间传承,女性有时候也充当着传承家学的角色。杜甫的表侄王评之高祖王珪在隋末唐初乱世中未曾应举,唐太宗时当了宰相,杜甫在《送重表侄王评事》诗中说,"我之曾老姑,尔之高祖母。……子等成大名,皆因此人乎",杜氏老姑教了王家几代人。[③]还有薛播兄弟也是由母亲林氏教读,最终考中进士成名,这个林氏是"丹阳太守(林)洋之妹,有母仪令德,博涉五经,善属文,所为篇

[①] 简杏如:《宋代莆田方氏家族的婚姻》,载《台大历史学报》1999年第24期。
[②] 张杰:《清代科举家族》,社会科学文献出版社2003年版,第128页。清末民初湖南汉寿有个延续四代的易氏文学大家族,其中也活动着"一个挚爱文学艺术的巾帼群体",其中陈夫人、王夫人和张夫人等都出身名门,知书达理,是易氏子弟最初的文学启蒙者。见朱能毅《易君左为什么样的家庭所造就》,载《人民政协报》2009年7月2日"春秋"副刊。
[③] 洪迈:《容斋随笔》卷一二《王珪李靖》。洪迈认为杜甫此说有误,王珪家没有这位老夫人。

章时人多讽咏之"①，是在娘家学成的。武则天时期得宠的宫廷女诗人上官婉儿，是诗人上官仪的孙女，而且她母亲出身于荥阳望族郑家。还有前面提到的辽朝的学问家族中就有夫妻组合型，譬如邢简和夫人陈氏、契丹族的道宗耶律洪基和皇后萧观音、天祚帝耶律延禧和文妃萧瑟瑟。其间自然也包括母亲教授子女。

两宋时期这方面的例子也比较多，先看两个大人物家的婚姻情况。金溪柘岗的吴氏家族在南唐时期发迹，开始与名门望族攀亲，先是在北宋初年把一个女儿嫁给户部郎中曾致尧的儿子曾易占，这位曾吴氏知诗书，识礼仪，教育出来了名士曾巩；接下来吴家有个女儿嫁给了临川王益，这位王吴氏的三儿子就是王安石；吴家下一代有个女儿嫁给了王安石，这位小王吴氏对儿子王雱的成长也有直接影响。②还有魏了翁家，与高氏一样都是四川蒲江的大家族，两家不仅一直通婚，还一直互相过继，既是世代姻亲，又互为姑表，实际上已经趋同于一个家族了。长期姑表通婚不仅没有导致后代的退化，魏、高两家的后人还继承了双方的优秀素质，都出了很多名人，其中魏了翁、魏天佑、魏文翁和高定子、高载、高稼、高崇、高斯得等都有著作传世，涉及理学、史学、文学和医学等方面。③还有，陈亮与吕东莱是"从表兄弟"，两人的父辈兄妹曾经通婚；陆游的外祖母是晁说之的姐姐，陆游应该称晁说之为老舅；李清照的母亲是北宋状元王拱辰的女儿，善作诗文，对李清照的影响是不言自明的。

至于一般的士大夫家庭，这方面的例子就更多了。邹重华先生考察宋代四川士人的学术交游圈的时候发现，通婚也是士人进行学术交流的方式之一，如双流李氏、成都宋氏、成都句氏、简州刘氏等各地有名望的学术家族之间都有着婚姻亲戚关系，④既交流了学问，传延了智商，也方便了

---

① 《旧唐书》卷一四六《薛播传》。
② 曹月堂主编：《中国文化世家·江右卷》，第 75—80、120—125 页。王安石的母亲是其妻娘家的堂姑，王安石属于远支姑表成亲，所以没有像通常的姑表成亲那样受遗传的影响。
③ 胡昭曦：《诗书持家，理学名门——宋代蒲江魏氏家族研究》，载前揭邹重华等主编《宋代四川家族与学术论集》。
④ 邹重华：《士人的学术交游圈：一个学术史研究的另类视角》，载前揭邹重华等主编《宋代四川家族与学术论集》。

夫人们履行教子的职责。据秦少游说，宋朝的时候上层人家奉行"子必读书，女必嫁士人"的主张，①华阳王氏的女儿大都嫁给了科举高中的进士，而王氏自身也是学术家庭，他们的女儿都有文化，嫁出去以后都是教子读书的行家里手。②还有崇仁虞氏，通过婚姻关系不仅使虞家摆脱了一时的衰败，而且有助于子弟的教育和家学的传延，"虞家的媳妇大多是那些出身甲族的知识女性"③，足以承担教育后代的任务，宋元之际的大学者虞集的母亲是专治《春秋》的杨家的女儿，她"未笄时即尽通其说（按：指理学中的濂洛之学），至近代典故亦贯穿不遗"；虞集回忆说，当年"先夫人置我兄弟于膝下，口授《论语》《孟子》《诗》《书》等"④，据说这位虞杨氏能把这些古典背诵下来。浙江金华的何坚才之妻杜氏出身于有儒学传统的家庭，丈夫去世居丧期间也不让儿子中断学业。⑤建昌李家以文学知名，李常的四个姐妹都有文化：大姐善画墨竹，是黄庭坚的母亲；二姐即黄庭坚的姨母也善画松竹木石，黄庭坚有《姨母李夫人墨竹》诗赞扬姨母的画。这无疑对黄庭坚后来成为集书画和诗文于一身的大学问家有着直接的影响。

在通常的家庭中，母亲辅助父亲教育儿子，父亲严厉母亲慈爱，刚柔相济，是最理想的配合模式。唐文宗时的名士李宣古为人放荡，教子不得方，夫人不仅经常劝他注意自己的言行，还亲自管教子女，两个儿子都考中了进士，"人谓之曰：非其母贤，不成其子"，母亲的教育起了关键的作用。⑥中唐诗人卢仝自己隐居不当官，经常外出云游，儿子的学业要靠妻子督促，卢仝自己也承认"当是汝母贤，日夕加训诱"，儿子是在母亲

---

① 秦观：《淮海集》卷三六《徐君主簿行状》。这是秦少游讲的其岳父徐成甫家的家规。
② 王善军：《宋代华阳王氏家族的科举和仕宦》，载前揭邹重华等主编《宋代四川家族与学术论集》。该文专有《注重与科举之家联姻》一目。
③ 张邦炜：《宋元时期仁寿——崇仁虞氏家族研究》，载前揭邹重华等主编《宋代四川家族与学术论集》。
④ 赵汸：《虞公行状》；虞集：《亡弟仲常墓志铭》。转自张邦炜《宋元时期仁寿——崇仁虞氏家族研究》文，载前揭邹重华等主编《宋代四川家族与学术论集》。
⑤ 陈亮：《陈亮集》卷三八《何夫人杜氏墓志铭》。
⑥ 范摅：《云溪友议》卷中。

的管教下读的书。① 唐人柳仲郢的母亲韩氏"善训子，故仲郢嗜学，尝和熊胆丸，使夜咀咽以助勤"②，用清凉的苦味儿来防止瞌睡。

宋代的韩亿有八个儿子，他和夫人王氏把他们都教育成才了，两个当了宰相，一个当了副相。据说韩亿对儿子们"课以诗书，日使诵习"，但他时间有限，主要是夫人"内以慈爱抚之，而又勖以义理之"，被称为以慈助严的成功范例。③ 宰相寇准小时候不务正业，"太夫人性严，尝不胜怒，举秤锤投之，中足流血，由是折节从学"。他考中进士做了大官的时候母亲已经去世，他"每扪其痕，辄哭"④。关汉卿的杂剧《陈母教子》的原型，是宋代阆州陈氏三兄弟在母亲的管教下都考中进士、其中两个考中状元的故事，三兄弟小时候母亲管得很细，对当了大官的陈尧咨还经常棍棒相加。⑤ 叶适出生在贫困的读书人家庭，父亲以教书为业，身后家里更衰落，母亲杜氏却坚持让叶适读书，叶适回忆说："故虽其穷如此，而犹得保为士人之家者，由夫人见之之明而所守者笃也"⑥，多亏了母亲的远见卓识。

在父亲去世或常年外出的家庭中，母亲主持家务的同时，教子的责任也由母亲一个人承担。丈夫死后守节不嫁的寡妇要承担的义务之一，特别是在上层士族家庭中，不只是要把儿子养大，还要把他们教育成才。唐朝天宝年间薛播的伯父薛元教本家的子侄读书，薛元去世后，其妻林氏亲自教包括薛播在内的子侄辈，结果有"七人并举进士，连中科名，衣冠荣之"⑦。书法家欧阳询去世后，妻子徐氏教儿子欧阳通继承父学，苦练书法，"母徐教以父书，惧其惰，尝遗钱使市父遗迹，通乃刻意临仿以求售。数年，书（只）亚于询，父子齐名，号大小欧阳体"⑧，用自己的真

---

① 《全唐诗》卷三八七，卢仝《寄南抱孙》。
② 《新唐书》卷一六三《柳公绰传附子仲郢传》。
③ 庄绰：《鸡肋编》卷中。
④ 司马光：《涑水纪闻》卷七。
⑤ 王闢之：《渑水燕谈录》卷九《杂录》。
⑥ 叶适：《水心先生文集》卷二五《母杜氏墓志》。
⑦ 《旧唐书》卷一四六《薛播传》。
⑧ 《新唐书》卷一九八《欧阳询传》。

名也可以出售了。诗人元稹8岁丧父，幸运的是有家族办的私塾供他读书，同时有"慈母哀臣，亲自教授"；他幼年贪玩，由于"严毅之训不闻，师友之资尽废。忆得初读书时，感慈旨一言之叹，遂志于学"①，母亲的教导起了很大的作用。还有一个不太知名的杨收，7岁丧父，母亲长孙氏"知书，亲自教授。十三，略通诸经义"②，后来考中了进士。信州上饶有一方唐朝初年的墓碑，是一位姓周的女子为亡夫所立，说其夫"三举不第"，英年而逝，但是"家有南亩，足以养其亲；室有遗文，足以教其子"③，她继承亡夫遗志，亲自承担起了教子的任务。

宋代的苏轼开蒙的时候，父亲苏洵游学四方不在家，就是由"母亲程氏亲授以书，阅古今成败，辄能语其要"，不是一般的读书识字，已经是研读经史了。④华阳王氏家族的王罕去世后，夫人吕氏教育诸子继承父亲遗业，努力读书，"夫人于是尽屏珠玉之饰，市书环屋，亲授经义，日月渐劘，卒至有成"。王珪幼年丧父，"母夫人周氏一意教公学"，把王珪培养成了人物。⑤前面提到的宋代江西刘氏"墨庄"的创始人刘式去世后，由出身书香门第的夫人陈氏负责课子读书，她教育儿子说，父亲留下的数千卷书就是我们生存的"墨庄"，到孙子辈出了刘敞、刘攽等大学问家。理学的创始人周敦颐少年丧父，最初也是由母亲郑氏发蒙读书，又在舅舅郑向的帮助下成长起来的。学者兼官员周必大4岁丧父，母亲王氏"博通经史"，带他回到娘家居住，学业由"母亲督课之"⑥，从不松懈。虽然他13岁的时候母亲也去世了，由此打下的基础决定了他一生的走向。还有宰相贾昌朝，"少孤，母日教诲之，自经史、图纬、训诂之书，无所不学"；赵鼎四岁丧父，由"母樊（氏）教之，通经史百家之书"；刘汉弼"生二岁而孤，母谢氏抚而教之"，后来考中了进士；欧阳修也是四岁

---

① 元稹：《元稹集》卷三〇《诲子侄书》。
② 《旧唐书》卷一七七《杨收传》。
③ 洪迈：《容斋五笔》卷二《唐曹因墓志铭》。
④ 《宋史》卷三三八《苏轼传》。
⑤ 王善军：《宋代华阳王氏家族的科举和仕宦》，载前揭邹重华等主编《宋代四川家族与学术论集》。引文出自《华阳集》卷四〇《寿安县太君吕氏墓志铭》、《椠埜集》卷一一《王从事墓志铭》。
⑥ 《宋史》卷三九一《周必大传》。

而孤,由叔叔关照他们孤儿寡母的生活,叔叔宦游在外,管不了欧阳修的学业,母亲郑氏"亲诲之学,家贫,至以荻画地学书",被称为"欧母画荻"①。欧阳修成名之后还专门写过一篇《泷冈阡表》,充满感情地回忆母亲对自己生活和读书的关心。

有方宋代墓志记载,冯某去世后夫人朱氏"携诸孤居鄂州,自教读书",儿子在皇祐元年科考获第一,她很平静;当儿子成为翰林学士,题名时自署"外甥冯某",老夫人"喜不自胜矣"②。因为儿子的题名表达了对外祖父家养育一位好母亲的感激。史书记载的多是大官员大学者,普通官员家庭也是这样,譬如南康军繁昌县县尉董之奇,小时候母亲教导他们兄弟要努力读书,"汝曹无父,不为儒学,何以光□□□"③,完全是由母亲教育成才的。牛德昌的父亲在辽朝做官,也是由"其母教之学"④。父亲去世以后他本来可以凭恩荫做官,母亲反对,让他去参加科举考试,他凭着自己的本事考取了进士。辽朝的宰相邢抱朴精通经史,和弟弟都是"受经于母陈氏"⑤,沿袭的应该是唐宋以来的做法。

有的人做了父亲责任心不强,只顾自己快乐不管子女的教育,有见识的母亲也只好承担起了全部的教子责任。张奎的父亲迷上道教以后整天忙着炼丹,不管儿子,母亲宋氏在其外出的时候"取其书并烧炼之具悉焚之",对两个儿子进行了语重心长的说教,然后"市书至数千卷,亲教督二子使读书。客至,辄于窗间听之,客与其子论学、政事,则为之设酒肴;或闲话、谐谑,则不设也"⑥。方法虽然有些不妥,却是一片苦心。除了文化知识,母亲也注重对子女的道德伦理教育,人们熟知的岳母刺字的传说就是典型的例子。

---

① 王珪:《华阳集》卷五六《贾昌朝墓志铭》、《宋史》卷三六〇《赵鼎传》、卷四〇六《刘汉弼传》、卷三一九《欧阳修传》。

② 王珪:《华阳集》卷五五《永寿郡太君朱氏墓志铭》。这里说的"外甥"当指外孙,迄今很多地方仍然把外孙称为外甥。

③ 民国《安徽通志稿·金石古物考》卷三《繁昌县尉董君墓志铭》。转引自姜勇《允文允武——北宋家族文武转化探析》,载邓小南等主编《宋史会议论文集2014》,中国社会科学出版社2016年版。

④ 《金史》卷一二八《牛德昌传》。

⑤ 《辽史》卷八〇《邢抱朴传》。

⑥ 司马光:《涑水纪闻》卷一〇。

二　科举制度下的家学传承

　　具体考察科举制度下不同的学问传承与家族的不同命运之前，须要说明的是，学问科目的区分是近现代的事情，古时候包括唐宋时期分不了这么详细，往往是混合在一起的——记载事实谓之史，加以描写谓之文，总结道理谓之经（哲）；很多家族传习的学问都不是单一的，只是有所侧重。我们的考察只是按其主要方面归类的。

　　家学与普通的学问一样，本来应该是独立的，但家学形成伊始就与做官连在了一起，尤其是科举制度产生以后"学而优则仕"的主张得到了制度化的落实，家学被纳入了吏制的轨道，学问成了谋取功名官职的手段。在这种环境中单纯做学问的人已经很少，最明智的选择自然是亦学亦官，两条腿走路了。

　　更为重要的是，科举考试锁定了学问的内容。所谓读书做官主要是读"经"做官，文学、史学居其次，专门技艺如算学、农学、法学和书画就很少有人问津了。从科举考试的目的来看，这样规定考试内容是必要的：贴经和经义考察对传统文化和历史的了解，时务策考察把经义运用于实践、联系实际处理问题的能力，诗文是对其个人品质的考察，[①] 所谓"诗言志"，都是选拔官员所需要的。就那个时代来说，这个"知识结构"也是合理的（宋代淡化诗赋考试，突出经义和策论，更侧重实用了）。问题在于，把学问锁定在这样一个狭小的范围内，考试的内容成了学问的全部，一个人或一个家族选择治学内容的时候，不论什么样的兴趣和智力类型，都要按照这种限定来选择，学问就沦为手段了。人们又不能不这样做，因为这是与个人的命运、与家族的兴衰紧密联系在一起的。

　　尽管有弊端，科举制度毕竟是我国古代选拔人才的创举，而且人才选举与"类聚婚姻律"相辅相成，优秀女子与科举士子相匹配，"选举制之结果为类聚配偶律行使之得所……而人口中一切良善优秀之品质得以永存

[①] 前揭内藤湖南《概括的唐宋时代观》文也认为这种考试属于"人格测验"。

而勿失"①，很容易形成人才集中的学问科举家族，这方面的例子历代都有很多。只是不同学科人才聚集和延续的情况有所不同。

（一）文学：难以传后的"才子"之学

诗歌散文之类本来是供人们娱乐消遣、表达情感的艺术形式，不属于传统学问的范畴，对治国安邦也没有直接的用处；在科举制度不太成熟的时候，文学一度成了科举考试的主要内容和选拔官员的主要标准，成了"主导性仕途文化"②，不只是技艺之类，连作为传统学问的经学也一度被边缘化了。

隋朝科举制度初创直到唐朝前期，主考经学的明经科和主考文学的进士科相差还不太大，考取以后的前程差别也不明显。唐中叶以后情况就不一样了，进士出身做官快，可以做到高官，明经出身做官慢升迁也慢，所以主考文学的进士科热了起来，"方今俊秀，皆举进士"③，甚至"白首举（进士）场者"大有人在，有的人"举进士二十余年不第"④，宁可被套住也不肯改考明经；唐末昭宗天复年间东南地区有5个人考了多年，终于在年近古稀的时候同时考中了进士，人称"五老榜"⑤。那些考上明经的人被人看不起，自己也觉得不硬气，赵郡一个叫李珏的人很有才干，报考了明经科，华州刺史李绛很欣赏他，但觉得他"当掇进士科，明经碌碌，非子发迹之路"⑥，李珏接受了他的建议，初试明经不第以后就改考进士了。诗人元稹是明经出身，很钦佩同时代的诗人李贺，拿着写有出身的名片去拜访，李贺虽然不曾参加科考，⑦却看不起明经，不肯见他，李贺的

---

① 潘光旦：《优生概论》，第31页。
② 顾乃武：《唐代门阀士族文化追求的变迁及影响》，硕士学位论文，河北师范大学，2004年。
③ 李肇：《唐国史补》卷下。
④ 王谠：《唐语林》卷八《补遗》、王定保：《唐摭言》卷一八《海叙不遇》。
⑤ 王定保：《唐摭言》卷八《放老》。
⑥ 裴廷裕：《东观奏记》卷上。
⑦ 据《旧唐书》卷一三七《李贺传》记载，李贺是唐朝宗室之后，父亲名晋肃，晋、进同音，为了避父讳没有去考进士，韩愈曾专门为之做《讳辩》进行劝说，批评当时滥避家讳的习俗。王谠《唐语林》卷八《补遗》、王定保《唐摭言》卷八《韦庄奏议追赠不及第人近代者》则说是李贺要参加进士考试，元稹发难阻挠。

门人还讽刺说"明经及第，何事（按：即有什么资格）看李贺?"① 元稹只好走开了。

还有进士出身的兵部侍郎王凝，看不起堂兄王彦昭，说王彦昭没能力考进士，"不若举明经"更实际一些，王彦昭考中进士后一直记着王凝的蔑视之仇。② 就连财大气粗、敢和唐玄宗比富的长安富豪王元宝，也主动与进士们结交，奉送钱物，与进士们互称"豪友"③。有些有门阀或当朝官僚家庭背景、已经通过恩荫途径当了官的人，也想到进士考场上一搏，以证实自己的能力，"缙绅虽位极人臣，不由进士者，终不为美"④。进士和明经属于"常举"，另外还有拔擢特殊人才的"制举"，当时"制举出身名望虽高，犹居进士之下"⑤。这样，就把文学捧火了，甚至成了学问的全部内容。当然，这主要是唐朝的情形，下面还会提到，入宋以后就不这样了，经学恢复了学问的主导地位。

唐朝的进士和明经都要考经学，所不同的是明经考帖经和经义，重点是经义；进士只考帖经，然后主要考"杂文"即诗赋。帖经类似于现在的填空题，主要考察对经典原文的默记背诵，明经科的帖经数量大范围广，进士科的帖经少一些。最初规定，无论进士还是明经都要先考帖经，帖经合格了才能接着考下一科，帖经不合格就单科否决了；玄宗时期有个叫孙秀卿的人给杨国忠讲，帖经单科否决的办法埋没了很多有文学才华的人，不如"先试杂文，然后帖经"⑥，杨国忠接受了这个建议。当时的帖经题目经常选那些"聱牙、孤绝"的难题怪题，连考明经的人都很难答得出，考进士的更是"以帖经为大厄"了。⑦ 这种考试确实考不出水平，也不属于"经学"的范围，陈寅恪先生认为，"当日此科记诵字句而已，

---

① 康骈：《剧谈录》。
② 《资治通鉴》卷二五二，僖宗乾符元年。
③ 王仁裕：《开元天宝遗事》卷上。
④ 王定保：《唐摭言》卷一《散序进士》。
⑤ 封演：《封氏闻见记》卷三《制科》。
⑥ 王谠：《唐语林》卷八《补遗》。
⑦ 王谠：《唐语林》卷八《补遗》。

不足言通经也"①。所以孙秀卿的建议有一定道理。不过，这样一改考试顺序，给进士科考帖经提供的方便越来越多，尤其是可以"作诗赎经"即用作诗来代替考帖经了。有个考进士的人先把杂文考过了，帖经没过，求主考官"许作诗赎贴"，主考官同意了，并且提前告诉了他作诗的题目。② 还有个叫崔曙的人考进士的时候也是以诗赎帖，他的赎帖诗《明堂火珠》中的诗句还被作为名句传颂。③ 以诗赎帖等于取消了进士科的帖经考试，所以权德舆说这样一来"进士初榜有之，帖落有之；策落有之，及第亦有之"④，对考进士的人来说，只要初试杂文合格，后来的帖经甚至策问不合格也没关系，完全以杂文即诗赋为依据了。

唐朝甚至还规定，进士科考生参加帖经考试的时候可以把经书带进考场，称为"书策"。本来"书策"是考试中的作弊行为，⑤后来却在进士考帖经的时候"特许用书策"了。⑥ 还有的时候礼部在组织考试之前公布帖经的范围，说是为了"劝学"⑦，实际效果却是把帖经考试虚化形式化了，策论也不重要，完全以杂文即诗赋录取为依据了。

科举制度对学问的内容有着导向性规定性的影响，唐中叶以后的社会风气便由经学、文学并重，转为重文学、轻经学了。本来写诗赋的有文人雅士，也有些"浮薄放荡之徒"，写一些庸俗下流的"与倡伎文学殊有关系"的作品，⑧ 如今却不分雅俗，成了文人争相学习的内容，甚至一些有家学背景、以经学为世业的士族子弟也抵挡不住现实功名的诱惑，做了识时务的"俊杰"，由治经改为习文了。比如王勃，是隋末经学大师王通的孙子，写诗写出了名，成了"初唐四杰"之一。⑨ 杜氏是魏晋以来的望族和经学世家，经学传家长达十一代；从天宝年间开始，杜家的很多子弟不

---

① 陈寅恪：《元白诗笺证稿》，上海古籍出版社 1980 年版，第 86 页。
② 《太平广记》卷一七九《闾济美》。
③ 孟棨：《本事诗·征咎第六》。
④ 《全唐文》卷四八九，权德舆《答柳福州书》。
⑤ 王谠《唐语林》卷二《政事》说，原来考生私自带书"挟藏入试，谓之书策"。
⑥ 《全唐文》卷六六八，白居易《论重考试进士事宜状》。
⑦ 王谠：《唐语林》卷二《政事》。
⑧ 陈寅恪：《元白诗笺证稿》第 86 页。
⑨ 《旧唐书》卷一九〇《王勃传》。

再固守家学，改习诗赋辞章了，杜审言"自七岁属词，且四十年"，自称"诗是吾家事，人传世上情"，成了一代文学名家；杜甫的文学天赋发挥到极致，杜甫的儿子杜宗武虽然不如其父，也颇有诗名。① 颜真卿属于北朝以来的望族颜氏的一支，从颜之推到颜师古都是著名的经学家，颜真卿却在吏部尚书任上给皇帝建议"改诸州博士为文学"②，博士本来是经师，按他的意思应该改行讲文学教写诗赋了。

清河崔氏从东汉时期崔琰师从郑玄开始，一直以经学为家学，在唐朝也出现了由经学向文学转化的倾向。③ 江夏李氏祖上治经学，"用经籍引证《文选》"，直到李善的时候虽然"有雅行，淹贯古今，不能属文，故人号书簏"，仍在固守家学；到其子李邕却"以文召试于武后"，李邕的弟弟李歧"少以文辞气概冠绝当时，天下翕然，声名籍甚"；儿子李翘以文学知名，孙子李潜也"有词艺声华"，全做起诗赋来了。④ 元稹考取明经科以后被人看不起，曾解释说是当初"徒以仕无他歧，强由科试"⑤，考试过后就放弃了经学，转而写诗作赋了。在当时的读书人中已经形成了少年先读经书，壮年学作文赋的行为习惯和共识，如"旧名族"出身的陆龟蒙，"幼精六籍，弱冠攻文"⑥，不再单一地治经学了。这还算是保守的，更有些人已经彻底捐弃了家传的经学，子弟们"幼能就学，皆诵当代之诗；长而博文，不越诸家之集；……六经则未尝开卷，三史则皆同挂壁"⑦，干脆不再读经史了。以经学传家的山东士族崔氏，同辈兄弟中有8个人接连考中了进士，被称为"点头崔家"；卢氏子弟在近百年中有116人登进士榜，⑧ 仕途也走得很顺。

不过，最热衷文学的主要不是这些士族出身的人，而是那些没有家学

---

① 《新唐书》卷二〇一《杜审言传》；杜甫：《杜工部诗集》卷一六《宗武生日》。
② 封演：《封氏闻见记》卷一《儒教》。
③ 夏炎：《中古世家大族清河崔氏研究》，天津古籍出版社2004年版，第328页。
④ 《新唐书》卷二〇二《李邕传》；周绍良主编：《唐代墓志汇编》大历〇〇九《唐故北海郡守赠秘书监江夏李公墓志铭并序》。
⑤ 《旧唐书》卷一六六《元稹传》。
⑥ 孙光宪：《北梦琐言》卷六《陆龟蒙追赠》。
⑦ 《旧唐书》卷一一九《杨绾传》。杨绾是制举出身，考的诗赋，却上书建议科举以经学为主。
⑧ 王谠：《唐语林》卷四《企羡》。

根基、家里也没藏书，凭个人天赋脱颖而出的"才子"，[①] 这些"才子"又被称为"寒士""寒门俊造"，在唐朝一度大出风头。这些以"寒"相称的并不是最底层的贫苦家庭的子弟，主要是那些没有政治身份的平民，或者普通官员子弟，属于当时社会的中上层，这种家庭中有才华的子弟最容易青睐文学，以文学安身立命。

唐初诗人陈子昂自称"草莽愚臣"，远祖做过小官，曾祖以降不再有人入仕，也没人读书，一直是当地的富户土豪。[②] 他最初攻读经史没有进展，却在古体诗上显示了才华，睿宗年间考中了进士。白居易出生在一个"世敦儒业"的小官员家庭，祖父是明经出身，当过县尉，喜爱写五言诗。白居易回忆说自己"可怜少壮日，适在贫贱时"，曾有过衣食不济的时光，他读书是从读诗赋开始的，"昼课赋，夜读书，间又课诗"[③]。德宗年间考中进士后还参加了"才识兼茂、明于体用"科的特科考试，为此写了《策林》来阐述自己的政治主张。虽然考中了，主要成就还是他的诗作。皮日休也出生在一个家世寒微的中小地主家庭，很有文才，不甘心重复祖辈的生活，隐居在襄阳的鹿门山读书，初试不第后自编了十卷《皮子文薮》献给考官，考中进士的时候已经是唐朝末年，担任了著作佐郎之类的官职。不久黄巢义军攻入长安，做了大齐政权的翰林学士，黄巢兵败后就失踪了，留下了《全唐诗》中的九卷诗和《全唐文》中的四卷文章……

前面提到的辽朝境内的学问家族，无论契丹人和汉人都主要是文学家族。赵翼在《廿二史箚记》中专门写了一则"辽族多好文学"，讲契丹皇族成员普遍工诗画，吟诗作赋。除了优厚的物质条件，可能也是因为搞文学来得快。

四川华阳王氏历经后蜀、两宋的数次战乱，一直不景气，但王氏子弟

[①] 元人辛文房为唐代398位诗人作传记，书名即《唐才子传》。杜甫《奉简高三十五使君》诗有"当代论才子，如公复几人"之句。宋人费衮认为诗人有才气，没有真学问，"大凡作诗以才而不以学，……费尽工夫，造尽言语，毕竟不似"。见《梁谿漫志》卷七《作诗当以学》。

[②] 《旧唐书》卷一九〇《陈子昂传》。

[③] 《白居易集》卷一《与元九书》。

科举考试走得比较顺，得益于王氏文学传家的传统，"以文学政事世其家"①。尤其是在家境并不宽裕的情况下收藏了很多书，有见识的吕夫人甚至"尽屏珠玉之饰，市书环屋"②。在两宋时期已经重经学、轻文学的大背景下，王氏子弟扬长避短，仍然以诗文为业，以文章名世。陆游的祖父陆佃也是一个"白屋出公卿"的典型例子，据说当年曾经"居贫苦学，夜无灯，映月光读书"③，靠读书科考发迹。陆佃在朝做官的主要职责是注经修史书，兴趣始终在诗文上，尤其擅长七言律诗，陆游身上就有他的影子。

这些出身中上层家庭，靠文学科考发迹的人物大都没有家学背景，他们的成功主要靠的是个人能力，用苏轼评价昭德晁氏家族文学成就的话说，是"信其家多异材耶！"④ 所谓"异材"就是天才，极为稀少。天才的能力高，发迹快，不像经学传家那样需要几代人的积累经营；但是天才无种，不需要家传，也难传后，所以很难保持长久富贵，往往是一两代就衰落了。历史上有世代通经学之家，很少有传世久远的文学之家，南朝萧梁时王筠就给子孙讲过这方面的情形："史传称安平崔氏及汝南应氏，并累世人才，所以范蔚宗云'世善雕龙'，然不过父子两三世耳。"⑤ 真像是陈子昂在《蓟丘览古》诗里说的"前不见古人，后不见来者"，绝后空前。除了"历代文章，与时升降"之类的个人难以把握的社会政治因素，⑥ 主要就是这种文学"异材"不可传代的特性造成的。

不只是"寒门俊造"，出身名门的人从事文学也很难传代。有学者考察发现，唐代诗人的世系大都不长久，而且"单人诗人家族"特别多，⑦这个现象在大腕级诗人那里表现得很典型。杜甫是名门望族出身，"诗是

---

① 孙觌：《鸿庆居士文集》卷三〇《语本序》、卷四〇《宋故国秦夫人王氏墓志铭》。
② 顾况：《华阳集》卷四〇《寿安县太君吕氏墓志铭》。
③ 《宋史》卷三四三《陆佃传》。
④ 苏轼：《苏轼文集》卷七七《与鲁直二首》。
⑤ 《梁书》卷三三《王筠传》。所说"雕龙"即此时成书的《文心雕龙》，代指辞赋文章。
⑥ 《全唐文》卷四九三，权德舆《唐故通议大夫梓州诸军事梓州上柱国权公文集序》。
⑦ 陈尚君：《唐代文学丛考》，中国社会科学出版社1997年版，第140—168页。

吾家事""吾祖诗冠古",他继承祖父杜审言的诗风,"甫之家传有自来矣"①,再往后杜氏就没有诗的继承人了,远不如其家的经学传延长久(详后)。讲到韩愈,通常只追溯父亲韩仲卿和哥哥韩会,还有出身名门的嫂子郑氏,这些人的文学修养影响了韩愈,在韩愈之后就没什么人可说了。元稹也是这样,尽管他很注意教育子孙,包括侄子们,也没人能成为他学业上的继承人。白居易的弟弟白行简善于写传奇小说,与白居易有共同语言,白行简去世后白居易写的《祭弟文》成为散文名篇;堂弟白敏中进士及第后当了宰相,文学上没有突出成就;白居易只有三个女儿,年近花甲得一子又夭折了,只好过继侄子为后,侄子只传承了门户,没能传承白居易的诗文和才气。李商隐有个叔叔善写诗赋,对少年时代的李商隐影响比较大,李商隐的后代如何记载不详,恐怕也不是文学家了。

皮日休还算不错,用陆游的话说是做到了"子孙业文,不坠家声"②,他的儿子皮光业有文学天赋,还在吴越政权中做过宰相;曾孙皮子良在吴越和北宋当过官,而且有文学名声;玄孙皮仲容在北宋仁宗年间有名士的声誉,皮日休家的文学传延了三四代。张鷟写过《游仙窟》和《朝野佥载》两部小说,据说他"为儿童时,梦紫色大鸟,五彩成文,坠于家庭",父亲认为这是预示张鷟"当以文章瑞于朝廷"的征兆,后来他果然考中了进士。③可见父祖没有功名,是从张鷟开始起步的。在张鷟的影响下,孙子张荐做官的同时也喜爱文学,写了小说《灵怪集》,张荐的孙子张读写了小说《宣室志》,断断续续传了五代。应该算是最长久的了。

入宋以后"贵理学而贱诗赋"④,文学不如唐朝时候受重视了,宋代学者看不起唐代写诗作赋的文人,甚至看不起所有的文学家。司马光著《资治通鉴》不仅不记载屈原的《离骚》,而且对助手范纯父说:"诸史中有诗赋等,若止(只)为文章,便可删去。"有人分析说,司马光的用意

---

① 陈振孙:《直斋书录题解》卷一九《诗集类》上。
② 陆游:《陆放翁全集》卷三〇《跋松陵倡和集》。
③ 《旧唐书》卷一四九《张荐传》。并参杜荣泉《唐代深州张氏小说世家初探》,载孙继民等主编《传统文化与河北地方史研究》,花山文艺出版社 2008 年版。
④ 周密:《癸辛杂识》续集下《押韵语录》。

是"士欲立于天下后世者,不在空言耳"①。这代表了宋人对诗赋的普遍看法,譬如有记载说某人好学,手不释卷,"坐则诵经史,卧则读小说,上厕则阅小词"②,也透露出对诗赋的轻视。在这种氛围中文学传家就很难了。有个叫林肃翁的人给朋友的诗集作序言,感叹道"师学之传,岂直以诗?诗又不传,学则谁知?"③ 很容易被忘却。

从事诗文写作往往是不得已的选择,阆州陈氏出了陈尧叟、陈尧佐和陈尧咨等大官员,后代就衰落了。陈尧叟的孙子陈知默考进士(宋代进士考经学,详后)不顺,迷上了文学,"以诗为事,期年,诗大行"④,名士毕仲游拜他为师,欧阳修也很推崇他,陈家的人却没什么反应,陈知默的堂侄陈恬在文坛上名气很大,著有二十卷《涧上丈人诗》,没提本家的这位堂叔;再后来晚辈中的陈知和、陈知俭也喜欢写诗,都没有成事。眉州唐淹考进士不成放弃了经书,迷上了诗文,而且让子孙远离科场,都去写诗,只传到孙子一辈就没有了下文。⑤ 还有昭德晁氏家族本来是以文学起家的,如前所说,苏东坡曾经感叹其家多"异材",不仅有诗词创作,还有讲创作方法的《诗论》,晁家最有名的人物晁补之却是以经学闻名,而且到南宋时期晁家放弃文学,转而举家研习经史了。⑥ 这个转变深得吕本中的赞同,专门写了一首《晁公诗九经堂》,其中说"圣人遗意要沉思,暂脱楚骚辞汉赋。他年相见问何如,且说九经得力处"⑦,认为晁家放弃文学搞经学算是回归了正途。

靠文学发迹的家庭传代不久还有一个原因,这些善长诗赋写作的人性格外向,大都有恃才傲物的脾气,看不起别人。这些人不仅不适合当官,也很难在科举考试中走得顺畅。比如李白,诗名很高却不参加进士考试,说是没人能给他评卷;被召入朝后觉得可以一展雄才了,却不懂也不愿遵

---

① 费衮:《梁谿漫志》卷六《通鉴不载离骚》。
② 江少虞:《宋朝事实类苑》卷一〇《名臣事迹》。
③ 叶寘:《爱日斋丛抄》卷三。
④ 毕仲游:《西台集》卷六《陈子思传》。
⑤ 曹月堂主编:《中国文化世家·巴蜀卷》,第218页。
⑥ 何新所:《昭德晁氏家族研究》,上海古籍出版社2006年版,第276页。
⑦ 吕本中:《东莱诗集》卷一九。

守官场的规则，处处与同僚们冲撞。出身名门的杜甫才气很大，初次考进士的时候锋芒太露，没有考上，沉寂了十几年后才复出；他属于文学名士中比较稳重的人，在别人歌功颂德都忙不过来的时候，他却专门搞"暴露文学"，讲些"朱门酒肉臭，路有冻死骨"之类的社会问题，并且经常说言进谏，似乎就他了解民间的真实情况。还有白居易，总是那么多的感慨，总想用诗文进谏，甚至写了长诗《长恨歌》，揭露现任皇帝祖宗的丑事，尽管唐朝的皇帝大度，① 他的仕途也很难顺畅。韩愈的仕途算是顺的，却有很多次被人陷害的记录，如同他在《进学解》中说的那样，"公不见信于人，私不见信于友，跋前踬后，动辄得咎"，原因是他口无遮拦，得罪人太多。在谏止迎佛骨的时候惹怒了唐宪宗，同僚们趁机拱火，差点被杀。

　　宋代重文抑武，文人很活跃，暴露出来的毛病也多。尽管他们不再考诗文写诗赋，看不起唐朝的文人，仍然有着唐朝文学名士的毛病。特别是那些居谏官之位的科考出身的人，总想教导别人怎么当官，甚至想教皇帝怎么当皇帝，他们在朝中逢事必谏，唯以标新立异、抬扛起哄为能事，把很多事情都耽误了。南宋时期的陆游、辛弃疾等人出于收复失地的强烈使命感，头脑发热弄不清事理，韩侂胄想北伐金朝建盖世奇功，明摆着是轻举妄动，他们却支持韩侂胄，认为失败了也是英雄。陆游在晚年还写了《南园阅古泉记》继续吹捧韩侂胄，朱熹说他势利眼，"不得全其晚节"②，有些冤枉；罗大经说得比较客观："《南园记》唯勉以忠献之事业，无谀辞"，只是急于收复北方失地。③ 当时文史不分，治史学的人也常有文学名士的这种毛病，譬如后面将要提到的史学世家李焘的儿子李壁，出使金朝回来后极力鼓动韩侂胄兴兵伐金，还因此受到韩侂胄的赏识提拔。当时就有人说，④ 作为名父之子，李壁这样做太可惜了。

　　这类文学名士多是性情中人，忠贞耿直，处理具体事务的能力比较

---

① 洪迈：《容斋续笔》卷二《唐诗无讳避》。
② 《宋史》卷三九五《陆游传》。
③ 罗大经：《鹤林玉露》甲编卷四《陆放翁》。韩侂胄的曾祖韩琦封忠献王，"忠献"代指韩侂胄。
④ 叶绍翁：《四朝闻见录》乙集《开禧兵端》。

差。前面提到的唐朝那位先举明经不第、后来考中进士的李珏也认为"诗人多穷薄之士,昧于职理"①,做不了具体事;李德裕评价白居易的时候说得比较客气:"有学士才,非宰臣器"②;王安石说李白"才高而识卑"③;叶寘《爱日斋诗抄》卷三专门有一大段讲文人书生气的诗句,如"书生苦信书,世事仍臆度";"读书谓已多,抚事知不足";"信书成自娱,经事渐知非"……都是说文人容易意气用事,文人的认识与实际情况有距离。往深层看,则是科举制度下膨胀起来的文学的功利性太大,不再是文化精神,已经沦为谋生的工具了。

(二)经学:世代传延的正经家学

我国古人认为,在科学与艺术之间(实际是"之上")还有学问。经学是诠释儒家经典著作的专门学问,也是汉代以来世家大族家传学问的主要内容,最初的所谓"家学"主要就是指的经学。魏晋时期选拔官员的九品官人法和州郡察举虽然考虑门第的因素,经学水平一直是重要标准和依据。

经学属于贵族学问,不可能一下子就拎出个高度来,也不能完全凭个人的天赋灵感,需要积累和传授,所以经学自汉代以来就有家传的特点,某个学者一辈子专治一经,再让子孙接着做,继而成为世代相传的"一家之说"了。对于家族内部几代人积累起来的学问,后人是不肯轻易放弃的,在进士科兴盛的唐代中后期,仍然有不少士族子弟固守家传的经学学问,对文学取士不屑一顾,李德裕的文辞很好,不肯去考进士,亲属们劝他,他说"好驴马不入行"。他向唐武宗直接表达过对进士的蔑视:"臣祖(按:指其祖父李栖筠)天宝末以仕进无他伎,勉强随计,一举登第",考中之后就把《文选》之类的书扔掉了,因为这些书"尚浮华,不根艺实"④;父亲李吉甫有了恩荫这条道就不去考了,他也像父亲一样凭

---

① 王谠:《唐语林》卷二《文学》。
② 孙光宪:《北梦琐言》卷一《李太尉抑白少傅》。
③ 王得臣:《麈史》卷中《诗话》。
④ 《旧唐书》卷一八《武宗纪》上。

恩荫入仕，不愿意去考文学进士。

　　唐朝前期经学仍然是科举考试的主要内容，经学传家的仍然很多，吴郡张氏从张裕开始治经学，子孙都精通《老子》和《周易》，隋朝时张冲编写了集家学之大成的《春秋义略》；张后胤给唐太宗讲授《左传》，张后胤的儿子孙子都通过明经考试做了官，"传家业艺，希言敏行"①，一直保持着祖传的家学门风。

　　说到士族看不起文学出身的进士，应该提一下白居易的《琵琶行》。诗中说白居易在浔阳江的船上遇一歌女，"移船相近约相见，添酒回灯重开宴。千呼万唤始出来，犹抱琵琶半遮面"。南宋洪迈在《容斋随笔》中两次谈到此事，认为白居易不检点，"乐天移船，夜登其舟与饮，了无顾忌"。陈寅恪先生在《元白诗笺证稿》一书中专门对此事做了详尽考证，证明白居易确实上了歌女的船，饮酒弹唱，并在船上过了夜。20世纪五六十年代，史学界曾以此为例批判陈先生，讽喻烦琐考证之风。当时的论者好像没有看懂陈先生的原意。其实，陈先生之所以不厌其烦地考证此事，是为了说明两个重要问题：一是白居易的行为在宋人看来是不检点，在唐代则无所谓，因为"男女礼法等问题，唐宋两代实有不同"。二是在唐代放荡不守礼法的主要是文学入仕的进士，白居易就属于此类，其行为"与山东旧士族甚异"②。反映出陈先生也看不起文学出身的进士，与唐代士族的观念相似。

　　我们接着说唐代。望族博陵崔氏虽然有子弟改习文学了，多数还是继续治经学，崔暟精通《左传》，告诫儿子说："吾之《诗》《书》《礼》《易》，皆吾先人于吴郡陆德明、鲁国孔颖达重申讨核，以传于吾，吾亦以授汝。汝能勤而行之，则不坠先训矣"，其祖先当年曾亲自整理过经典，一代代传到了他这里；他还编写了《家记》和《六官适时论》，结合经典讲述治家安邦的道理，没写完就病了，嘱咐儿子说"吾所著书，未

---

① 《旧唐书》卷一八九《张后胤传》；《全唐文》卷二三一，张说《张承休墓志铭》。
② 陈寅恪：《元白诗笺证稿》，第52页。

及缮削，可成吾志"①，把书编成。还有吕温，父祖都是高官，属于旧士族出身，"家世碑志不假于人，皆子孙自撰，云：欲传庆善于后世嗣，儆文学之荒坠"②，不让子孙走文学的路子，免得荒废了学业。韩愈是进士出身的散文名家，也通经史，见一个叫李蟠的少年"好古文，六艺经传皆通习之"，激动地做了一篇《师说》相赠。既是为了弘扬"师道"，也是出于对经学的敬重。

再如兰陵萧某，曾祖、祖父和父亲"皆《礼》《乐》克传，《诗》《书》遵习"，他自己也沿承不变；③ 荥阳郑绲很早就"通《诗》《礼》，略观史传，博览每尽。尽性情探玩，其味无不研精"，其伯父见状感叹说"吾家世儒术，传嗣常习，后来光列不显。我见此子，实慰吾怀"，又可以传承下去了。④ 一个姓王的县令的曾祖在隋朝举孝廉，祖父和父亲都在唐朝明经及第，"优游经史，不趋于名"，王县令也是走的"通古典，……举孝廉"的路子。⑤ 这些人不是保守，而是骨子里的尊严和清高，看不起没有根基的文学，看不起凭个人的一点儿才气考取的功名，在他们的心目中，除了经学都算不上真正的学问。当然，他们的内心深处也有着实际利害关系的斟酌，因为他们很清楚，"苟儒家精神一旦消失，则门第亦将不复存在"⑥。所以，即使是以艳丽文学著称的五代十国时期的江南地区，也有很浓的谈经说史之风，特别是治《易》经的学者仍然很多，⑦ 只是不如写诗词的夸张热闹。

北宋初期沿用唐代旧制，考诗赋、策论和帖经，范仲淹主持新政的时候主张"精贡举"，认为这种考试办法不可能选拔到真正的人才，从州县

---

① 周绍良主编：《唐代墓志汇编》大历〇六二《有唐朝散大夫守汝州长史上柱国安平县开国男赠卫尉少卿崔公墓志铭》。陆德明和孔颖达都是唐代经学家，分别著有《经典释义》和《五经正义》。
② 王谠：《唐语林》卷二《文学》。
③ 周绍良主编：《唐代墓志汇编》元和〇〇二《唐故天德军摄团练判官太原府参军萧府君墓志铭并序》。志文又说其"词华自学"。
④ 《千唐志斋藏志》，文物出版社1984年版，第1015页。
⑤ 周绍良主编：《唐代墓志汇编》天宝二〇五《大唐故巨鹿郡南和县令王府君墓志铭》。隋唐时期的"孝廉"是明经的俗称。
⑥ 钱穆：《略论魏晋南北朝学术文化与当时门第之关系》，载《新亚学报》第十卷第二期，1971年。
⑦ 郑学檬：《五代十国史研究》，上海人民出版社1991年版，第216页。

学校教育到科举考试都应该改革,"教以经济之业,取以经济之才"①。新政推行了不到一年,这些设想没能落实。王安石也抨击当时的考试制度,认为读书人"少壮时正当讲求天下正理,乃闭门学作诗赋;及其入官,世事皆所不习,此乃科法败坏人才"②。所以在变法的时候彻底改变了原来的考试方式,把所有的考试科目都集中在进士科,虽然名为进士科,已经不再考诗赋,而是考经学了,同时还要考"论"和时务策,以考察对经义的理解,特别是用经学原则处理具体事务的能力,以选拔出既通经术又明时务的人才。他还与吕惠卿、儿子王雱一起把《诗经》《尚书》和《周礼》重新整理注疏为《三经新义》,作为教学和考试的标准教材。尽管随着新法的废除后来一度恢复了诗赋考试,很快又改成王安石的办法了。总的看来,诗赋受宠的时代已经过去,最重要的学问不再是写诗作赋,也不是背诵经文,而是论经义和评时务了。

北宋时期治经学的人又风光了起来,读书人认为"学问当以《孝经》《论语》《孟子》《中庸》《大学》为主,此数书既深晓,然后专治一经,以为一生受用"③。颇有汉唐治经古风。不过,北宋时期的经学家已经改变了汉代以来纠缠字句的解经方法,试图用义理之学对经典做出解释,这种解经方法称为"宋学",用宋学方法解经便形成了理学,宋代科考实际上是考理学。

家传的学问有了大用场,社会上更加尊重家学背景了,也像唐朝那样出现了恩荫入仕之后还参加科考的现象,范仲淹的儿子范纯仁、韩琦的儿子韩忠彦都是如此。还有晁说之,"少时每自嫌以门荫得官,以为不由进士仕进者,如流外杂色,非真是作官也"④。刘克庄也是靠恩荫入仕的,当了工部尚书后母亲"泊如也",并不当回事;听说皇帝赐给刘克庄一个

---

① 《续资治通鉴长编》卷一四三,庆历三年九月丁卯。以下简称《长编》。"墨义"指帖经,"经济"指经邦济世的知识和能力。
② 《文献通考》卷三一《选举考》四。
③ 陈鹄:《西塘集耆旧续闻》卷二《吕东莱赠赵承国论学帖》。
④ 吕本中:《东莱吕紫微师友杂志》。宋代把不经科考、由恩荫入仕的官员称为杂流、流外杂色、无出身、杂出身或余人。

进士的名义"则大喜,日加一餐"①,在母亲心目中进士才是有分量的。

宋代考进士需要懂经学,经学分为"小学"和"大学"两个层面,小学是章句之学,主要整理经典中的字词和读音,大学是义理之学,探讨经典中的深层含义;小学属于基础性的知识,比较容易学,大学属于学理层面的研究,不是每个人都能弄懂,所谓经学传家主要是小学层面的传授。

家传的小学层面的经学又称为"辞学",是介于读书识字与义理探求之间的学问。②做这个层面的经学学问的人大都有家传的背景,比如唐代扬州李氏被称为"注释世家",李善博闻强记,号称"书簏",尤其精于《文选》的注解,形成了独特的"文选学"。他的儿子李邕继承父业,比父亲看书还多,连朝廷秘阁藏书都烂熟于胸,人称"学成师范,文堪经国"③。李善注释的《文选》经过了李邕的补益和修改,父子所注的两个本子并行于世;后来李善的六世孙李磎又是一个"博学多通"的人,被称为"李书楼",据说他"所著文章及注解诸书传甚多"④,所谓"书传"即解释经典的著作。还有宋代德兴的汪家,汪藻"博极群书,老不释卷,尤喜读《春秋左氏传》及西汉书",对兵家、族谱、方言、地志、星经、历法、佛老之说也都探讨过,编写了《古今雅俗字》一书,还想做一部与《左传》齐名的注经之作;他的六个儿子和侄子汪恺都懂得辞学,族中有"诗书训子弟"的传统,⑤不少人还当过州县学的教授。

到"大学"层面,探求经典中的义理,单靠家传就不够了,需要外出拜名师,已如前述。从宋代大师级的理学家的学问传承情况来看,像王安石那样有一个聪慧的儿子继续钻研理学的并不多,传给子孙的很少,更多的是传授给了学生。理学的创始人周敦颐跟母亲读书起蒙,又受舅舅郑向的教诲,算是有家学;他有很多学生,包括二程兄弟;他的两个儿子周

---

① 刘克庄:《后村先生大全集》卷一五三《魏国太夫人墓志铭》。
② 两汉时期的辞学也称为章句之学,属于经学的范畴。参见胡宝国《汉代的家学》,载《祝贺胡如雷教授七十寿辰中国古史论丛》,河北教育出版社1995年版。
③ 《旧唐书》卷一九一《李邕传》。
④ 《新唐书》卷一四六《李鄘传》。
⑤ 《宋史》卷四四五《汪藻传》。并参曹月堂主编《中国文化世家·江右卷》,第170—171页。

寿、周焘都是进士，研习过经学，但只留下了诗词文集，据说周寿还是书法家，都没有继续钻研乃父的太极学理论。心学学派的创始人陆九渊出生于金溪义门，这是一个把经学精神具体落实为同居共财、累世不分异的大家族，他创办了"象山精舍"学院授徒，很多人远道慕名来学；他给两个儿子起名持之、循之，希望他们传承父学，精心辅导他们读书，两个儿子也下过功夫，陆持之还在父亲授徒忙不过来的时候"为敷绎之"，当助教，并且著有《易提纲》和《诸经杂说》，[①] 为父亲整理了《陆象山先生全集》，却未得其父学说的精髓，陆循之也没什么成就，真正继承和弘扬心学理论的都是陆九渊的学生。

在《宋元学案》所排列的理学师承关系中，高层次的学问主要是在师生之间传承的。该书记载的都是学问层面的师承传授关系，分为家学、门人、私淑、讲友、同调和学侣，其中又把每个学者的家学分为两层：他继承的谁的家学，传承他的家学的又都是谁，除了直系的父祖子孙，还包括叔侄关系。尽管对家学缕析的很详细，宋代的大学者都是家人传承者少，门人传承者多，如卷四九《晦翁学案》中传承朱熹家学的只有儿子朱塾、朱埜、朱在、孙子朱浚和从孙共 5 人，其门人则有 54 人，私淑 12 人；卷五八《象山学案》中传承陆九渊家学的只有儿子陆持之，其门人则有 20 人，还有私淑 2 人。在《宋史》列传中，父祖子孙通常在一处，以"某某传附子（孙）某传"的形式排列，在《道学传》中则是以学派（师承关系）归类的。更早一些的《汉书》中的《儒林传》就是这样排列的，说明经学一直以师生传承为主，家传居其次。《宋史》记载理学家的部分称为《道学传》，其中第二部分记述的全是"程氏门人"，第四部分全是"朱氏门人"，这里的姓氏其实是学派，都是讲的师承关系。揣其原因可能在于，父祖在遗传给子孙适合做家传学问的智商的同时，也遗传给了子孙相似的思维方式和观察问题的视角，成了子孙在学问上突破创新的一种限制；门生没有这方面的局限，师生得以互补，可以在传承中发展，把学问真正传承下去。

[①]《宋史》卷四二四《陆持之传》。

不过，从学问家族的角度看，父祖相传与师生相授结合起来，学问才能真正传延下去并发扬光大；那些人才辈出的家族最关键的还是有家传的学问，只是传延家学的时候借助了"师"的外力。关陇杜氏家族自魏晋以来的家学就以经史学主，其中京兆杜氏一支的杜畿在东汉即以治《左传》知名，儿子杜恕、杜宽也都对《左传》情有独钟，做过注疏工作；第三代杜预自称"《左传》癖"，三代人研究的内容都相同。其中杜预的成就最大，他写的《春秋经传集解》集杜氏三代之大成，而且主要是从史学的角度予以解释，指出"《春秋》者，鲁《史记》之名也"，他的解释"别异先儒"①，独树一帜。唐初以朝廷名义颁布的《五经正义》中，《左传》独取杜预的注解，唐太宗钦定的配享孔子"并为先师"的22个人中就有杜预。杜氏在襄阳的另一支、杜预的玄孙杜坦、杜骥"于宋朝并为青州刺史，传其家业，故齐地多习之"②，传播的就是杜预的"《春秋》学"；杜乾光编写了《春秋释例引序》，与孙子杜叔毗一起讲述《左氏春秋》。到了唐朝，在经学传家的同时，杜氏的后代开始向史学方面发展，最有成就的是杜佑，执掌朝政期间历时35年写成了典志通史《通典》，一度成了杜氏子孙传承家学的读本，被杜家自称为"家集二百卷"；到杜佑的孙子杜牧的时候，家境有些败落，没条件做经史学问了，走上了文学之路，留下了一部《樊川集》。唐末五代战乱中杜氏在关陇的子孙走散很多，到北宋初年，杜棱一支在浙东吴越地区发展起来，续接了杜氏的家学，杜镐治《春秋》很有名，杜醇在庆历年间教县学，主讲《诗经》和《尚书》；南宋时期杜烨师从朱熹，研习《礼记》《易经》和《诗经》，③ 虽然不如魏晋隋唐时期了，毕竟还是传延下去了。

邵雍的父亲邵古最初擅长声韵，注训古文字，后来研治《易经》，著有《周易解》一书。邵雍直接秉承父学，用《先天图》来说明天地万物生成变化的过程和原理，并且在《皇极经世》中进一步阐述了天人一理

---

① 皮锡瑞：《经学通论》，中华书局1954年版，第43页。经学曾包含史学，治史也被视为治经。
② 《北史》卷八一《儒林传序》。这里说的"宋朝"指南朝刘宋。
③ 王力平：《中古杜氏家族的变迁》第五章、第七章。

的思想；儿子邵伯温继续他的学业，"蚤以先君子之故，亲接前辈"①，既当官又当文人，写了《邵氏闻见录》；邵伯温的儿子邵博续写了《邵氏闻见后录》，另一个儿子邵溥也颇有名气。经史已经成了邵氏的家传学问。王安石家族前后四代有八个人考取进士，祖辈父辈以治"五经"为主，王安石经学史学都做，到儿子王雱又主治《诗经》《尚书》和《礼记》了，王安石变法期间颁行的《三经新义》，主要就是王雱整理的。② 可能是王安石孙子辈乏人的原因，③ 王家后代没有了名人。

寿州吕氏是一个传延七代的文化世家，从吕蒙正在北宋初年考中进士第一名开始起步，连同他引荐的侄子吕夷简等人都以做官为主，也都是进士出身；吕夷简的子孙们既做官又做学问，儿子吕公著主治《论语》和《尚书》，孙子们治《易经》，并且秉承吕氏家族"不主一门""不名一师"的学术风格，博采众长，吕公著的儿子吕希哲先后拜王安石、胡瑗、孙复和邵雍为师；吕公著和另外两个儿子希绩、希纯属于"范吕学派"，吕希哲却与自己的儿子好问、切问独自创立了"荥阳学派"④。吕好问不做官，一心向学，他的儿子吕本中也是大理学家，对四书五经都有研究，拜过诸多名师，最后独创了"紫微学派"⑤，有《春秋集解》《童蒙训》等经学著作。到吕家第七代、吕本中的堂孙吕祖谦，又是一个大学者，世称吕本中为"大东莱先生"，吕祖谦为"小东莱先生"，吕祖谦与朱熹交往多，撮合朱熹和陆九渊，促成了"鹅湖之会"，并且创立了以经学与史学结合为特征的"金华学派"⑥，写出了《春秋左氏传说》《易说》等书，还把学问传给了儿子康年、延年和弟弟祖俭、侄子乔年。在《宋元学案》中寿州吕氏入选的就有 17 个人。

---

① 邵伯温：《邵氏闻见录》原序。
② 魏泰：《东轩笔录》卷一〇。
③ 王家人丁不兴旺，王雱早逝无子，据彭乘《墨客挥犀》卷三《嗦语》说王安石的次子王雱"素有心疾"，也是只有一个儿子，所以王安石为王雱过继了侄孙王棣。
④ 《宋元学案》卷二三《荥阳学案》。
⑤ 《宋元学案》卷三六《紫微学案》。
⑥ 又称"婺学""吕学"，见《宋元学案》卷五一《东莱学案》。吕氏家族在宋代名人多，支系也多，参见前揭姚红《宋代东莱吕氏家族及其文献考论》、陈开勇《宋代开封—金华吕氏文化世家研究》。

以上都是宋代大腕级的理学家。那些知名度不太高的，也有靠家传学问保持长久兴旺的例子。江西"墨庄"刘氏以丰富的藏书为依托，靠经学起家，有过"五子登科""兄弟双进士"的荣耀，"墨庄"创始人刘式的孙子刘敞，在庆历年间考中进士第一名，对《春秋》用功颇多，著有《春秋权衡》等书；另一个孙子刘攽也是进士出身，精于汉史，曾经是司马光编著《资治通鉴》的助手之一；刘敞的儿子刘奉世"最精《汉书》学"，刘敞的侄孙刘清之经学功底很好，编写了《训蒙新书外书》，还留下了家训《戒子通录》。① 江西奉新胡氏在唐朝后期起步，胡城、胡珰都秉承家学，在祖上创办的华林书院讲学；胡珰的孙子胡仲尧精于《春秋》，主持华林书院期间"教子一经"，做到了"素风殊不坠，儒业未曾虚"；他的弟弟胡仲容、胡克顺，孙子胡直孺、胡僧孺都精通经学，宋高宗曾赞誉胡直孺是"朝廷半老儒"，时人称胡家是"累年家有桂枝香"②，连续十几代都有考中进士的。昭德晁氏"自太平兴国以来，四世凡十榜登科"③；新昌石氏宗祠有两副对联，其中说"一门三状元，四代九御史，巍巍甲第羡名字"；"儒林丕振，起五百六进士，中兴三状元，科甲天下无双"。据做地方史的学者统计，石氏在两宋时期有 48 人考中进士，其中状元 3 人、榜眼 2 人，④ 在两宋三百年间一直很兴旺。还有庆元吴氏在宋代出了 8 个进士，德兴董氏出了 20 多个进士⑤……尽管有名的人物不多，却一直延续不断。

前面提到的北宋时期起家的"墨庄"刘氏，到元代还保持着发展的势头，元人虞集据此指出了一个规律："诗书清门有能世其学者，则可以有誉于天下而贻永于后来矣"⑥，经学传家是其中的关键因素；往深处看，

---

① 《宋史》卷三一九《刘敞传附弟攽、子奉世传》、卷四三七《刘清之传》。
② 曹月堂主编：《中国文化世家·江右卷》，第 47—51 页。
③ 庄绰：《鸡肋编》卷中。
④ 曹月堂主编：《中国文化世家·吴越卷》，第 622—625 页。
⑤ 曹月堂主编：《中国文化世家·吴越卷》，第 773—777 页，《江右卷》，第 329、272—273 页。
⑥ 虞集：《道园学古录》卷四〇《跋刘墨庄世谱后》。

"状元俱是状元儿"现象的形成,① 则是这些学问家族的优秀的遗传素质在起作用。

古人讲究做学问与做人的一致性,宋人对文章的评价也持有贵贱标准,"文章虽皆出于心术,而实有两等,有山林草野之文,有朝廷台阁之文",前者是没有做过官也没有出身背景的人写的,"枯槁憔悴",有一种"乞儿相";后者是做过官有家学背景的人写的,"温润丰缛",骨子里有一种富贵气。有人读了后一种诗文曾感叹道:"穷儿家有这景致也无?!"②没有家学背景的人很难写出有层次的文章。

宋代经学(理学)传家的大都是魏晋以来的士族,无论从家学教养还是门风熏陶而言,他们的子弟都是最适合当官的。严格意义上的经学不是帖经、默诵经文的记问之学,也不是考证字词音训的章句之学,而是探求和发挥经典中的义理,这便需要扎实的学问功底和较高的思辨能力,还需要一定的社会阅历;探求的义理不是具体的事实和行为规范,也不是空洞超凡的大道理,是有可操作性的可以被多数人理解的道理,理学实际上是介于史学和哲学之间的道理。

经学有平允笃实的特点,做经学学问尤其是有家学背景的人,自然养成了与所研究的内容相适应的稳重、务实的性格,不像文学家那样由情绪支配行动,也不像一般读书人那样把社会生活理想化,他们不仅能够看到当时存在的问题,而且能够冷静地分清楚哪些问题可以解决、哪些问题是无法解决的,所以做这种学问的人能把官做稳做好,这与家学家风的熏陶密切相关。李德裕曾对唐武宗说:③

> 臣无第名,不合言进士之非。……然朝廷显官,须是公卿子弟。何者?自小便习举业,自熟朝廷间事,台阁仪范,班行准则,不教而自成;寒士纵有出人之才,登第之后,始得一班一级,固不能熟悉

---

① 范镇:《东斋纪事》卷一;李心传:《建炎以来朝野杂记》甲集卷九《父子祖孙兄弟状元父子兄弟贤良》。
② 吴处厚:《青箱杂记》卷五。
③ 《旧唐书》卷一八《武宗纪》。

也。则子弟成名，不可轻矣。

很多论著拿这段话来批评李德裕袒护旧士族，是不够全面的。实际上，李德裕并不是一味地压制蔑视进士，王谠的《唐语林》有明显的吹捧唐宣宗、贬抑李党的倾向，也客观地记录了李德裕关照进士的事实，如卷四《伤逝》记载，进士出身的王播因为小时候家里贫穷，后来"多为人所薄"，李德裕却与之关系很好。《唐摭言》卷七专门有个条目"好放孤寒"，记载了李德裕奖拔孤寒的很多事例。实际上，李德裕是"抑退浮薄，奖拔孤寒"①，主要是看不起那些夸夸其谈、没有真本事的人。

宋人讲"三代仕宦，方解著衣吃饭"②，当然不只是这些表面上的功夫，还有灵魂深处的素质、修养和智慧。五代时期，虽然天下分裂，多数帝王昏庸残暴，很多大臣特别是文臣却有一股大气在身，"凛如也"；据说"后唐明宗（朝），公卿大僚皆唐室旧儒"，这应该是唐代士族的遗风。③ 据郑学檬先生讲，五代十国时期的知识分子有两种追求，一种是继续沿着"学而优则仕"的路子参加科考，力图在乱世中匡救时弊，一展才华；一种是消极避世，同时又积极地思考社会、伦理和道德问题，并传播自己的思想。在江南地区还有一些层次很高的风流才子，"醉心于较高文化价值的艺术天地和精神生活"④，不颓废也不龌龊。这些素质、修养和智慧单靠用功苦读是不够的，需要一代一代地积累和传授；有家学背景的家族大都是官宦之家，父祖教子孙的时候传授的不只是书本上的学问，还有他们在官场上摸爬滚打总结出来的经验和教训，这对他们的子弟来说是一种得天独厚的优势。

（三）史学：代际相承的专门学问

虽然唐穆宗的时候曾经专设三史科、一史科，考中后与明经出身相

---

① 孙光宪：《北梦琐言》卷三《卢肇为进士状元》。
② 陆游：《老学庵笔记》卷五。
③ 陈鹄：《西塘集耆旧续闻》卷八《进士投卷》。
④ 郑学檬：《五代十国史研究》第四章第二节。

同，但与经学和文学相比，史学始终是经学的附属，如同后人所指出的，经即史也，经学从形成伊始即包含史学。[1] 尤其是宋代经史合流的趋势更为明显，经学考试包含了更多的史学内容，所以史学传家的也大都属于士族阶层。有史学家传的人科考很方便，唐代的明经、宋代的进士中的很多人由经入史，成了史学家，尽管他们不像近现代学者那样专于一门，往往是治经、读史和写诗赋同时兼之。

单就史学来说，当时主要是史料和史实的整理，杜佑、司马光和马端临等人虽然试图打通古今，从中寻找某些规律性的东西，总的看来，仍然是技术层面的工作，类似于经学中的小学，还没有上升到研究的层面。在时人的眼里，史学也不如经学高深，赵与时说他写《宾退录》的时候已经病了很久，身体虚弱，"心力弗强，未敢覃思于穷理之学，因以平日闻见，稍笔之策"；而且"年日以老，大学未明，顾为此戏剧之事"[2]。虽属谦词，也透露出时人对史学的看法。

这个层面的史学不需要特殊的才气，只需要一定的技术规范，需要传授，也比较容易传授，所以史学家大都有家学背景。京兆韦氏是汉代起家的经学世家，魏晋时期南渡以后，延陵韦氏和襄阳韦氏的家学由经学转向了史学，主要研究《汉书》，[3] 延陵一支的韦昭著有七卷《汉书音义》，襄阳一支的韦阐著有两卷《后汉音》。隋末唐初的李大师、李延寿父子相继完成《南史》和《北史》。华阳范氏以史学为家传学问，以做好"史官"为祖传的"先业"，[4] 范履冰在唐高宗朝曾以宰相身份监修国史，北宋时期他的第十七代孙范镇协助欧阳修编修《新唐书》，还参与了《仁宗实录》的编写；由范镇抚养的从孙范祖禹参与编写《神宗实录》，以翰林侍讲的身份兼知国史院之职，以"长于劝讲"而闻名，著有《唐鉴》一书，

---

[1] 《唐会要》卷七六《缘举杂录》记载，唐代曾规定功臣子弟"应进士明经，及通史学者，委有司务加奖引"。

[2] 赵与时：《宾退录》卷一〇。直到清代仍然有这种观念，赵翼在《廿二史劄记》的《小引》中说自己"资性粗钝，不能研究经学。惟历代史书，事显而道浅，便于浏览"，所以写了此书。

[3] 白寿彝主编：《中国史学史教本》，北京师范大学出版社2000年版，第79—85页。

[4] 方孝孺：《逊志斋集》卷一三《范氏族谱序》。

被称为"唐鉴公"①，还协助司马光起草《资治通鉴》的唐代部分；南宋时期范祖禹的儿子范仲奉诏整理司马光的《涑水纪闻》，其后人范子长著有《皇州郡县志》，范荪著有《五代史正误》，始终传延着史学学问。洪皓父子在两宋之交参与军政大事的同时还坚持编著史书，洪皓出使金朝后写了《松漠纪闻》，他的三个儿子中两个有著作，尤其是洪迈，著有《容斋随笔》和《夷坚志》两部大部头的笔记小说，实际也是史书。

　　李焘的先祖李偲是唐太宗第十四子的一支，家中藏书丰富，父亲是北宋末年的进士，精通历代典章制度和史实，虽然一直做官，无暇顾及学问，其学问兴趣影响了李焘，李焘当了几年地方官之后到朝中参与编修实录，从此便潜心史学，"慨然以史自任"，用了近40年的时间写成了《资治通鉴》的续编《续资治通鉴长编》。李焘的儿子们也都颇有史才，川蜀士人把李焘与李埴、李壁比附为"三苏"父子，李埴著有《通礼》《续补汉官仪》等书，李壁的成就最大，《宋史》中有传。② 井研李氏也是父子相继的史学世家，李舜臣在南宋孝宗年间参与编修皇室的族谱《玉牒》，儿子李性传在朝中兼修国史，另一个儿子李心传用毕生精力写成了《建炎以来系年要录》和《建炎以来朝野杂记》两部大书，还针对当时一些书中对宋代掌故和制度的错误记载，专门写了一本考辨式的笔记《旧闻证误》。周密在《齐东野语·自序》中说，他很小的时候就关注史事的真伪，"尝疑某事与世俗之言异，某事与国史之言异。他日，过庭质之"，父亲帮他分析，教他辨别"传伪""私意"所造成的失误。马端临的父亲马廷鸾做宰相之前当过史官，著有《六经集传》等书，马端临由经入史，据《文献通考·自序》讲，他开始写此书的时候正值父亲被罢免在家，他也是"趋庭之问答"，直接得到了父亲的指教。

　　这些史学世家通常只能传延两三代，虽然比文学传家长久，却明显不如经学世家。眉山王氏号称史学传家达五代，实际上也就是王赏、王偁父子二人共同编写了一部《东都事略》。揣其原因，可能在于当时的史学主

---

① 《宋史》卷三三七《范祖禹传》。
② 《宋史》卷三八八《李焘传》、卷三九八《李壁传》。

要是技术性的编撰，与文学相比限制了才气的施展，与理学相比又限制了个性的流露；史学著作的编写要求真实，当时的史书所记载的又主要是朝廷君臣的言行，很难做到直笔谠言……这就使得搞史学比搞文学和经学难度更大，影响了史学作为家学的传延。当然也有的是子孙断代之类的具体原因造成的，比如司马光没有儿子，过继了侄子司马康；编撰《册府元龟》的王钦若的5个儿子都早逝，也是过继了侄子。侄子只能传延血脉，顾不上传承学问了。

史学传代虽然不太顺畅，史学家却是文人当中最适合做官的，比文学家甚至经学家更适合在官场上生存。因为史学的内容与政治的关系最紧密，史学家在梳理前代史实、品评历史人物的过程中自然会受到多方面的特别是反面的启示，增添许多处世的智慧和从政的知识，不会像文学家那样毫无顾忌地畅所欲言，也不会像经学家那样总讲一些正确的但是难以落实的大道理。从事史学编撰要求真实严谨，史学家潜移默化地养成了诚实、拘谨的性格；加之阅尽治乱兴衰、宦海沉浮，史学家们在增长智慧的同时也多了几分对人生和仕途的达观，这就比较容易让各个层面的人接受。他们在阅史著书、评判千秋功罪的过程中，也会萌生一试身手的冲动，所以，这些史学传家的人大都有入仕的经历。而且是官场上的全能，无论中央和地方的大小官职，甚至边缘性的职务都能胜任，李延寿在唐朝初年担任"东宫典膳丞"，掌管皇家的伙食，虽然只是个八品的副职，晚上要在厨中轮流值班，还要亲自"尝食"，他也做得很好。王钦若历仕三朝，执掌大理寺审刑院，当宰相的时候曾指挥军队击退了契丹人的进攻，此前还当过知府。李焘先是当县主簿和知州，在朝中掌管兵部，又当国史院编修，也是文武全才。

这些史学世家出身的人最合适的位置，是在朝中担任权力不大、地位尊贵的文职。他们大都有先做事功后立言的相似的经历：科举入仕之初先在地方州县任职，再到朝中任文职。比如范镇，先做县主簿，后来在朝中做集贤院编修、翰林学士兼侍读；范祖禹先做知县，再任秘书省正字，后来又做著作郎兼侍讲、翰林侍讲学士兼知国史院等职。王赏先有直学士兼侍讲、修国史的职务，后来当的知州；王偁先做知州，后来才直秘阁，掌管宫中的图书。楼钥虽然做过参知政事,主要是以翰林学士的身份从事诏书文告、内外制文和重要碑传的撰写。王应麟的职务很多,当过州府的主簿、通判和知州,在朝中是著作佐郎、国史编修、侍讲、实录检讨等,做的都是文案工作。也有没做过地方官,直接在朝中担任文职的,吕祖谦的祖上做过宰相,他的主要职务一开始就是秘书郎、国史院编修、实录检讨之类。李心传科考落第后本来想以布衣的身份闭门著书,后来由魏了翁等人推荐被赐进士出身,有了著作郎领史事、国史院校勘等职务……不论是否当过地方和中央的行政实职,他们都是在朝中任文职期间撰写了史学著作,靠这些史学著作留名的。

以上列举的比较有名气的史学家中,除了京兆韦氏和李延寿父子都是宋代的。这不是资料存留的巧合,确实是唐代史学传家的少,宋代增多了。原因可能在于唐代开始设史馆,官修史书成为定制,李延寿父子私修《南史》和《北史》而被朝廷接纳算是破例;加之经学不景气,很多人都去搞文学了,史学也因之受到了冷落。入宋以后经学恢复了学术中心的地位,史学也随之焕发了活力,有史学家传的人绕过正史,在典志、杂史方面下功夫,史学世家便多起来了。

(四) 技艺:后继乏人的边缘科目

专门的技术如天文地理、律学和农学需要个人的兴趣,绘画和书法之类的艺术与文学一样,需要特殊的天赋,不像经学和史学那样便于在父子兄弟之间传授;加之科举制度对"学问"内容的限定,技艺一直游荡于科举考场的边缘,唐代的明算、明法和明字都是小科目,到宋代更是时设时废。在这种社会氛围之下技艺也很难成为家传的学问,[①] 技艺传家的人出身复杂,有平民也有士族,技艺方面的成就大都与家庭背景关系不密切。

诸种技艺中唯有医学例外,受科举制度的影响不大。唐宋时期世传医

[①] 《宋史》卷二二《徽宗本纪》记载,崇宁五年正月"丁巳,罢书、画、算、医四学。壬戌,复书、画、算学",没恢复医学。

学的家族仍然比较多，① 可能是因为医术的使用范围广泛，从医者可官可民，没有必要完全依附官府，所以传教子孙的积极性一直很高，民间因此有"医不三世，不服其药"之说。不过，从医的人社会地位并不高，比如策划甘露之变的郑注出身下层，"始以药术游长安权豪之门"，结交权阉，当上了工部尚书和节度使。他原本姓鱼，冒姓望族改为郑姓，被戏称为"水族"②，遭到同僚们的蔑视。

天文历法和地理方物需要测算，是与"明算"相关的学问。精于天文历法的一行和尚俗名张遂，属于敦煌张氏一支，魏晋时期为文化名族，以经学和史学传家，曾祖张士儒著有《孝经》，父亲张大素以史学和文学知名，③ 都不是研究天文的，他作为和尚当然也没有后代传人。苏颂在历史教科书上以天文学家的身份出现，在《宋史》列传中则主要是进士出身的官员，当过知县知府，又在朝中做编整图书的工作，"经史、九流、百家之说，至于图纬、律吕、星官、算法、山经、本草，无所不通"④，他与吏部的一个小官员、懂数学的韩公廉合作制造了模拟天象的浑天仪。列传没说他父祖是干什么的，也没提他的后人。

唐僖宗时的宰相贾耽精通地理方物，编写了《海内华夷图》《古今郡国道县四夷述》和《皇华四达记》等书，他的子孙似乎没有什么成就，两《唐书》的列传都没有提及；到北宋初年他的四世孙贾黄中考取童子科第一，李昉曾赋诗相赠："七岁神童古所难，贾家门户有衣冠。七人科第排头上，五部经书诵舌端"⑤，走的是通常的读经科考做官的路子，没有传承祖上的地理方物学问。

专治刑律的律学大都有家传。汉代的阳翟郭氏"数世皆传法律"，一代代"少传父业"⑥；南朝萧齐时期的崔氏"治律有家，子孙并世其业"，

---

① 陈昊：《晚唐翰林医官家族的社会生活与知识传递》，载《中华文史论丛》2008年第3期。
② 《旧唐书》卷一六九《郑注传》。
③ 郭锋：《唐代士族个案研究——以吴郡、清河、范阳、敦煌张氏为中心》，第153页。
④ 《宋史》卷三四〇《苏颂传》。
⑤ 文莹：《玉壶清话》卷七。
⑥ 《后汉书》卷四六《郭躬传》。

同时还"聚徒讲授,至数百人",传授别的子弟。① 最著名的是渤海高氏和封氏,两家都是西晋时期开始发迹,代代以律学相传,在朝中参与甚至主持修撰法律。北魏时期高允主持了《太和律》的制定,建北齐的高洋也属于这个家族,高氏称帝时期还下令制定了《北齐律》,其后人高颎在隋朝主持《开皇律》的修撰,就是以《北齐律》为蓝本的。参与编撰《唐律疏议》的高季辅,也是渤海高氏的后人。封氏家族的封琳、封轨和封回在北魏时期曾参与《太和律》的修撰,② 近人程树德指出:"渤海封氏世长律学,封隆之参订《麟趾格》,封绘议定律令,而齐律实出自封述之手"③,《麟趾格》撰于东魏时期,封述所修的"齐律"即《北齐律》,几代人都从事律令的修订。不过,两家都活跃在北朝时期,到唐代势头就减弱了,因为唐代科举考试中有"明法"科目,律学发展完善了,走上了官学化的道路,世传律学的家族便减少了,④ 入宋以后连"明法"科目也没设,原来的律学世家基本上不复存在了。

尽管唐宋王朝与前后各个朝代一样"重农",从事农学的人却进入不了科举的考场,都是按个人兴趣来做的,传教子孙也很困难。进士出身的曾安止根据宋代的农业生产技术编写了五卷《禾谱》,苏轼极为赞赏,指出没有记述农器具是一个缺憾;曾安止已经双目失明,想让儿子接着做,四个儿子都是进士,兴趣都不在农学上,没有传承父学;直到百年后他的侄孙曾之谨有了这方面的兴趣,续写了五卷《农器谱》,《禾谱》才有了姊妹篇。⑤ 这算是幸运的。楼钥的伯父楼璹在县令任上绘制了45幅《耕织图》,以诗配画,形象地讲述农桑技术;他的后代子孙考进士当官的很多,兴趣都不在农学上,楼钥在从政之余钻研书法、著书立说,编写了一部《攻媿集》,只是在练书法的时候抄写过《耕织图》中的诗;孙子楼洪、楼深把图和诗上石刻碑,从孙楼构重新刻印了此书并作了"后序"。⑥

---

① 《南齐书》卷二八《崔祖思传》。
② 《魏书》卷三二《封懿传》。
③ 程树德:《九朝律考》卷六《北齐律考序》。
④ 郭东旭:《燕赵法文化研究》(古代版),卷二第四、第五节,河北大学出版社2009年版。
⑤ 曹月堂主编:《中国文化世家·江右卷》,第158—162页。
⑥ 《耕织图诗·附录》。楼钥抄写的诗曾上石刻碑,宁波天一阁碑林有残碑存世。

都只是整理，没有继续做农学学问。宋代的另一个农学家陈旉的出身不详，洪兴祖在给他的《农书》做的后序中称之为"西山陈居士"，说他"于六经诸子百家之书，释老氏、黄帝、神农氏之学，贯穿出入，往往成诵"，没有提其家世，也没有说他的后人。据说宋代有个叫郭从义的人隐居不仕，编写了一部一百二十卷的《农历》，内容包括"耕织、刍物、种莳、耘获、养生、备荒之事，较之《齐民要术》尤为详备"①，地方官曾经上报给了朝廷，朝廷不重视，其子孙也没有保存，很快就失传了……

天文历法、地理方物、律学和农学属于专门技术，有一定智商的人经过努力就可以掌握；艺术类的书法、绘画则需要特殊的天分，更依赖于家族的遗传。潘光旦先生考察过东晋南朝时期的书法家、明朝的画家和近代的伶人（戏剧演员）名角，发现他们都有世袭特征，而且大都互相通婚。有成就的艺术家都有特殊天分，潘先生甚至讲，搞艺术而没有特殊天分的人应该尽早改行。②还有，从生理特征上看，艺术类天才的神经系统比普通人严密，所以既能产生超人的智慧，也因此而脆弱，缺乏伸缩性，难以像常人那样适应环境，甚至会有特殊的性情、怪异的或变态的行为。这是古今一揆的规律。

我们接着说唐宋时期艺术家们的情况。

科举设有"明字"科选拔书法人才，书法家传教子孙的积极性也不高。唐代张文瓘《书断》卷中记载，汉代起家的经学世家京兆韦氏，在汉魏时期曾经一度把书法作为家传的技艺，其中最有名的是韦诞，还有他的儿子韦熊、哥哥韦康以及韦康的玄孙韦昶，时人称"名父之子，不有二事"，有发展成为书法世家的趋势。但是，韦诞对书法传代并不是很积极，他擅长写大字匾额，东汉明帝的时候建造凌云台，匾额没有写就挂上去了，韦诞被用辘轳提升到高处往匾额上写，"因致危惧，头发皆白"。因此他"戒子孙无为大字楷法"。后来韦诞自己也不再钟情书法，把精力转向了研制笔墨，还编写了《墨方》和《笔方》两种书。

---

① 张邦基：《墨庄漫录》卷一〇《郭从义作农历》。
② 潘光旦：《优生概论》，第337—339页。

隋朝的书法家智永是僧人，传说是王羲之的七世孙，很可能是人们出于对王羲之书法失传的惋惜而附会的。善作草书的怀素对想拜他为师的人说"无学书，终为人所使"，甚至自己都"欲绝笔不为"①。唐代的书法家中，只有欧阳询的儿子欧阳通继承了父业，已如前述；颜氏家族的家学很悠久，颜之推和孙子颜师古都有著作传世，颜师古的五世孙颜真卿成了书法家，独创了"颜体"。颜家一直以经学传家自居，没把书法当作家学，早在北朝时期，颜之推在《颜氏家训》中就把书法列入不入流的"杂艺"之类，嘱咐子孙要专心领会经典的内容，至于书法，"微需留意"即可，"此艺不须过精"②，差不多就行了。华原柳氏也是文化世家，柳公绰、柳仲郢父子都是进士出身，家中藏书很多，还据此编写了读书指南性质的《柳氏自备》，供子孙使用，代代都有经学名家。柳公绰的弟弟柳公权也是进士出身，擅长书法，独创了"柳体"，两《唐书》中没有他给子孙传授书法的记载，③与乃兄那里经学传延的盛况明显不同。

唐太宗说过"书学小道，初非急务"④。宋真宗做太子的时候，宋太宗让他学写草书，他以帝王当做大事为由而婉拒，宋太宗称赞说，此举表明太子会成为"他日之英王也"⑤。宋人费衮也认为"书与画，皆一技耳"，只可以"于学问文章之余"为之，包括诗词，都不能作为专攻的术业。⑥书法传家最长久的是吴越的皇族钱氏，钱俶在位的时候就善写草书，并形成一门家传的艺术，子孙辈的钱惟治、钱易、钱昆都以草书闻名于北宋；钱俶的儿子钱惟演以文学知名，其子孙则又练起了书法。⑦不过，这属于特例，因为钱氏毕竟是往日的帝王之家，归附北宋以后都去走科考入仕的路子不明智，并且也有供其子孙以书画自娱的优越生活条件。

---

① 张邦基：《墨庄漫录》卷八《宗室大年善丹青》。
② 颜之推：《颜氏家训》卷下《杂艺篇》十九。
③ 两《唐书》列传都详细记载了柳公绰及其子孙、伯父等人的情况，附带记载了柳公权，没有提柳公权的后人如何。
④ 张彦远：《法书要录》卷四。
⑤ 王君玉：《国老谈苑》卷一。
⑥ 费衮：《梁谿漫志》卷六《论书画》。
⑦ 郑铭德：《忠孝世家：宋代吴越钱氏研究》第四章第一节，硕士学位论文，（台湾）清华大学历史研究所，2000年。

倒是苏东坡的小儿子苏过"文章翰墨，克隆家声，墨戏尤为精妙，时号小坡"①，继承了乃父的书法；同时称之为"翰墨""墨戏"，流露出时人对书法艺术认知上的矛盾心态。可以引为佐证的是，时人对音乐也持这种态度，甚至更看不起，冯道的儿子冯吉酷爱弹琵琶，"妙出乐府，世无及者"，冯道坚决反对，"酷戒之"，冯吉还是不肯放弃。"一日家宴，因欲辱之，处贱伶之列"，冯吉也不在乎，弹的很起劲。别人趁机挖苦冯道说"能为吉进此技于天子否？"②弄得冯道无地自容。

唐代的"明字"虽然不包括绘画，画家也有机会以其特长在朝中供职。阎立本出身官宦世家，父亲阎毗继承了祖上的爵位，擅长书法和绘画，"以工艺知名"，儿子们"早传家业"，也走上了这条路，阎立德主要设计各种礼服，阎立本则"善图画，工于写真"。本来都是有家传的，阎立本还成了宫廷画师，把家传的技艺发扬光大了，他却不愿意让儿子们再学绘画了。原因是有一次唐太宗与嫔妃在春苑游玩，传令阎立本把游玩的场景画下来。他只好冒着盛夏酷热"奔走流汗，俯伏池侧，手挥丹粉，瞻望座宾"，辛苦作画大半晌。回来后对儿子说："吾少读书，文辞不减侪辈，今独以画见名"；如今只能"躬斯役之务，辱莫大焉！汝宜深诫，勿习此末伎"③。韩滉也是这样，"尤工书，兼善丹青，以绘事非急务，自晦（悔）其能，未尝传之"子孙，他的儿子韩皋"知音律"④，经常弹琴自乐，也没有学绘画。

前后蜀时期的黄筌没有家学背景，却有绘画天分，很小的时候就以工于绘画而知名，前蜀后蜀两朝都给了他官职，让他在宫中作画。后蜀被北宋灭掉以后黄筌到了开封，在翰林国画院继续作画。他因绘画而富贵，弟弟黄惟亮、儿子黄居宝、黄居实和黄居寀都沿传相学，两代人留下了很多精美作品，在他们之后就失传了，⑤儿孙们都不学绘画了。

---

① 张知甫：《可书·小坡》。
② 文莹：《玉壶清话》卷二。
③ 《旧唐书》卷七七《阎立德附立本传》、《新唐书》卷一〇〇《阎立德附立本传》。列传中没有记载阎立本的子孙，只记载了阎立德的儿子、孙子和曾孙，都是官员，没有再学绘画。
④ 《旧唐书》卷一二九《韩滉传附子皋传》。
⑤ 范镇：《东斋纪事》卷四。

北宋徽宗开始设"画学",并且亲自用考试的方式挑选画工,绘画曾兴盛了一阵子,传代的也不多。宋代知名画家有李成和巨然的山水、包鼎的虎、赵昌的花果,只有包家的画技传了下来,"今子孙犹以画虎为业"①,另外几家都失传了。具体原因不清楚,很可能与歧视这种行业的价值观念有关,可举一个间接的例子:郭熙善于画风景,富贵人家争相购买,挂在正厅做中堂,他的儿子郭思科考入仕后却"重资以收父画,欲晦其迹也"②。显然是觉得父亲卖画不光彩。

这些科学家、艺术家与前面提到的文学家一样,大都有过从政做官的经历,而且主要是因为官职政绩见于史册,他们的技艺只是被附带提及的。颜真卿的主要事迹是与颜杲卿共同抵抗安史乱军,以致被俘遇害。阎立本做过工部尚书和宰相,两《唐书》在记载他的绘画技能的地方,用惋惜的口气加了一句"虽有应务之才,而尤善图画。……非宰辅之器",并且与出将入相的左相姜恪对比,说"左相宣威沙漠,右相驰誉丹青"③,流露出对阎立本的轻蔑之意。苏颂当过知县知府,后来在朝中的职务是集贤校理,主要负责整理经籍文献;他当过度支判官、淮南转运使,管理财政方面的事情;还管过审刑院、当过刑部尚书。制作浑天仪只是诸多事功之外的业余爱好。

这些人中间也有不愿做官,凭着自己的兴趣毕生搞技艺的,比如医圣孙思邈,生逢南北朝乱世,隐居山中采药行医,隋朝统一后请他入朝,给了他个国子博士,他"称疾不起";唐朝建立后唐太宗想封他爵位,他"固辞不受";唐高宗召见他,他勉强去了,要拜他为谏议大夫的时候他又是"固辞不受"④,一直专心行医。还有编写《农书》的陈旉,"平生读书,不求仕进,所至即种药治圃以自给"⑤。这类人毕竟是极少数。许州的甄权在北朝到唐初行医,名气很大,无意于仕途;把弟弟甄立言也教

---

① 欧阳修:《归田录》卷二。
② 张邦基:《墨庄漫录》卷四《郭熙得意之画》。
③ 《旧唐书》卷七七《阎立德附弟立本传》。宋人吴曾为阎立本鸣不平,认为丹青固不足以辅相,而(他)"所以为辅相,乃不在丹青",真有宰辅之才。见《能改斋漫录》卷一二《阎立本画》。
④ 《旧唐书》卷一九一《孙思邈传》。
⑤ 陈旉:《农书·后序》。

成了名医，甄立言却以医术得官，① 先是入主太医院，算是老本行；后来做了太常卿，掌管宗庙祭祀礼仪，跟医学渐行渐远了。

科举考试的内容无论怎么变化，技艺始终是边缘科目，韩愈在《师说》中说过，"巫、医、乐师、百工之人，君子不齿"。特别是宋代，尽管有三大发明，却一度把明算、明法等科目取消了，技艺更是备受冷落。科举考试属于吏制的范畴，考试的目的是选拔官员，考试的内容必然是当时看来对治国安邦最有用的经学；经学成了科举考试的主要甚至唯一内容，在观念上也就成了学问的全部，成了唯一文化，文学尚在其次，史学只是经学的附属，技艺就被边缘化了。② 如同宋人说的，"应伎术官不得与士大夫齿，贱之也。……此与书学、画学、算学、律学并列，于文武两学者异矣"③。其实，主要是与习文的进士不同。《宋史》对沈括的记载就很能说明这种状况，没有在"方技"类为沈括专门立传，而是附在从兄沈遘列传的后面记述的；整篇讲的都是他的军政履历和事功，关于《梦溪笔谈》的介绍只有几句，而且说该书"多载朝廷故实、耆旧出处"④，对其中的科技内容只字未提；近年研究学术史的学者曾以"发现沈括"为标题讲述宋代科技史研究的兴起过程，⑤ 颇为切题。做天文、农学等技术的包括编写科技著作的人，很少公开表示看不起自己的行业，心里也明白这个行业的社会地位，他们主要是在挣脱了科举制度的束缚或者致仕赋闲以后才做这些事情的，所以传教子孙的积极性也不高。

总的看来，科举制度下学问的家传情况与此前基本相同，经学和史学传代最顺畅，文学和技艺比较难。如前所说，经学和史学主要是士族阶层的学问，写诗作赋的主要是平民庶族出身的人，从事技艺的是社会的中下层，家传最顺畅的也正是科举考试最注重的，借力打力，参加科考最便利的当然也就是士族阶层了。不过，从根本上说，是士族的学问在规范科举

---

① 《旧唐书》卷一九一《甄权传》、卷四四《职官志》。
② 《旧唐书》卷四五《选举志》记载，考医术、图画、工巧之类也必须"皆读两经粗通"。
③ 王林：《燕翼诒谋录》卷二。
④ 《宋史》卷三三一《沈遘传附从弟括传》。
⑤ 朱瑞熙等著：《宋史研究》，福建人民出版社2006年版，第331页。

考试的内容，因为士族是当时最有学问的阶层，科举考试只能迎合他们，以经学及史学作为考试的主体内容，士族阶层也就成了科举考试的主角和最直接的受益者。

三 家学传承与士族阶层的历史命运

从汉魏时期走过来的士族大都有着相同的经历：通常是先人艰苦创业，成为有政治经济特权的世族；继而培养家学门风，一部分世族转变为士族；科举制度兴起以后，又凭借家学文化的优势通过科考跻身官场，继续保持原来的地位。到了唐宋时期，他们不能再像以前那样凭借祖上的荫庇坦步仕途，为了自身的生存，必须与所有的人一样走程序，接受考场的筛选；也不能再像以前那样对庶族阶层的人不屑一顾，必须调整心态，与庶族阶层的精英接触，甚至与这些精英融为一体，使自身得以发展和壮大……这并不是个轻松的过程，他们毕竟走过来了。

（一）家学的取向与家族的兴衰

科举制度把家学纳入吏制轨道以后，学问成了谋取功名官职的手段，并且反过来锁定了学问的内容，不论什么样的兴趣和智力类型，都需要作出选择，或者顺应潮流，随着科举制度的指向调整自家的学问内容；或者气定如一，继续坚守自家的传统学问。不管怎样选择，都与个人的命运、与家族的兴衰密切相关，因为表面上是家学内容的调整与坚守，内里和结果却是各个社会阶层的一次重新排列组合。

自从有了"学而优则仕"的说法，目的和手段已经分得很清楚，多数读书人并不是为了做学问，科举制度产生之后纯做学问的更少了，大都是亦官亦学，事功和学问兼之，这样才有利于家族的长期兴旺。毛汉光先生考察了唐朝后期18家士族子弟当宰相的情况，发现完全靠门第因素上去的只有10个人，出身士族而又是进士的则有65人，说明单靠士族出身已经不行了,有没有进士身份才是最重要的。① 这实际上也属于亦官亦学的问题。最典型的还是杜氏家族,杜佑的祖上就有家学背景,杜佑编著《通典》的时候正在朝中任宰相,致仕退休后还逢初一、十五入朝;孙子杜牧也是先做官,只因陷入了牛李党争的旋涡而不得志,才转而写诗发牢骚了;直到杜牧的儿子辈还在走科举入仕的道路。还有宋代的"墨庄"刘氏,从刘敞、刘攽到刘清之都是官位高,学问也好。史学家李焘的前后几代都是进士出身,李焘父子既当官又做学问,其中李壁做到了副相,还用心探讨程颐的洛学和苏氏的蜀学之间的共同点,促成了理学发展史上的"洛蜀会同"。吕夷简家亦官亦学达七代,学术上人才辈出,仕途走的也很顺畅。成都范氏家族的范祖禹、范镇也是这样,尽管不是代代有名人高官,也没有中断过。② 这方面的例子很多,无须赘举。

既然主要凭科场上的考卷决定一切,读书的目的便明显地功利化,以至于有家学门风的士族子弟只看重家学,不把门风当事了。门风虽然比较抽象,却是强化遗传素质的外在环境,丢弃了优秀的门风往往会加速家族的衰败。唐代张氏家族中的洛阳张说一支骤盛骤衰,就是起于科举,败在门风的典型。③ 其实,有些文人压根就看不起纯做学问的人,李商隐就曾嘱咐子孙"儿慎勿学爷,读书求甲乙。……当为万户侯,勿守一经帙"④。很多有家学传统的人尽管文化素养很高,内心追求的也不是学问,而是高官厚禄,这毕竟是一个官本位的社会。比如安阳韩氏,虽然有家学相传,从韩琦到韩侂胄都没有做学问,而是以事功为主,⑤ 韩氏子弟在两宋三百余年间一直做大官,家族也很兴旺。

也有一些人入仕以后不愿放弃学问,甚至以做学问为主、做官为辅。

---

① 毛汉光:《中国中古社会史论》,上海书店出版社 2002 年版,第 363—364 页。
② 王德毅:《宋代的成都范氏及其世系》,载《庆祝邓广铭教授九十华诞论文集》,河北教育出版社 1997 年版。
③ 郭锋:《唐代士族个案研究——以吴郡、清河、范阳、敦煌张氏为中心》,第 109—110 页。张说一支在玄宗年间科举入仕后开始发迹,属于新贵,为时人所蔑视,王谠《唐语林》卷二《文学》记载,孔至编《百家类例》的时候"品第海内族姓,以燕公张说等为近代新门,不入百家之数"。
④ 《全唐诗》卷五四一,李商隐《骄儿诗》。
⑤ 王曾瑜:《宋朝相州韩氏家族》,载王曾瑜《锱铢编》,河北大学出版社 2006 年版。

这些人虽然自由了潇洒了，对家庭家族来说却不如专心仕途更有利。唐代姚崇的祖上是由武而文的，姚崇能文能武，后代子孙文士气更浓，儿子姚系、姚伦"有诗名，工古调，善弹琴。好游名山，希踪谢、郭，终身不言禄，禄亦不及之也"①；曾孙姚合还全面些，做过杭州太守，主要兴趣也是写诗，在太守任上还忙于和诗友们交往，成了中唐时期有名的诗人，姚氏家族却走下坡路了。宋代的周必大出身书香门第，考中进士后一步步做到宰相，最大的兴趣是写诗文，甚至奉命起草诏书的时候也不忘施展文采，而且写得很快，宋高宗称之为天生的"掌制手"。退休后自称"平园老叟"，专心著书，留下了《平园集》和《玉堂类稿》等多种作品；他有一个儿子，靠恩荫当了知州，② 主要是整理其父的遗著，自己没什么成就，周氏家族也淡出人们的视线了。还有潜心学问、不求高官的仁寿虞氏，虽然一直兴旺，却常有经济窘迫的时光。③ 太重视学问的人的官职通常不高，或者是官大实权小，而且很容易导致家族的衰落。④ 除非是把学问做到了顶尖水平，才有可能保持家族的长久兴旺，比如黄庭坚没有担任过实际职务，就是凭高超的学问和名气给黄家带来了运气，有50多人考中进士，甚至有一次同辈堂兄弟10个人同年考中，被称为"十龙"，⑤ 并且历代高官不断。但是，能把学问做到这个份上的能有几个人呢？

本来，在理想的社会中，一个人的职业和地位应该与其自身的素质相一致，但社会不可能完全公正，往往使得一些素质好、品德高的人无缘进入社会上层，只能生活在中下层，成为安贫乐道的穷书生。至于有些人声称读书不是为了科考和做官，大都是追求受挫之后的自我安慰，或者是对可能失败的心理准备，真正能超脱功名利禄的人是极少的，即使个人可以

---

① 辛文房：《唐才子传》卷五。
② 《宋史》卷三九一《周必大传》。并参前揭曹月堂主编《中国文化世家·江右卷》，第224页。
③ 张邦炜：《宋元时期的仁寿——崇仁虞氏家族》，载前揭邹重华等主编《宋代四川家族与学术论集》。张文指出虞氏属于学问家族，没有把做学问和做官很好地结合起来。
④ 黄宽重：《科举制度下家族的发展和演变——以宋代为中心的考察》，载荣新江主编《唐研究》第十一卷，北京大学出版社2005年版。并参王曾瑜《河南程氏家族研究》，载前揭王曾瑜《锱铢编》；《从门到有无出身》，载王曾瑜《丝毫集》，河北大学出版社2009年版。
⑤ 曹月堂主编：《中国文化世家·江右卷》，第151页。

超脱，家庭家族的责任也不允许由着自己的性子来。

除了做学问与做官相结合的问题，家族的兴衰还受着遗传因素的影响。在前面考察家学传承的过程中，实际上已经暗含着一条主线——遗传素质问题，用南宋袁采的话说，是读书所需要的"才质"①。在此，简单说一下唐宋时期的人们对遗传规律的认识。

唐宋时期习惯称有读书天分的人为"读书种子"，经常有人说"凡吾辈但可令文种无绝""然不可令读书种子断绝""吾老矣，不求闻者，故下后世种子耳"，有的还在自己家中设有"书种堂"。② 不仅要人丁兴旺，更重要的是"士大夫家，其可使读书种子衰息乎？"③ 需要保持"一门书种，赖以不绝"④……苏轼在给吕希道的诗中说"凤雏骥子生有种，毛骨往往传诸郎"，说的就是家族素质的遗传问题，因为吕家曾经"连翩三将相"，吕希道也"负奇相"。⑤ 宋人方勺在《泊宅编》卷七说：

> 《越绝书》曰："慧种生圣，痴种生狂。桂实生桂，桐实生桐。"以世事观之，殆未然也。《齐民要术》曰："凡种梨，一梨十子，唯二子生梨，余皆生杜"；段氏曰："鹖生三子，一为鸱"；《禽经》曰："鹳生三子，一为鹤"；《造化权舆》曰："夏雀生鹌，楚鸠生鸧"；《南海记》曰："鳄生子数百，为鳄者才十二，余或为龟，或为鳖。"然则尧之有丹朱，瞽叟之有舜，鲧之有禹，文王之有周公，又有管、蔡，奚足怪哉！

张世南《游宦纪闻》卷三在引述了这些说法之后分析说："桂生桂，桐生桐者，理之常也；生异类者，理之变也。"这里说的"生异类"就是"变异"，可能变好，也可能变坏。古人对遗传规律也只能认识到这个程

---

① 袁采：《袁氏世范》卷二《子弟当习儒业》。
② 周密：《齐东野语》卷二〇《书种文种》。
③ 罗大经：《鹤林玉露》乙编卷五。
④ 楼钥：《攻媿集》中。
⑤ 《全宋诗》卷七八九，苏轼《送吕希道知和州》。按，吕希道家族出过吕蒙正、吕夷简和吕公弼三个将相，苏轼特别看得起吕希道。

度。即使现在，也只能解释遗传的过程、猜测其中的道理和原因，很难把握规律，更没有办法改变规律。现代医学通过细胞研究发现，人体分为"体质"即外在的身体、"精质"即内在的素质两大部分，都是由细胞演变成的，大部分细胞变为体质，不断被消耗、破损以致衰亡，极小部分细胞留作精质，一代代延传不灭。自生命形成伊始，体质的变化就与精质脱开了，不影响精质的存在和延传。继而通过染色体的研究发现，遗传规律中最明显的是男方的精质特征主要传给子孙和外孙。① 关于传外孙的问题，前面考察"良母教子"的时候已经提到，这里只从父祖传子孙的即家族遗传的角度分析一下。

在家学传承与家族兴衰过程的考察中，可以直观地感觉到三个类似规律的现象。

一是新崛起的家族难长久。这些家族没有家学根基，大都是凭某个人的才华突然红起来，很难传延下去，唐代的一些文学家族就是这样，前面已经分析过了。这种突然出现的天才尽管属于"变异"，其实也是遗传过程中的可以解释的现象，因为任何人的血统都不是单一的，从祖上开始都是由两家、四家、八家陆续混合而来的，当某一血统中的某种基因与另一血统中的某种基因相遇，就有可能产生一个特殊的人，包括天才。这种"变异"式的天才通常与自己家的上一代关系不大，没有明显的遗传痕迹，也不会传给下一代。所以，依靠某个人物的特殊才华突然红起来的家族大都难以长久。

二是伟人无后。大到民族小到家族似乎都有一个成长、兴旺和衰退的过程，有大学者大官员的家族并不总是兴旺，尽管有的家族衰败之后可能重新崛起，总的看来，高峰之后大都是一代不如一代。宋代的时候有人回顾说，"唐朝崔、卢、李、郑及城南韦、杜二家，蝉联珪组，世为显著，至本朝绝无闻人"②，都不行了。最典型的是赵郡李氏。在李德裕之前出了几个宰相，甚至有时候父子同为宰相；到李德裕被贬以后只有李蔚当过

---

① 潘光旦：《优生概论》，第 271 页。
② 王明清：《挥麈录·前录》卷二。

几天宰相,"历乾符、广明、中和、光启、文德、龙纪、大顺、景福、乾宁,悉无宗相,而宗室陵迟尤甚。居官者不过郡县长,处乡里者或为里胥"①,明显衰落了。到北宋初年,据称是李德裕之后的河北饶阳李氏家族中的李昉再度崛起,②他两次拜相,颇有声望,并且仍然以儒学传家,以"旧族"相标榜,领衔编写了《文苑英华》《太平御览》和《太平广记》三部类书。子孙科考走的也很顺畅,做官的很多,宋真宗对李昉的儿子李宗谔说:"闻卿能敦睦宗族,不陨家声,朕今保守祖宗基业,亦犹卿之治家也";李宗谔去世后真宗又悼念说:"国朝将相家,能以声名自立,不坠门阀,惟昉与曹彬家耳。"③ 李宗谔以下子孙们的成就很难与李昉相比,更不用说与李德裕相比了。正如洪迈说的,北宋著名的"三李相"李昉、李沆和李迪,"皆一时名宰,子孙亦相继达宦。然数世之后,益为萧条",确实是"大贤之后竟陵迟"④,很快就衰落了。

宋代的阆州三陈都位至高官,他们的后人也明显不行了:陈尧叟的儿子陈师古只是个"赐进士"出身,陈希古当过小官;陈尧咨的儿子陈述古、陈博古都是小官,陈尧佐的儿子未见记载,估计名气也不大;堂侄陈渐做过县尉,堂孙陈汉卿当过县令,与当年的三陈不能同日而语了。尽管王安石家族仕宦不断,在北宋时期已经有人议论说"王介甫家,小底不如大底"⑤,同辈兄弟中已经是弟弟不如哥哥了。前面提到的黄庭坚家族虽然一直兴旺,他的子孙只是考进士比较顺,并没有出现能与之比肩的人物……

可能是这些名人把家族积累的智慧发展到顶峰,用尽了,甚至"透

---

① 王谠:《唐语林》卷七《补遗》。
② 王善军:《共财与家法——宋代饶阳李氏家族探析》,载常建华主编《中国社会历史评论》第九卷,天津古籍出版社 2008 年版。《宋史》卷二六五《李昉传附子宗谔传》没有说李昉是李德裕的后人,而且李德裕祖籍赵州,李昉祖籍深州饶阳县。
③ 司马光:《涑水纪闻》卷六、《宋史》卷二六五《李昉传附子宗谔传》。曹家与李家不同,曹彬五代末北宋初以军功起家,两个儿子曹璨、曹玮也都是军将,虽然好读经史,并没有向文臣转化。曹家之所以门阀不坠,柳立言认为主要是靠事功和品德,见《宋初一个武将家族的兴起——真定曹氏》,载《中国近世社会文化史论文集》,(台北)"中央"研究院历史语言研究所 1992 年版。
④ 洪迈:《容斋三笔》卷一二《大贤之后》。
⑤ 王铚:《默记》卷中。

支"了，成了"最后的贵族"和家族由盛转衰的拐点，他们的子孙便类同常人了。这还算是不错的，唐代谚语说"三公后，出死狗"[①]，有的名人之后比普通人还愚笨，清河崔氏从北朝到隋唐一直很兴盛，不论凭门第入仕还是科举考试都很顺畅，在五代后唐时期出了个崔协，外表气宇轩昂，高谈阔论，似有祖上遗风，实际上却胸无点墨，做宰相的时候起草奏章文理不通，被人讥笑为"没字碑"[②]；苏辙的六世孙苏嗣之"颇蠢骏，富于财，以货入官，交结权要。……以其肥硕也，呼为苏胖"[③]。这简直是辱没先人了。水满则溢，月盈则亏，唐宋时期流行的"但存方寸地，留与子孙耕"的说法，[④] 可能也有针对这种现象的意思。

三是中上层家族最有发展潜力。[⑤] 这些家族不是偶然崛起的，前面经过了多少代人的惨淡经营，从最初的"耕读"起步，逐渐堆起了一座山（内里遗传素质的优化过程也应该是这样，有一个很长时间的"蓄力期"）；而后尽管也会有曲折，会走下坡路，却是气数不尽，仍然会出一些人物，甚至再创辉煌。比如周敦颐家族，父亲周辅成是进士出身，当过县令；周敦颐的两个儿子周寿、周焘都是进士，分别做过县令、知州和地方州县的文职，而且有《周元翁诗集》和《爱莲诗集》传世。陆游《家世旧闻》卷上记载说，陆家"前辈安于小官"，高祖陆轸"出入朝廷数十年，然官不过吏部郎中"，几代人惨淡经营，至多"仕至远（方）郡守，余不过县令而已"。祖父陆佃开始发迹，做了宰相，陆游官大学问也大，此后又延续了一段时间，才归于平淡了。[⑥] 朱熹家族也是这样，祖父朱森没有官职（叔祖朱弁曾以通问副使的身份出使金朝，著有《曲洧旧闻》一书），父亲朱松当过县尉和知州，朱熹高峰过后三个儿子分别做了湖南

---

① 张鷟：《朝野佥载》卷四。
② 《旧五代史》卷五八《唐书》三四。
③ 刘祁：《归潜志》卷九。
④ 这句诗在《全唐诗》卷七九五中已有记载，见前揭项楚《王梵志诗校注》卷六所附考辨。
⑤ 前揭徐红《北宋初年进士研究》第四章通过对太平兴国五年进士出身的考察，也发现出身中上层官员家庭的进士最有出息。
⑥ 前揭曹月堂主编《中国文化世家·吴越卷》（第616页）说此后陆家"子孙众多如王谢"，但在《宋史》卷三九五《陆游传》中没有提及其子孙仕宦的情况，估计只是人多，官职都不高。

总领、工部侍郎和将仕郎,只是没有朱熹那样大的功名和文名。当然,这些中上层家族最终也很难摆脱"伟人无后"的命运,一旦出现一个标志性的大人物,三四代以后也会衰落。[①] 社会学家考察社会阶层流动的方法之一,是对比相邻两代人的地位变化;具体到这些家族,出代表性人物的一代与上一代相比地位上升了,往后看又下降了——都是前丘后陵、中间一座山的走势。

还有一层,走上科举之路的读书人既要顺应潮流,随着科举制度的指向调整自家的学问,又需要防止被科场和官场完全淹没,在内心深处保留一份尊严和清高;既要把家庭家族的利益放在首位,又要保有自己的生活和情趣,在各种力量的拉扯中维系着脆弱的平衡。平衡技巧把握得好,加上运气,才能走得顺畅一些,否则很容易倾覆,失去已经得到的一切。不过,从长远的观点来看,家学文化一旦成了谋取功名利禄的手段,受到科举制度的匡范,就会失去自发的生命力,即使不被作为"敲门砖"丢弃,也会走向保守和僵化,先是文化优势的丧失,继而连政治经济特权也一并失去了。

当然,这些所谓"规律"都是就总的趋势而言的,具体到某个家族的兴衰还有各自的具体原因,譬如前后蜀时期黄家的衰落是由于画技的失传,画技的失传则是由于教育子孙的失误:他们为了画好飞禽的羽毛在家里养了很多猛禽,儿孙们喜欢上了架鹰放鹘,专门养鹰了;由于需要用老鼠来饲养这些猛禽,儿孙们又迷上了捉老鼠,甚至有的成了卖老鼠药的。[②] 都把家传的绘画技艺丢弃了。两宋之际发迹的四明高氏家族,高闶以经学起家,得到二程的嫡传,确立了以"春秋学"为主业的家学;其后人高文虎、高似孙又参与编修玉牒和实录,亦经亦史亦官,走得很顺畅,再往后却"由经史转向诗文、博物、医学",开始"讲究生活情

---

① 前揭黄宽重《宋代的家族与社会》(第228—229页)指出,兴盛三四代即走向衰落是"中等家族发展的常态"。王德毅对宋代常州葛氏的考察,蔡哲修对宋代吉州士族群体特别是印冈罗氏、兰溪曾氏和龙泉孙氏的考察,也都发现传延四代的居多。见《宋代常州葛氏族系考》,载(台北)《中国历史学会史学集刊》1996年第28期;《宋代吉州士族世袭背景试析》,载(台北)《吴凤学报》2006年第15期。

② 范镇:《东斋纪事》卷四。

趣"①，进取心小了。入元以后就被边缘化了。

到了唐宋时期，原来处于最上层的旧士族的后劲已经明显不足，新崛起的文学家族又不长久，一些中上层家族即原来的庶族平民中的优秀者就成为最有希望的了。不过，旧士族后劲不足是相对于东晋南朝时期而言的，毕竟还有一定的基础和实力；中上层家族刚刚发力，根基还不够厚实；所以谁也取代不了谁，只能是各个阶层中的精英相互融合，共同组成一个新的精英阶层。

（二）士庶融合与新型士大夫阶层的形成

前面所举的各方面的例子都是某一个家族的"家史"，都属于个案的考察；在实际历史过程中，这些个案并不是孤立的，而是各个社会阶层的"结构性流动"即整体性流动。有关论著已经注意到，对研究科举制度下士族命运最有启示意义的，是社会学中的社会分层和流动理论。② 社会学上讲的社会阶层，尽管也是指的分配过程中所形成的利益群体，但不同于以往的阶级或等级的含义，不再把经济地位作为唯一标准，而是泛指在财富、权力和声望等各个方面处于相近地位的人所构成的"地位群体"。士族和庶族就属于这样的阶层，他们有财富、权力和婚配方面的差别，更主要的是精神层面的文化（家学）和声望（门风）的不同；如本文开头所说，士族不只是财富贵族、特权贵族，也是精神贵族。

社会阶层具有流动性特征，无论个人或群体都有向上流动的追求，庶族阶层总是力图通过自己的努力跻身士族阶层，士族阶层则希望走向更高、至少不能下滑。原来主要通过事功、军功甚至暴力的途径来实现这种追求，科举制度则为他们提供了一条文明优雅的畅通渠道。我们所看到的科举制度下某个个人飞黄腾达的例子，实际上也是某个家族或社会阶层的

---

① 黄宽重：《宋代的家族与社会》，第176页。"博物"指宋代兴起的金石学。
② 最早注意到科举制度与社会阶层流动的关系的，是潘光旦先生和费孝通先生的《科举与社会流动》一文，载《社会科学》第四卷第一期，1947年。他们主要是讲的明朝的情况。探讨唐宋时期有关问题的主要有前揭黄宽重《科举制度下家族的发展和演变——以宋代为中心的考察》一文和《宋代的家族与社会》一书的结语部分。

地位的上升过程。胡如雷先生指出，科举制度并不排挤士族，而且士族在考场竞争中具有文化上的优势；科举制度剥夺的只是士族垄断仕途的权力，同时又发挥利用了他们的文化优势。① 西方学者也发现，科举制度并没有后来"人们赋予它的那么大的重要意义，……传授知识的条件决定了只有富家和望族的子弟才有可能在这个进入仕途的途径中得到好处"②。以往的估计有些偏颇，也有些高了。

科举制度的本意是给各个阶层提供向上流动的机会，广泛吸纳各个阶层的人才，使"天下英雄"都进入皇家的"彀中"，共同组成一个新的精英阶层，以便"保持一个不断更新着的富有朝气的官僚队伍"③；也就是说，是用科举考试的方式对原有的精英阶层进行一番吐故纳新式的筛选，把已经落后了的淘汰出局，把新涌现出来的精英吸纳进来，共同组成新的精英阶层。这种筛选并不是要一方淘汰一方胜出，双方都有人胜出或被淘汰，新组成的精英阶层中既有士族也有庶族。通过科举的筛选，"过去士族中没有发展前景的部分被去除了，有发展前景的则在通过科举考试之后继续留在士族行列"；在这个过程中，"与其说这是士族阶层被瓦解，不如说这是士族阶层的社会基础在扩大"④。这种吐故纳新式的筛选不是一次性完成的，而是一个不断进行的过程，每个人每个家族都有重新出局或被吸纳的可能，宋朝人说"莫倚文章庇子孙"⑤，有了家传的学问也不能一劳永逸，很容易因"不第"而中断，所以争取科考及第成了保持门第不坠的重要途径。⑥ 有人说以前是贵人少福人多，宋代相反，士大夫升官很快，新贵人很多；"忽罢去，但朝官耳，不能任子孙，贫约如初"，所以说福人少了。⑦ 科举功名不能世袭，科举制度下各个阶层的流动比以前

---

① 胡如雷：《隋唐五代社会经济史论稿》，中国社会科学出版社1996年版，第307—308页。
② ［法］安德烈·比尔基埃等主编：《家庭史》第一卷，袁树平等译，生活·读书·新知三联书店1998年版，第709页。
③ 王日根：《中国科举考试与社会影响》，岳麓书社2007年版，第65页；陈秀宏：《唐宋科举制度研究》，北京师范大学出版社2012年版，第150页。
④ 王日根：《中国科举考试与社会影响》，第4—5页。
⑤ 文莹：《湘山野录》卷下。
⑥ 傅璇琮：《唐代科举与文学》，陕西人民出版社2002年版，第442页。
⑦ 邵伯温：《邵氏闻见录》卷一六。

频繁了。

　　唐宋时期士庶阶层的流动，即精英阶层不断吐故纳新的筛选标准，首先是科举考场上的本事——文化，也叫学问，这样，家学背景的优势便凸显出来了。虽然有不少的例子反映平民乃至贫民子弟在科举考试中一举成名，家庭家族也因之改变了处境，每个例子也都有其真实性，但这都是因为稀少而被记载下来的（同样道理，古人经常讲的富贵子弟败家的例子可能也是少数，也是为了起警示作用而夸大成了普遍现象），类似于现代的新闻，具有猎奇性质，不是通常情况；通常的情况是"科第之设，草泽望之起家，簪绂望之继世。孤寒失之，其族馁也；世禄失之，其族绝矣"①，士庶都离不开科举。不过，科举考试的主力始终是那些有家学背景的士族子弟。对此，有学者说得很透彻，"科举考试看似公平，每个人都有机会参加考试，也都有机会中举，但实际上仍是富族和士族的游戏"；退一步说，"一个读书人可以在经济上是穷人，但如果在所有资源上都是穷人，其能入仕是难以想象的"②。开头起家是这样，后来的保持和发展更是这样。表面上看，长盛不衰的家族是因为有世袭的政治特权和丰厚的资产，内里则是因为家学和门风，更深层次上看，则要依靠优秀的遗传素质了。

　　这些士族子弟原来主要靠恩荫入仕，科举制度创行以后恩荫成了辅助方式，他们的特权被削弱了；不过，科举制度的本意并不是要阻断他们的仕途，而是设置了一套通过文化考试来选择的办法，他们入仕也必须走程序了，而且是实实在在的程序，不是形式和过场。由于有家学背景，他们不只是考经学的时候占优势，考文学的也有不少士族子弟。到唐朝中后期，士族子弟参加科考的越来越多，本来可以通过恩荫方式补上去的也愿意到考场上一试高下，如同有人在诗中描写的那样："文章世上争开路，阀阅山东拄破天！"③ 士族子弟几乎把有限的名额都占据了。

　　唐穆宗长庆元年有人抓住科考中的请托、走后门之类的事向皇帝告

---

① 王定保：《唐摭言》卷九《好及第恶登科》。
② 廖寅：《宋代两湖地区民间强势力量与地域秩序》，人民出版社2011年版，第40、23页。
③ 王定保：《唐摭言》卷一二《自负》引郑仁表诗。

状，揭发所录取的33名进士中有14人"皆子弟，艺薄，不当在选中"。穆宗让这14个人复试，刷下来10个人。①唐武宗会昌年间又出了同样的问题，武宗没让复试，只是下令重新评阅了试卷，被告发的5个人中有4个被刷掉了。不过，告状的人本来是要以此来限制旧士族子弟参加科考，结果却相反：被刷下来的这些人多数是现任官员的新贵子弟，并不是旧士族家庭出身的。②武宗为了防止再出现类似的问题，规定"凡有亲戚在朝者，不得应举"，这就是所谓"不放子弟"，即限制现任官员子弟参加科考的规定。时间不长，连武宗也觉得"不放子弟，即太过"，解除了禁令。③不限制新贵子弟，当然更不限制旧士族子弟了。

宋代对上层官僚子弟的考核比较严格，为了公平起见，还废止了唐代官员向主考官举荐人才的"公荐"制度，完全以考场成绩为依据。开宝元年主持科考的李昉开后门，引起落第士子告状，赵匡胤便用殿试的方式进行复试，还专门规定"自今举人凡关食禄之家，委礼部见析以闻，当令复试"④，复试现任官员子弟成了定制，一度出现了"执政子弟多以嫌不敢举进士"的情况。⑤不过，这只是为了公平，并不是限制这些官员子弟参加考试。

不论有什么样的限制，在科举考场上走得最顺畅的，总是那些有家学背景的士族子弟，新崛起的文学"异材"不长久，一些弃武习文的军将子弟在科场上也不如意，前面提到的那位被讥讽为"瞎榜"的进士陈若拙，不只是没有家学渊源，而且还是个军将的后代。⑥柴荣的后人在北宋时期受到特殊的庇护，由于自己不重视文化教育，长进不大，甚至没有出

---

① 《旧唐书》卷一六八《钱徽传》、卷一六《穆宗纪》。
② 吴宗国：《唐代科举制度研究》第十一章，辽宁大学出版社1997年版。
③ 范摅：《云溪友议》卷中《赞皇勋》。关于"不放子弟"禁令的实行情况，参龚延明《中国古代职官科举研究》，中华书局2006年版，第351页。
④ 《长编》卷九，开宝元年二月癸巳。李心传《建炎以来朝野杂记》甲集卷一三《复试权要子弟》说这是"太祖之法也"，到南宋时期还坚持这样做。
⑤ 叶梦得：《石林燕语》卷八。
⑥ 前揭徐红《北宋初年进士研究》第四章第四节专门对陈若拙的出身和仕宦作了考察，认为其仕途不畅的主要原因是"寡学术"。其实，陈若拙自幼好学，而且科考是第二名，关键是出身武门，没有家学背景而为人所轻。

现科考入仕的子弟。① 宋代很多武功出身的人为了洗刷没有文化的耻辱，也希望子孙读书成为文人，很多军将的子弟走上了科举入仕的路子，而且不愿考武举武选，都尽量去考进士。有学者考察发现，② 北宋初期军将子弟由武转文的过程呈现出两个特征，一是转变的只是庞大家族中的某个支系，不是整体转化，转化之后往往形成横跨文武二途的家族。二是至少需要三四代人的时间，大都是到北宋后期才完成转变。譬如赵匡胤的第五代孙赵令畤写了《侯鲭录》，并且在第五卷用整卷的篇幅考证了崔莺莺的故事，成了典型的文人骚客；还有岳飞的孙子岳珂，写了《金佗稡编》《桯史》等作品。都已经是南宋时期的事情了。

军将的后代弃武从文之初，在科举考场上的成绩并不理想，"其情况一如文人领军，败北者多"③；即使考取了仕途也不顺畅，很难保持家族的常盛不衰。④ 其中的根本原因是起点不一样，这些弃武从文的军将子弟没有家学背景的熏陶，又缺乏读书科考所必需的智商。智商是祖上遗传的，是先天的，后天的努力只能增加知识和智慧，增加不了智商；优越的环境也只能促使智商的挖掘和发挥，不能从根本上改变一个人的智商水平。就像弗洛伊德说的，"生物性即命运"⑤，决定命运的智商是先天遗传的。那些有着长期文化积淀和优秀素质遗传的士族子弟，不仅考场上适应性强、仕途上走得顺畅，即使一时受挫潦倒也比较容易翻身，"因为他们的先人已具备各种条件，……可能一时贫困，但是逆境既迁，贫犹得富，与常人毕竟不同"⑥。这里所说的"各种条件"不只是经济实力和政治权

---

① 王善军：《特权庇护：宋代的邢州柴氏家族》，载姜锡东主编《宋史研究论丛》第十一辑，河北大学出版社2009年版。

② 前揭姜勇《允文允武——北宋家族文武转化探析》。该文指出，宋代并不只是"文不换武"、由武转文，也有很多由文转武的家族。

③ 柳立言：《宋初一个武将家族的兴起——真定曹氏》。

④ 王德毅：《宋代成都宇文氏族系考》，载《台大历史学报》1991年第16期；何冠环：《宋初外戚将门陈州宛丘符氏考论》（提纲），中国宋史研究会2006年年会论文；赵龙：《宋代徽州程氏家族进士考论》，载《江西师范大学学报》2009年第2期。论者所考察的成都宇文氏、陈州符氏和徽州程氏都是唐宋时期由军功起家，子弟弃武习文，走科考仕宦之路的，都走得不太顺畅。

⑤ 珐宇：《弗洛伊德传——精神世界的伟大开创者》，新世界出版社2016年版，第2页。

⑥ 田余庆：《东晋门阀政治》，北京大学出版社1991年版，第351页。田先生是就东晋时期的门阀世族而言的，唐宋时期的士族也应该是这样。

势，也包括家学背景和遗传素质。弃武从文的军将子弟属于"常人"，显然缺乏这种背景和素质。

既然文学"异材"不可传代，为什么唐代后期开始却有一些进士的后代连连考中，成了进士家族、新士族呢？其实，所谓"异材"应该是指特殊的文学才华，考中进士的并不都是"异材"，多数还是普通的人才，真正的文学"异材"反而难以考中，李白、李贺且不说，杜甫、温庭筠坎坷的科考之路就足以证明。这些进士的后代可能比不上乃祖乃父，毕竟高于普通家庭出身的人；加之入宋以后经学成了考试的主要内容，名额也多了，即使不是"异材"，中等以上的才气加上用功苦读，考中的机会也就多了。

尽管我们一直试图把士族子弟、庶族子弟分开考察，实际上很难分清楚，有的论著勉强分开或者计算出两者的比例变化（详后），也难免会有概念混乱、史实不清的问题。因为随着士庶的融合，双方的标准也开始交叉混杂，加上时间的推移，他们的子孙的身份已经很难严格区分了。

最初的士族是有世袭特权的门阀，有公认的发祥地即地望，士族也因此称为"地胄"；庶族没有政治特权，也无所谓门第，所以又称为"孤寒""寒门"。陈寅恪先生指出，从南北朝到唐初高宗武则天时期，士庶两个阶层的这些标准已开始交叉，越到后来变化越大，尤其到唐末懿宗僖宗的时候，既往的各种标准已经"尽决藩篱"了。① 这其中除了科举取士的冲击作用，还有一个直接的影响因素，即谱牒的改编。

与宋代以降的族谱不一样，唐代以前的谱牒不是所有的家族都有，主要是上层贵族才有；也不是为了界定血缘关系和敬宗收族，而是为了标示政治等级，便于选官和婚配。唐太宗修《氏族志》、武则天修《姓氏录》，就是为了抬高李家和武家的地位；最重要的影响却是改变了划分士庶的标准，"不须论数世以前，止取今日官爵高下作等级"，甚至具体化为"皇

---

① 陈寅恪：《元白诗笺证稿》，第83、93页。这种现象越到后来越明显，到明朝所有士大夫官员的家族都可以称为"望族"了。见钱茂伟《明代的科举家族：以宁波杨氏为中心的考察》，中华书局2014年版，第3页。

朝得五品官者，皆升士流"①。唐中宗到玄宗时期又重新编过一次，只是剔除了武家，仍然保留了进入士流的五品之家。这表明，科举考试也好，改编谱牒也好，并不排斥士族阶层本身的存在，只是想抑制士族阶层中的某些旧人物，以皇室新贵作为士族阶层的主体；运行的结果却并不完全符合其初衷，不是皇室新贵，而是科举入仕者成为了士族阶层的主体。

那些本来没有世袭特权，祖上也不显贵，最近一两代才通过科举入仕的五品以上的官僚，在唐朝也算是士族了；他们本来出身庶族平民，一旦数世通显，跻身官僚队伍时间久了便会产生贵族意识，开始追求他们原来所反感的等级特权，"与崔、卢、李、郑、王等旧姓的情况完全相同"了。②宋代士大夫的后代也是这样，范仲淹的儿子范纯仁先是靠恩荫得官，后来又参加了科考，在评论进士入仕和恩荫得官的优劣时说，"以进士为胜，以资荫为慊者，此自后世流俗之论，致使人耻受其父祖之泽，而甘心工无益之习，以与孤寒之士角胜于场屋，侥幸一第以为荣"③。已经完全是唐朝后期李德裕等人的口吻了。以往人们只是关注唐代士族与宋代士大夫的不同特点，近年来，有学者注意到了二者的相同之处，因此把宋代这些科举起家的士大夫家族称为"望族"，认为他们与以前的士族一样，无论是"外部特征、家法规范以及能够享受到的政治特权，颇多相同或相似之处"④，是很有见地的。

这些人甚至也模仿原来的士族确定了自己的地望，开始自称有"地胄"了，其实正像欧阳修所说的，"近世士大夫于氏族尤不明，其迁徙世次，多失其序，至于（自称）始封得姓，亦或不真"⑤，大都属于牵强附会。同时，有些真正的士族出身的人，由于种种原因科考和仕途不顺、门第衰落，不好意思再以传统的地望相标榜，甚至自嘲为像庶族寒门一样的"孤寒"了。李德裕在唐朝末年被贬流放之后这些人没有了依靠，"三百

---

① 《旧唐书》卷六五《高士廉传》、卷八二《李义府传》。
② 胡如雷：《隋唐五代社会经济史论稿》，第311页。
③ 《三朝名臣言行录》卷一一《丞相范忠宣》。
④ 张兴武：《两宋望族与文学》第一章第二节，人民文学出版社2010年版。
⑤ 《欧阳修全集》卷四七《与曾巩论氏族书》。

孤寒齐下泪，一时南望李崖州"①，这些以"孤寒"自嘲的人，主要就是得到过李德裕关照的士族中的不得志者。士庶标准已经混杂了。

　　面对士庶的流动和融合，特别是士庶标准的变化，当时的人们感到有些茫然，不知如何是好，比如杜牧，主张科举取士应该不分士庶，唯才是举；但是，面对父祖刚入仕、没有家学根基的"浮浪轻薄"的新贵子弟，和有"圣贤才能"传统的"公族子弟"，到底该用谁他自己也说不清楚了。②一个叫李积的人倒是干脆，既有传统的士族身份又是进士出身，认为科考得到的官爵不如传统的族望高贵，在与朋友交往的书札中唯称"陇西李积"，不署进士和眼下的官职。③但是，恪守这种价值观念的人已经不多了，同样有门第背景又是进士出身，时称"门第第一、文学第一、官职第一"的李揆则是两头通吃，"若道门户有所自，承余裕也；官职，遭遇尔"④，都是天命和运气，无所谓高下了。据陆游讲，北宋初年士大夫交往的时候通报身份，用类似公文的"门状"，要写上父祖的官爵和自己的出身，元丰以后兴起了"手刺"即手写的名片，"前不具（父祖）衔，止云某谨上，谒某官，某月日"；还有"旧制丞相署敕皆著姓，官至仆射则去姓，元丰新制以仆射为相，故皆不著姓"⑤。尽管陆游说的有些绝对，⑥也确实有这种变化趋势。这些变化尽管有各自的具体原因，与唐代以来士庶融合的趋势打通来看，确实是对门第出身越来越不重视，有家世不如有家学了。

　　前面曾提到的唐朝后期科考中"不放子弟"的问题，所谓"子弟"到底是指传统的士族子弟还是科考入仕的新贵子弟，前后的表达也不一致：唐穆宗长庆元年被告发的 14 个受请托走后门的"子弟"，实际上不

---

①　王谠：《唐语林》卷七《补遗》。王定保《唐摭言》卷七《好放孤寒》说是"八百孤寒齐下泪"。
②　王力平：《中古杜氏家族的变迁》，第 306—307 页。
③　李肇《唐国史补》卷上。
④　王谠：《唐语林》卷四《企羡》。但《旧唐书》卷一二六《李揆传》说他"自恃地望"，看不起"地寒"的元载，讥讽他是"龙章凤姿之士不见用，獐头鼠目之子乃求官"，反映出当时这种矛盾混杂的价值观念。
⑤　陆游：《老学庵笔记》卷三、卷四。
⑥　赵彦卫《云麓漫钞》卷三说宋代仍然有重视门第族望的，"谒刺之属显然书之，至于封爵亦如是"。从大趋势看，陆游说的符合宋代的实际。

是旧士族子弟，而是现任五品官以上的新权贵子弟，他们中的多数人祖上没官职，从父辈开始发迹才不过二三十年的时间；① 李德裕为了劝唐武宗解除"不放子弟"的禁令，讲的那段关于"公卿子弟"最适合当官、"子弟成名，不可轻矣"的著名的建议中，"子弟"指的是旧士族子弟；唐武宗所说的"不放子弟"到底是指旧士族子弟还是新权贵子弟，好像是都包括。还有，唐朝中后期有人讲，科考中存在"势门子弟，交相酬酢；寒门俊造，十弃六七"的现象，② 前者是现任高官子弟，后者则是泛指现任中下级官员子弟和没有官职的平民子弟；北宋初年赵匡胤说"向者登科名级，多为势家所取，致塞孤寒之路，甚无谓也"；宋太宗说参加科考的那些官员子弟"斯并势家，与孤寒竞进，纵以艺升，人亦谓朕有私也"；以及此时的上书者说的"阀阅之家不当与寒士争科第"③，含义已经很明确：所谓"势家""阀阅"指当朝高官之家，"孤寒""寒士"指中下级官员和平民，都是以当朝的任职情况来区分的，不是原来的阀阅、孤寒的意思了。

这是一种表面上乱、实际上变的过程，表明士庶两个阶层流动加快，士庶"逐渐在政治上走向平等，二者间的界限日趋泯灭"了。④ 流动、融合的结果不是谁吃掉谁，也不完全是庶族阶层的上升或旧士族的复兴，而是两个阶层中精英分子的合流，共同组成了新的士族阶层，也可以说是完成了旧士族的吐故纳新式的更新——脱去了浮华的表层，抛弃了无关紧要的东西，留下了本质的要素。更新后的这个士族阶层，就是以读书人的身份通过科举考试入仕的文职官员——士大夫，⑤ 成了宋代官僚队伍的主

---

① 吴宗国：《唐代科举制度研究》，第 237—239 页。
② 《旧唐书》卷一六四《王播传附弟起传》。
③ 《长编》卷一六，开宝八年二月戊辰；洪迈：《容斋四笔》卷一三《宰执子弟廷试》；《宋史》卷二四九《范质传附兄子杲传》。
④ 胡如雷：《隋唐五代社会经济史论稿》，第 312 页。并参陈秀宏《唐宋科举制度研究》第三章《科举制度与唐宋社会结构的变动》，北京师范大学出版社 2012 年版。
⑤ 对于唐宋时期"士大夫"的含义，《中国大百科全书》的中国历史分册、《中国历史大辞典》的宋代分册等都没有讲；《辞源》中的"士大夫"条只讲了先秦时期的含义。近年来有学者指出唐宋时期的士大夫已经成为政治精英与文化精英的合称，尤其宋代，士大夫已经专指科举入仕的文人官员，以与荫补上来的官员和武臣相区别。

体。这个新型士大夫阶层与此前凭恩荫或军功上来的官员不同，具有较高的人文素养和社会责任意识，是一个有着生机和活力的社会阶层。这也正是科举选士的初衷。

有学者统计过唐宋两朝进士的出身情况，可以辅助说明士庶两大阶层流动、融合的过程和结果。[①] 毛汉光先生考察了两《唐书》上所记载的380名进士的出身，按传统的士庶标准分成三类：士族占66.2%，小姓占12.3%，寒门出身的只占21.5%，士族子弟占了2/3以上，因为"小姓"中也包括一些没落的旧士族，[②] 门第出身的占多数。清河崔氏也是这样，有唐一代崔氏有确切记载的入仕者中，走科举路子的66人，走门荫之途的只有18个人；在崔家出的13位宰相中，除了1人属于门荫入仕外，4人情况不明，有8个人是科考上来的，[③] 也是走科举之路的占多数。西方学者也提供了一组数字：在唐朝后期的672个高级官员中，2/3是贵族家庭出身，"寒士"只占13.8%；宋代819个高级官员中，来自贵族家庭的只占23.4%，有46%来自"贫寒"人家，[④] 另外还有来自中小家庭的。

这里所说的宋代的"贫寒"家庭又是用的原来的意思，指没有祖上的高官贵族背景，近几代开始发迹的科举入仕的新贵——类似于唐代的现任五品官以上的新士族家庭。这是一个值得特别注意的阶层，既不是原来的士族，也不完全是原来的庶族，是士庶两个阶层在科举考试中脱颖出来的那些精英的会合，是在士庶两个阶层的流动、融合过程中形成的新的士大夫阶层；其中的主角，仍然是有家学背景特别是经学传家的士族子弟。

就以上的统计情况来看，可以肯定，到北宋时期已经完成了士庶两大阶层的融合和士族阶层的更新。考虑到陈寅恪先生一再强调唐初高宗武则

---

① 考察唐宋时期士庶阶层的流动，数量统计并不能说明根本问题，因为所依据的资料很不完整。周腊生统计状元出身发现，唐代251名状元中只有73人可以知道出身，宋代的118名状元中只有57人可以找到出身的记载。见《唐代状元奇谈》（第143—149页）、《宋代状元奇谈》（第202—205页），分见紫金城出版社2002年、1999年版。普通进士的资料更散乱，何冠环分榜考察北宋的进士，发现太平兴国三年共取74人，姓名、事迹可考的只有十余人。见《宋初朋党与太平兴国三年进士》，中华书局1994年版，第99页。
② 毛汉光：《中国中古社会史论》，第334—335页。
③ 夏炎：《中古世家大族清河崔氏研究》，第122页。
④ ［法］安德烈·比尔基埃等主编：《家庭史》第一卷，袁树平等译，第710—711页。

天时期士庶标准发生了重要变化，还有前面提到的唐朝后期"不放子弟"争论中"子弟"含义的模糊混杂，士庶阶层的融合和士族阶层的更新应该是一个过程，这个过程在唐朝前期已经开始，到唐朝后期就基本完成了，北宋前期只是继续这个趋势，巩固这个成果而已。

四　结语

本文考察科举制度下的家学传承情况和士庶融合的历史过程，是想说明士族阶层在唐宋时期不完全是衰落，而是分化——有的衰落了，也有的凭借世代相传的家学优势和优秀的遗传素质、通过科举制度继续走着仕途，并且与庶族阶层中的精英相融合，形成了新的士大夫阶层，也由此完成了士族阶层自身的更新。

这篇论文是在"唐宋变革说"的启示下写成的。一个世纪以前，日本学者内藤湖南先生提出了"唐宋变革"的问题，国学大师王国维先生则把唐朝作为"古世"的结束，宋朝作为"近世"的开始。[①] 本文试图从一个特定的角度具体观察一下这个"变革"，重新思考一下"古世""近世"的本义。

从以上所考察的士庶融合、士族更新与士大夫阶层的形成过程，结合经学史上的汉学到宋学的转变来看，"唐宋变革"的确有从"古世"到"近世"的特征和意义：宋人治经的时候越过汉唐时期的诠释，直接从"古世"的原典入手，类似于欧洲文艺复兴时期越过中世纪，直接与古希腊罗马文明的对接；也就是说，可能在宋人看来，先秦时期是真正的"古世"，汉唐时期类似于我们后来所说的中世纪，宋代则是续接"古世"，是"近世"的开端。众所周知的陈寅恪先生对宋代文化的高度评价，直接受王国维先生"古世""近世"说的影响，其深层的含义应该也在这里。只是他们过于推崇文化的作用，把文化与社会等同了。

[①] 王国维先生所说的"古世"是古代，"近世"是近代；日本学者所指则是奴隶制和封建制，已经不是王先生的本意。现在学界所说的"中古"是个时间段，具体指魏晋到隋唐时期。

认同这个看法，需要越过"欧洲中心论"的认识障碍，不再固执地认为启蒙思潮只能出现在十四五世纪以后。应该看到，由商而学而官的现象到明清时期才多了起来，此前好像还没有，所以，汉唐时期由世族到士族，再到宋代的士大夫，演变的实质是由军功到官爵再到文化，走的是合乎逻辑的进化路径；宋代士大夫阶层的形成标志着趋文风尚的完善，赵匡胤的崇文抑武并非权宜之计，而是一种必然。这些都与理学的启蒙思潮相辅相成，陆九渊的心学学派开始注重内心自省，与后来王守仁的"心学"、李贽和龚自珍的"童心"一样，都是在启迪自我意识，有着启蒙的思想意义。

最后，附带说一下家学在宋代以后的情况。

传统的家学是春秋战国时期开始出现的，经过两汉时期的发展，在魏晋南北朝隋唐时期达到鼎盛，宋代以后就开始分化和衰落了。[1] 本文主要考察的是家学鼎盛时期的唐代，以及开始分化的宋代的情况。家学衰落的原因，主要是经学发展到宋学阶段以后层次高了，"性理之学必须有所授，然后名家"，[2] 需要名师传授，家传已经不再是主要途径了。元代的吴师道说，所谓"世家"本来以世官、世学和世艺而闻名，当时已经主要是世官和世艺家族，"世学者最鲜"了。[3] 有学者认为，到明清时期已经基本上没有了陈寅恪先生讲的唐代以前那种"家世之学"了。[4] 也有学者认为不完全是这样，直到清朝前中期，东南一带还在秉承古老的家学传统，尤其是"经学方面颇有建树的名家，很多来自于少秉庭训"，仍然是由近亲组成的经学传承关系，以至于有人说当时"有家学无国学"[5]。总的看来，家学传承的势头已经不如唐宋时期了。

这只是学术传延方式的变化，家传少了，家学一直是存在的，人们对家学和门第仍然很崇尚。元代任用官员重视家世出身，称为"根脚"，有

---

[1] 郑强盛：《中国传统家学：文化史研究的新领域》，载《华夏文化》1995 年第 5 期。

[2] 周密：《癸辛杂识》续集上《罗椅》。

[3] 吴师道：《礼部集》卷一七《马氏家谱序》。

[4] 赵园：《制度·言论·心态——明清之际士大夫研究续编》，北京大学出版社 2006 年版，第 214 页。

[5] 陈居渊：《18 世纪汉学的建构：家学传经》，载《中国社会科学报》2014 年 2 月 24 日哲学版。

官宦和文化背景的称为"大根脚",普通的没有官职的学问之家归入"儒户",这些"儒户"的社会地位并不像通常认为的那样低下,实际上也是一种"根脚",因为这种"儒户制度对士人阶层的延续却有不少助力。元代江南士人大多列为儒户,儒户享有不少优待,儒户制度遂成为宋朝科第官宦世家的家学家风延续之保障"了。① 苏天爵的《滋溪文稿》总共三十卷,有十五卷是碑志,志文中"公世儒家"和"家世为儒"之类的话比比皆是。陈寅恪先生晚年所著《论再生缘》,极力称赞明末清初陈端生的自尊自立精神,专门指出,虽然她只是个"髫龄戏笔之小女子",却是书香门第出身,祖父陈句山的文章名气"望重当时",父亲陈玉敦也是学者,所以"端生在幼年之时,本已敏慧,工于吟咏,自不能不特受家庭社会之熏习及反应";她能"以才华文学著闻当世,则句山家教之力也"②,是有家学渊源的。

民国初年刘禺生在《世载堂杂忆》的《清代之科举》中,把清朝科考读书的士人分为书香世家、崛起和俗学三类:

> 当时中国社会,读书风气各别,非如今之学校,无论贫富雅俗,小学课本教法一致也。曰书香世家,曰崛起,曰俗学,童蒙教法不同,成人所学亦异。所同者,欲取科名,习八股之试帖,同一程式耳。世家所教,儿童入学,识字由《说文》入手,长而读书为文,不拘泥于八股试帖,所习者多经史百家之学,童而习之,长而博通,所谓不在高头讲章中求生活。崛起则学无渊源,俗学则钻研时艺。春秋所以重世家,六朝所以重门第,唐宋以来重家学家训,不仅教其读书,实教其为人。此洒扫、应对、进退之外,而教以六艺之遗意也。

---

① 萧启庆:《元代史新探》,(台北)新文丰出版社1983年版,第36页;又见《清华历史讲堂初编》,生活·读书·新知三联书店2007年版,第218页。萧先生讲的"宋朝科第官宦世家"即士大夫阶层,称之为"世家",是因为他们与原来的士族一样有世袭的特征。其实从唐朝后期开始,科举入仕的新官僚已经是这样了,参见吴宗国《进士科与唐朝后期的官僚世袭》,载《中国史研究》1982年第1期。与唐代以前旧士族不同的是,宋代士大夫阶层的世袭不是制度性的规定,是家学优势与科举制度相结合而形成的事实。

② 陈寅恪:《寒柳堂集》,上海古籍出版社1980年版,第57—62页。

在《清代之教学》中刘禺生又说，有家学渊源的人大都从事经史等传统的"有用之学"，既"不为举业所限制"，更不随波逐流学那些实用性的理工科目。刘禺生主要是看不起传统的科举考试方式，同时也流露出最看重书香世家，看不起没有家学根基的新崛起的文人，尤其看不起搞实用技术的"俗学"。这是当时读书人的看法。民间习俗也是如此，宋代以后普通家族修族谱，在开头的"谱序"部分追述家族历史，大都讲自家的始祖做过大官、有大学问或者有卓行有名气，甚至直接追寻到历史上某个同姓的大人物如刘邦、赵匡胤、朱熹那里……这些记载虽然是攀龙附凤，大都不可靠，却反映出了真实的世俗心态。这是一种门第、血统和学问的综合性崇尚观念。门第血统观念本来是引导社会分层、阻碍社会流动的因素，由于"家"与"学"连在了一起，科举制度又把"学"与"官"连在了一起，人们在崇尚门第血统的同时更崇尚家传的学问，结果就促进了士庶阶层的流动。

附 录

求学三忆

尽管人均寿命在增长，我们这一代学人的学术生涯会比老一代短得多，到60岁的时候就该给自己做点儿总结了，所以把前几年写的三篇回忆求学历程的文章整理了一下。

我这辈子没有离开学校，一直读书教书写书。教书写书乏善可陈，单就读书来说，这三篇回忆也是掐头去尾，只写了从高中到硕士研究生阶段的读书情况。之前的小学初中正值"文化大革命"前期的混乱年代，没读多少书，没啥可写的；硕士毕业多年以后又读过博士，年龄大了，混学位，不好意思写。尽管从小学到博士该上的学都上过了，能写的也只是高中、大学和硕士研究生三个片段。

一 "文化大革命"后期新河中学的记忆

我与新河中学有着特殊的缘分。上个世纪50年代初，这是一所县立初级师范学校，我爷爷在学校管总务，父亲和母亲都在这里读书，改成中学以后父亲还在这里教过书。我来这里读书和工作的时候，已经是我们家的第三代了。在新河中学的五年，是我最难忘的一段时光。

（一）渐趋安静的校园

新河中学原名"河北新河中学"，是省属重点中学，"文化大革命"期间改为"新河县东方红中学"。1968年原来的学生全部离校后，停顿了两年，1970年开始恢复招生，只招两年制的高中班，我们是七三级，是1973年年初入学，1975年年初毕业的。

那几年中小学的学制很乱，原来小学分初小四年、高小两年，称为"完全小学"；后来学制缩短，初小高小合并，改成小学五年制。我1964年暑假后开始读小学，应该在1969年小学毕业升初中，由于学生太多，初中容纳不下，就让我们又读了一次五年级；加上改为寒假始业，到1971年年初才读完了小学。在城关公社初中读了两年，1973年年初升入新河中学读的高中。

我们那一年升高中是经过考试的，类似现在的中考，只是简单得多，数学、物理和化学一张卷，政治、语文和英语一张卷，语文就一个作文题，"记一个三好学生"。考试成绩没有公布，我们也不在意，能上就行了，因为还不是完全按分数录取，农村的同学还要有大队和公社的推荐，家庭出身有问题的成绩好也不行；县里的干部职工子女不用推荐，考好考不好都能上。现在看来，这个时候的考试科目和内容过于简单，程序也很不规范，毕竟是恢复招生考试了。对我们这一届同学来说，这也是第一次参加正式升学考试。

我读小学和初中的学校就在新中的对门，曾经是新中校园最南边的三排房子，1963年洪灾后被新开的南大街隔开了。"文化大革命"刚开始的那两年，我们经常到新中校园里看批斗会，看"革联"和"战斗团"两派学生的辩论。新中校园坐落在城内东南部，按当时存留的旧城墙来看，校园占据了县城面积的1/5以上。坐北朝南的木结构的大门，红漆斑驳，像过去的旧牌坊，横匾上是用当年流行的"毛体"拼成的校名"河北新河东方红中学"。教室和宿舍是五六十年代的白灰砖瓦房，起脊尖顶，从南到北共九排，一排二十多间，由南北贯通的两条甬道分隔成三个部分，院子宽敞通透，整洁有序。校园的中部是小礼堂和伙房，还有一口早年的水井，砖砌的井台旁边竖着一个高高的木头架子，吊着一口铁钟，上下课有工友按时敲钟。县城小，清脆的钟声整个县城都可以听到。

我们入学的时候已经是"文化大革命"的第七个年头，混乱阶段早就过去了，校园里的秩序已经恢复。学校有了校团委和学生会，各班有团支部和班委会；每个班又分成六个小组，周一到周六轮流值日打扫卫生。政治空气依然很浓，不过，早就没有了大字报，也没有了"天天读"之类的功课，已经比较正规地上课了。跟"文化大革命"以前相比，除了地理以外，所有的课程都开了，政治、语文、数学、英语、历史、体育、音乐名称依旧，物理和化学改为"工业基础知识"，生物改为"农业基础知识"。只是所有课本的开头都有一个长篇序言，不是讲这门课的特点、性质和要求，而是结合这门课的内容，批判"文化大革命"前十七年的修正主义教育路线，讲教育革命的重要意义。不知道是上边的规定，还是老师们的自觉习惯，第一节课都很认真地讲这类序言，像讲政治课那样。那些年中学的培养目标是"社会主义新农民"，毕业后全部去农村劳动，所以各门课既讲基础知识，又讲实用的农业生产技术，譬如物理课，只简单讲了讲重力加速度和电磁感应原理，主要学的是电线的安装和"三机一泵"即拖拉机、电动机、柴油机和水泵的使用方法。

当时高中已经改成了两年制，为了适应农村的生产节奏，春季始业，取消了暑假，改成了夏秋农忙假，每年三个学期。我读高中的两年六个学期中，大部分时间都是坐在教室里，按照课程表上课的。我们的班主任赵艳彩老师刚从威县赵庄师范毕业，教数学很认真，从函数讲起，每两周搞一次小测验；测验的时候先在黑板左上角写上"毛主席教导我们说：多思"，再写考试内容。可惜教我们不到一年，就因难产去世了。教化学的戴玉珍老师是天津知青，来我县插队，抽到中学教书，也是每一两周小考一次。倒是那些老教师们比较谨慎，除了期中期末，不敢随便考试。1973年秋天出了"张铁生交白卷"事件，又开始批判"智育第一"，连年轻的老师们也不敢经常考试了。

从1975年下半年开始，批判教育界的奇谈怪论、反击右倾翻案风，学校又乱了一阵子。本来河北省的中小学已经统一使用"四省市合编"的课本，为了"与修正主义教育路线对着干"，学校领导决定全部改用自编教材。老师们知道编写专业课教材不是个简单的事情，谁也不说什么。学校原来就有一些简单的自编教材，包括1974年冬天张同茂老师整理、我刻印的《农村应用文学习材料》；到这年秋假期间，全体老师一起动手，分头编写各个年级的所有的教材。那时候没条件排版，也没有打字机，只能刻蜡纸油印。一时间，我们把县城各个单位的油印机都借来了，把百货商店的白纸和蜡纸全买下了。所谓编写，其实就是从各种课本上抄，在每道练习题的正式内容前面加几句政治说教，重复、错漏很多，更谈不上知识的系统性。很多老师不会刻蜡纸，油印出来笔画轻重不一，字迹很模糊。浪费人力财力，又很不实用。

教学秩序被打乱了，政治空气也更浓了。有时候甚至有些过头，一次上英语课的时候，打扫厕所的农民拉着粪桶从窗下路过，挨窗坐着的一个同学就把窗户关上了。正在讲课的老师要她马上打开窗户，很严肃地批评她这是厌恶劳动，对劳动人民没有感情。领导知道后表扬了这位老师，说他抓到点子上了，他很高兴。其实，这位老师家是地主成分，属于有"历史问题"的老教师，离劳动人民挺远的。我知道他是在故意表现，挺可怜的。

在中学恢复招生的同时，大学也开始招收工农兵学员，中学毕业后劳动锻炼两年以上才有资格被推荐，不考试，也不要应届毕业生。全县一年才几个推荐上大学的指标，要有很硬的背景才行，一般家庭的孩子轮不上。所以，无论对谁来说，知识都不重要，当时叫作"读书无用论"，或者通俗化为"学好数理化，不如有个好爸爸"，大家都没有学习的积极性。直到1977年下半年恢复高考，新河中学的教学才重新走上了正轨。

人们可能会认为，那个年代决定前途和命运的是家庭出身；其实依我的切身体会，更重要的是户口的类别。城镇非农业户口的同学称为"干部子弟"，毕业后先"下乡"插队劳动，过两年就可以陆续回城里安排工作；农村户口的同学称为"农民子弟"，毕业后只能"回乡"种地，像父辈那样当一辈子农民。我的户口在农村，读完高中以后修了半年桥，1975年秋天又回到新中工作了三年，主要是刻印蜡纸、办专栏写标语。我自己一间宿舍，忙完学校的活，晚上可以自己看书。学校有个小图书室，保存着"文化大革命"以前的旧书旧课本，那是我看书最多最杂的一段时间。我是代课教师、临时工，每个月把35%的工资交给生产队，计工分。那时候农村特别穷，看不到出路，但我内心深处却萌动着一种信念，觉得我会有机会的，不会永远这样下去。正是这种朦胧的信念，伴随我度过了那段暗淡压抑的日子。

（二）富有个性的老师

新河是邢台地区最小的县，在六七十年代才13万人。民风比较淳朴，人们对中学的老师们是仰慕的，因为他们是大学毕业，是最有学问的。而且他们工资高，农民挣工分且不说，机关干部和正式职工平均每月30元，年轻的县委书记才 40 元，大学毕业的老师都是 50 多元。破旧的县城大街上戴手表、骑新自行车、衣服整洁的，除了中学的老师就是县医院的大夫，以中学的老师居多。学校除了正式的高中班，还有短期的民办教师培训班、体育培训班，教培训班的老师是从各公社中小学临时选来的，典型的乡村教师打扮，与新中的老师明显不一样。

至于说"文化大革命"期间教师曾被排在地、富、反、坏、右、叛徒、特务和走资派之后称为"臭老九"，我们是在"文化大革命"结束以后才知道的。我记得很清楚，是传达批判"四人帮"的文件的时候，念到毛主席说"老九不能走"，念文件的学校领导还专门把"臭老九"的意思详细地解释了一番。

任课老师有 30 多人，半数以上是大学毕业，外地人多，家属大都在原籍，平常在学校住单身，放假的时候才回老家住一段时间。本地的老师家在农村，也只是在星期六下午回家看看，星期天晚上就赶回学校了。学生的早自习和晚自习，还有早操和上午的课间操，所有的老师都要求跟班。老师们政治语文外语一组，数学物理化学一组，分组活动，定期组织听课，教学秩序开始走向正规，纪律也比较严格。具有时代特色的是，教研组长主要由党员或出身好的老师担任，不大考虑业务能力，大学毕业的老师党员少，而且大都出身不好，所以当教研组长的主要是本地中师毕业的老师。

出身不好的大学毕业的老师、有"历史问题"的从新中国成立前过来的老教师，在"文化大革命"初期曾经受到过冲击，但没有打死过人。我上高中以后，没有开过老师的批判会，出了"小学生黄帅日记"和"马振扶公社中学事件"的时候，批判修正主义教育路线，批判"师道尊严"，都是空对空，没有针对过哪个老师。有个南开大学毕业的老师与女学生发生了关系，在全县教师大会上受到点名批评，是武装部的顾政委、一位老八路讲话的时候批评训斥的，声色俱厉，这位老师并没有到台上去，也没有站起来，一直低头坐着。到这时候，老师们已经不用再心惊胆战地过日子了。只是那些被认为"有问题"的老师一直很谨慎，像河南的杨守华老师出身地主家庭，河北师院数学系毕业后分到新河中学，就与老家断绝了关系，在新河安家落户，到老都没有回去过。

现在回头看去，"文化大革命"后期新河中学的老师们并不像一些影视剧描写的那样猥琐，还是蛮有自己的性格的。

教物理的周淑静老师30多岁，南宫人，河北师院物理系毕业。我第一个想到周老师，并不是因为她有什么突出的事迹，是觉得她有代表性，最能代表她们那一代大学毕业的老师们。她家庭出身不好，表现不积极，也不落后，"文化大革命"中是逍遥派，逍遥出了一种平静的气质。她一切工作听从安排，上课、下乡下厂劳动，从不挑剔，学校似乎又对她很照顾；她对所有的人都很尊重很礼貌，真正看得起的人好像又很少。那时候不兴烫发，她不用烫，自来卷；无论上课还是外出，衣服也是当时流行的黑白蓝三种颜色，总是比别人合身整洁，显得颇有风度。她说话不紧不慢，从来不训斥学生，对学生很和气，学生也听她的话，很少跟她捣乱。前面说的那个跟老师发生关系的女生被调查期间，跟周老师住在一起，我去送东西的时候，好长时间才敲开门，女生还在抽泣，周老师轻轻地抚摸着她的头发，眼圈红红的。"文化大革命"结束后，外地的老师们陆续调回了原籍，周老师和丈夫留了下来，成了物理教师中唯一读过大学本科的，不想当"权威"都不行。可她还跟以前一样教课，活得很轻松很平静，直到退休也没有什么荣誉名号。

吴秀申老师40多岁，保定人，河北师院历史系毕业。家庭出身不好，很谨慎，很有能力，人缘也很好，据说"文化大革命"初期也没有受冲击。他业务很全面，除了英语和音乐，所有的课都能教，我们上高中后的第一节体育课，就是他给上的。不是党员当教研组长的只有他一个人，政文组和数理组都当过，而且都是出了问题的时候去当，他有眼力有方法，很快就能把关系理顺了。吴老师外柔内刚，有性格有原则，有一次跟工宣队长闹翻了，当面揭露其私自兑换学校的细粮。学校领导批评一位青年教师的时候，他仗义执言，为青年老师辩护，因此得罪了领导，全家五口人被赶到与厕所只有一墙之隔的单间宿舍里。"文化大革命"结束后，吴老师入了党，从普通老师直接提拔为文教局副局长，又当上了县人大副主任。按说，年近半百，也算是功成名就了，他却觉得这些职务太虚了，主动要求担任新中的支部书记兼校长，重新回到了熟悉的地方，创了一次辉煌。

应该说说的还有学校的副书记贾鸿茂老师，50多岁，当地人，只读过高小。妻子有精神病，孩子多，家里很脏很乱，孩子们也总是脏兮兮的。贾老师人很聪明，口才特别好，我们考高中的那天早上，他穿着破旧的厚棉衣代表学校讲话："你们冒着大雾的天气，踏着泥泞的路途，来接受党和人民的挑选……"高一的时候他兼着我们班的政治课，有一次讲到民主集中制，他说，别看书上一套一套的，你们记住我的两句话就行了：民主是群众意见，集中是领导意见；先民主后集中，就是说群众意见只是参考，最后领导说了才算数。现在看来，这个理解也够到位够精辟的。贾老师的"绝活"是开会汇报工作，去之前也不问什么内容，听一会儿就明白了，知道该说什么了，讲起来有观点有例子，甚至还有数字，比做过准备的讲得还好。每逢有老师调离的时候，他主持欢送会，开头总是说"常言道：革命需要之人本不是情愿的"，接着就赞扬这位老师，讲的都是具体事，连人家自己已经忘了的细节他也记的。当然，他也有说错话闹笑话的时候，最经典的是检查学生栽树，看着树坑说"深度够了，就是有点儿浅"；分派挖沟任务的时候批评学生"人家一个人一米，你们一个人才五尺，你们还嫌多？！"他把一米当成一丈了。

那些年讲究"开门办学"，县里有重要活动学校都要参加，老师们也经常参加全县的各种大会，平时都是在校园里平静地工作和生活。老师们的住宿环境也不错，一个人一间宿舍，校园很整洁很干净，运动场地也很宽绰。校园里的小礼堂是旧城隍庙改建的，耳房里堆放着很多泥塑的旧佛像。老工友告诉我，这个大房子有邪气，所以学校经常有人意外死亡，60年代初连续病死了三个年轻老师，其中就有我父亲；70年代中后期又病死了三个老师，年龄也都不大。不过，尽管有这些神秘的传闻，还有持续不断的运动，"文化大革命"后期的校园已经恢复了平静，老师们的政治压力小了，又没有生活和高考的压力，跟后来的中学老师相比，新中老师们的工作和生活都很轻松很优雅。

（三）政治活动和劳动

"文化大革命"期间，新河中学不设校长，学校革委会也是虚的，实行的是党支部的一元化领导。1974年年初批林批孔的时候，工宣队重新驻了进来，形成了党支部和工宣队的双重领导，类似于后来的党政两个一把手。

党支部书记郑石箱老师30多岁，邢台师范学校毕业，教英语，"文化大革命"中上去的。他当支部书记的时候运动高潮已经过去，文雅稳重，也很有威信。副书记除了前面说的贾老师，还有一位麻庆振老师，复员转业军人，不苟言笑，主管学生和共青团工作，对老师们的事情很少发表意见。另外两位支部成员，是管后勤的马长英老师，当过志愿军，大大咧咧，爱开玩笑；管教学的刘一风老师是河北师院历史系毕业的，年纪比较大，特别有涵养，干活多说话少。最厉害的是工宣队长（其实就他一个人，队长兼队员），简单粗暴，经常训斥老师们，包括他当年的班主任老师。好在时间不长，他得罪了文教局的领导，被轮换走了，新来的工人师傅稳重多了。

那几年上面总是说要把"文化大革命"不断引向深入，不断穿插一些小的政治运动，批林批孔、批资产阶级法权、评《水浒》批宋江、反击右倾翻案风、揭批"四人帮"……运动多开会就多，但大都安排在下午三四节自习和体育活动时间，很少因为开会而停课。批林批孔的时候我正读高二，参加了儒法斗争故事宣讲团，也主要是利用晚上和周末排练。带队的是教语文的杨继光老师，主讲队员是我们班的一位女同学，还有我和学校的炊事员。省领导来视察的时候我们做汇报讲演，学校特别重视，此前反复排练，叮嘱我们领导鼓掌的时候要站起来鞠躬。没想到第一个人讲完后领导面无表情，也没人鼓掌，我们以为讲砸了。后来才知道，领导视察就是这样。柏乡县开全县教师大会期间用小汽车来请我们，那是我第一次坐小汽车，很兴奋，直到1994年我写《忆旧》诗，还说到这次经历："柏乡小车来相邀，半躺半坐秋风爽。……二十年后再回首，同行四人四个样：她在邢台当记者，我是师院教书匠；编导班头继光师，十七年前已病亡；只有双锁没挪窝，还在新中蒸干粮。"杨老师是保定人，大专毕业，风度翩翩，文才口才都好，就是字写得不好。"文化大革命"结束那年的冬天得了白血病，去世的时候还不到40岁。

现在回想起来，那几年对课堂教学干扰多的不是政治运动，是劳动。本来是给学校创收挣钱，却说是劳动锻炼，是必修课。在校的两个年级八个班，每周都有一个班轮流劳动，在校办工厂烧锅炉、在面粉厂磨面，或者到城东南十几里外的申庄水库农场种庄稼。学校常年雇着两个木匠，有一套马车、一辆小拖拉机，还有一个机床车间，除了学生劳动，主要是用临时工，老师们很少干这些粗活。

全国农业学大寨会议以后的1975年秋冬季节，学校也被要求为农业大干快上做贡献，在校园里挖了很多大坑，一个班一个，用来积肥。老师们不分男女老少，一人一个粪筐一把铁锹，课下都去拾牲口粪。第二年春天，把学大寨、反击右倾翻案风和开门办学结合起来，在城西沙土岗上平地造农田，全体师生连续干了一个多月。把课堂也搬到了工地上，先干一会儿活，休息的时候一个班围成一圈，老师支起小黑板讲一节课，接着再干活。地区和省报的记者还来采访照相，作为先进典型上过报纸。这样上课当然没效果，垦荒却大见成效，昔日的沙土岗变成了二三十亩农田，成了学校的第二个农场，种上了庄稼。两年以后，党支部书记郑老师病逝了，没有送回隆尧老家，就埋在这块儿沙土岗开垦的农田里。初春时节，坟墓周围是绿茵茵的麦苗。

新河中学的东侧有个200米跑道的操场，是县城里面最大的聚会场所，开全县大会都在这里。到"文化大革命"后期，已经很少在操场开批判会了，记忆中只有一次，由中学出面组织开大会，批判一个姓史的老头儿，因为他写反动诗词，其中说"恨天无情人遭难，谢落花红有团圆"，是梦想变天；"谁摸到剪刀谁是独裁，推翻了你，我更是独裁"，要向共产党夺权。后来才知道，这个老头儿也当过小学老师。那几年我们参加最多的是县里的公判大会。"文化大革命"以来公检法实行军管，好像没有法庭，判决犯人的时候都是在中学操场召开全县群众大会，先批后判。台子上的犯人被捆绑着跪成一排，宣判示众的时候被一个个提起来，男犯扳光头、女犯拽辫子，然后又踹倒跪下，口号阵阵，特别刺激。现在想起来有些不人道。

在中学操场召开的规模最大最隆重的大会，是1976年9月18日下午毛主席的追悼会。此前有六七天的时间，我被抽到大会写挽联，上边的要求一会儿一变，我们几个人昼夜不停地写了又写，每天晚上夜宵吃面条，全用肥肉片做卤，特香特解馋。我们几个写挽联的后来发展都不错，组长梅世恩老师是北京师范大学毕业的，"文化大革命"结束不久当上了县委宣传部副部长、县委副书记和县长；张增贵老师是"文化大革命"前夕新中毕业的，在县文艺宣传队拉二胡，后来写剧本，成了小有名气的作家，描写乡村计划生育的电视剧《槐树湾》在河北电视台播出过；我在高考恢复后离开了新河中学，上大学走了。只是我们当时都没有意识到，我们正在忙碌的这件事将是中国历史进程的一大转折，也是我们个人命运的一个拐点。

二　我们"七八级"大学生活的回忆

我们年级的全称是"河北师范学院历史系七八级"，是1978年秋天入学，1982年暑假毕业的。我们是恢复高考后的第二届，前面的七七级入学和毕业都早我们半年，后来被视为一拨儿，合称为"七七、七八级"。那是一个能静下心来读书的年头，国家虽然很穷，上大学也不收取任何费用，毕业后全部分配工作；条件虽然艰苦，风清气正，大家心情都很舒畅，觉得有希望有奔头。

(一)　洋河滩上的大学

我们入学的时候，学校还在宣化城西南十几公里的洋河滩上。我们在这里读了三年，大四的时候才搬到了石家庄。

这所普通的地方师范院校曾经有过高贵的身世：最早可以攀上1902年北京的"顺天府学堂"和1906年天津的"北洋女子师范学堂"，但那都是中学的规模；可靠的谱系从大学算起的话，应该是1949年8月始建于天津的"河北天津师范学院"。1958 年从天津搬到北京,改名为"河北北京师范学院";到"文化大革命"期间的 1969 年年底,以战备的名义被赶了出来,搬到了北京西北 150 公里、隶属河北省张家口地区的宣化,称为"河北师范学院"了。

宣化曾经是塞外的军事重镇,唐代称为武州,石敬瑭割让给契丹的"幽云十六州",就包括这里;李自成进北京,也是从这里一路东下打过去的。我们入学的时候,宣化古城已经风光不再,只有鼓楼牌匾上乾隆御书的"神京屏翰"四个大字,诉说着自己往日的重要和辉煌。当时宣化的行政建制很特别,是张家口地区所属张家口市下面的一个"区",级别比市小,比县大,算是对当年"京西第一府"的一种尊重。其实,这里距张家口市区还有将近 30 公里的路程。

听老师们说,原来学校在北京的时候,为了落实毛主席"教育必须为无产阶级政治服务,必须与生产劳动相结合"的指示,给师生提供劳动锻炼的场所,就在宣化西郊的洋河滩上建了一个大型农场,冥冥之中早就为自己安排下了一个落脚点。

我们是 10 月 21 日报到的,按农历是九月二十,晚秋时节的塞外已经有些寒意了。傍晚在宣化火车站下车后没人接站,自己买票坐 4 路公交车,出城往西南走了半个多小时,到"师院"站下了车,沿着简易的柏油路和小土路走了一阵子,过了一道沟,打问了几次,才找到了我们报到的地方——文史村。

这是在一片丘陵荒滩上建成的校园,东西将近三公里,南北也有两公里;加上东北角上的校办农场,应该有上万亩。整体看上去,真是一个"没有围墙的大学",甚至与当地的村庄农田没有明显的边界,校园与农田菜地相互交错着。中心地带标志性的建筑群,是办公楼、体育馆、一座医院兼招待所的小楼和两座五层的教学楼。老师们住在东头靠近公路 4 路车终点站的地方,都是一家一户的独门小院。

几个教学单位分成了三拨,入乡随俗,都叫做"村":政教系、物理系、化学系和文体系在最南头,刚来的时候没有办公楼,学校的各行政处室也在这里办公,所以叫做"院部村";数学系和外语系在西面,叫做

"数外村"；中文系和历史系在北面，叫做"文史村"。我们从"文史村"到教学楼有五六百米，到 4 路车站和"院部村"都有一公里多，离"数外村"有七八百米。

各个"村"与当地的于家屯、江家屯一样，也是一排排低矮的平房，唯一像个"单位"的地方，是一圈弯弯曲曲的红砖围墙，一尺多高，矮得奇怪，我以为是为了省砖，后来才看明白，原来这围墙有四五尺高，里面基本上还是原来的高度，外面已经被大风卷来的沙土堆埋了大半截。围墙的连接处，是一个没人看守、不用关闭的铁栅栏门，朝南敞开着，如同村口一样，指点着我们可以从这里进村。

学校的规模很小，才 8 个系，1000 名学生，没有研究生。人少场地大，集体活动很方便，经常开全校师生大会，正规的大会在体育馆，一般的会随便找个露天操场，放张桌子就行了，连麦克风都用不着。除了体育馆，在教学楼的南面和西面还有两个露天场地，称为"风雨操场"，都有四五个足球场那么大，一个用来开全校运动会，有个坐西朝东的简易的主席台；一个用来放电影，中间竖着一个铁架子。我们上体育课用不着这么大的操场，平坦的小场地有的是。冬天的体育课学滑冰，把小操场平整好，围一圈土埝子，泼上水，冻一会儿就成了。

这个地区俗称"坝上"，地势向东南倾斜，是蒙古高原到华北平原的过渡地带。总是从西北卷来狂风，一连好多天刮个不停，有同学作诗诌词，说："大风起兮，遍河北师院，非沙即石也。"当地人通俗的说法，是"一年两场风，从春刮到冬"，一场风可以刮半年。狂风卷起漫天的黄沙，睁不开眼，房间里到处是沙土，白天打开荧光灯，灯管全是绿的。最可怕的是冬天，从西北高原倾泻而来的风很硬，干冽清冷，再厚的衣服也能一风吹透。

洋河滩是个办农场的地方，也是个驻军练兵的场地（1981 年秋天的全军大演习就在这里，学校搬走以后这里一直是部队的营房），实在不具备办大学的条件，在那个年代硬是办起来了，而且办了十多年。不过，当初这里像是一个避风港，离开了"文化大革命"风暴的中心，倒是让老师们喘了口气。到"文化大革命"后期，形势稍微平静，老师们就又开始钻研自己的学问了。王树民先生回忆说，他在宣化的时候，宿舍里没有桌子，就把切菜用的小木板翻过来写字，修改好了《史部要籍解题》一书；胡如雷先生的《中国封建社会形态研究》，是"文化大革命"前夕在北京的时候写成的初稿，在洋河滩上的小平房里最终修改完成的……这些都是我们后来听说的。我们入学的时候，老师们来这里已经10个年头，已经学会"村"里的生活了。

2002年秋末在石家庄搞百年校庆的时候，来了很多老校友，我们历史文化学院（此前已经与河北师范大学合并，"系"改称"学院"了）自己搞了个聚会。当时我做院长，在简短的致辞中我特意提到了宣化："在'文革'那样的时候，在宣化那样的地方，在十多年的时间里，我们的队伍没有散，信念没有变，学问没有丢，我们顽强地走过来了。在我们的百年校史上，写下了悲壮而难忘的一页。在此我提议，让我们向从洋河滩上走过来的老师们表示特殊的敬意！"在长时间的掌声里，很多人的眼圈都红了。

（二）年龄悬殊的同学

高考制度改革是1977年8月全国教育工作会议上定的。我在偏僻的小县城，一点儿消息都不知道，10月21日才从广播里听到。当年年底"七七级"第一次考试，由各省组织命题；我们"七八级"是第二年夏天考的，是第一次全国统一命题。两次考试的科目相同，文理科都考政治、语文和数学，都是100分满分；文科加考历史和地理，理科加考物理和化学，第一次加考科目各50分，总分400分；第二次各科都是100分，总分500分，比第一次考试规范了。

在这两次考试中，外语都是参考分，不计入总分，因为"文化大革命"期间很多地方没有开过外语课，从我们下一届开始，才逐渐按比例计分了。我们读中学的时候有外语课，本来是准备考的，我们县招办的工作人员理解错了，以为除了报考外语专业的都不用考了，所以没有给报上，都没有考。

高考是1966年中断的，11年了，积压了好几拨人，加上当时大学很少，每年全国只招三四十万人，竞争特别残酷，1977年河北省的录取率仅为4.8%，1978年全国的平均录取率为6.6%。记得1977年河北省的初选线是242分，1978年是300分。按当时考生的实际情况来看，分数线定的是比较高的。"文化大革命"以前中学毕业的考生年龄大了，历史、地理复习起来相对容易些。我们这些"文化大革命"期间读小学中学的基础差，哪门课都没有正规地学过，仗着年轻记性好，死记硬背，也只敢考文科。所以，跟后来正相反，我们那两届考文科的比理科多，我们县总分前五名全是文科。

有一次儿媳妇问我，你们那时候上大学读书，真的是为了"振兴中华"吗？年轻一代不了解我们当时的处境，我们哪里管得了那么多，只是想尽快从农村逃出来，因为农村太穷太苦了。报志愿的时候，对学校和专业都不怎么在意，能上就行，因为上了大学户口就能"农转非"，国家包管一切，就有"铁饭碗"了。城里非农业户口的"干部子弟"上大学也很迫切，尤其是在农村插队的知青，我们有个一起复习的女同学，自身条件和家庭条件都很优越，从知青点选到县广播站做播音员，相当于现在的电视节目主持人，令人注目和羡慕；头一年考取了邢台师范学校代办的中文大专班，两年制，很不正规，她竟然也去读了。特殊年代的特殊处境和想法，导致了今天看来很难理解的怪现象：理工农医的考生扎堆儿报兽医，农林院校的生源空前绝后地好；我们县总分前四名的考生，分数与录取院校的档次正好拧个：第一名贾锡元，是"文化大革命"前高中毕业的，上的张家口师专中文系；我是第二名，没敢报重点，第一志愿就是河北师院历史系；第三名白庚民也是"文化大革命"前毕业的，上的兰州大学历史系；第四名程怀灵最幸运，上了南开大学哲学系。

那时候我们对大学的了解非常少，甚至搞不清楚文科理科、专科本科是怎么区分的。入学以后发现大家的状态都差不多。本来，河北师院是个排名靠后的普通本科院校，够300分就可以录取，我们班超过重点线的却有一多半，我367分，比我高的还有好几个，最高分是齐长虹的403分，因此得雅号"403"。她是北京知青，在承德山区插队，凭这分数完全可以进入北京的好学校，也糊里糊涂跑到我们这儿来了。在历史系的开学典礼上，副系主任阎跃斌老师介绍情况，说到我们的学制是四年的时候底下一片惊讶：很多人还以为三年呢，因为"文化大革命"以来大学都改为三年制了。

我们这一届历史专业录取了 84 个人，分成两个班，上课、活动都在一起，还经常与高我们一届、早入学半年的"七七级"合并上大课。同学们的年龄大，同学之间的年龄差距也大，最大的三十四五岁，占了三分之一，是"文化大革命"前夕读完中学的，称为"老三届"，早已成家、家有儿女了；我当时 21 岁，我们这个年龄段的最多，占半数以上，"文化大革命"期间读的小学和中学，已经工作或劳动了四五年的时间；还有几个应届中学毕业考上来的"小崽儿"，只有十六七岁，比班里的老大哥小一半。真正称的上当时歌里唱的"八十年代新一辈儿"的，只是我们后两拨。

多数同学已经在社会上混了几年甚至十几年了，工农商学兵，各行各业都有，其中的"兵"有现役军人，也有复员转业军人，我们班长殷兰庭、副班长李如庆都是复员军人，老殷还立过三等功。我们宿舍 8 个人，没有应届毕业生，3 位"老三届"，杨爱民是石家庄三中的老师，高崇是邢台医疗器械厂的车间主任，张录平当过兵，复员后在任县五金厂修自行车；另外 5 个人中，我已经当了将近 4 年的临时工，王万里是下乡插队的知青，牛靖华是村里的团支书，乔福锦在公社中学当民办教师，韩慕愈只读过小学，在他们县当采购员。

我们都是穿着旧衣服、扛着旧行李卷入学的，并不是刻意保持艰苦朴素的革命精神，确实是没条件。那时候买衣服要用布票，每人每年只能消费 1 丈 7 尺 3 寸，想多买都不行，大家穿的都是蓝色灰色的粗布和劳动布，宽袖肥裆，膝盖、肘腕和肩膀上打着补丁。冬天不分男女，都是厚重肥大的棉衣棉裤，裹着臃肿的棉大氅。上体育课或开会的时候，拉出来站队，老的老小的小，灰蒙蒙一片，像电影里的杂牌军，有个顺口溜说：远看像要饭的，近看像烧炭的，仔细一看，河北师院的。可是，就我们这些行头也有人惦记，围墙低，大门是个摆设，小商贩和捡煤核的可以随便出入，有时候顺便就把晾着的衣服拿走了。他们唯一欣赏的，可能是这些衣服比他们家的干净。

生活最舒服的是几个"调干生",他们是工作5年以上的正式职工,上大学期间可以带工资,虽然三四十元,在当时也算是"大财主"。我们这个年龄段的倒没什么,不用交学费和书费,住宿费更没有听说过,而且每月发给生活费和助学金,自己吃饱全家不饿。最困难的是农村来的年龄大的同学,没有工资,老婆孩子还在农村,那时候农村都特别穷,他们不能从家里带钱,还要把几块钱的助学金省下来,寄到家里补贴生活。我们班长老殷有两个孩子,二女儿是入学报到的那几天出生的。有一次他跟我讲,当兵、当民办教师十几年了,家里什么都没有,桌子破的不能用了,也买不起新的,一条腿用铁丝捆着。我不好意思说,其实,我们家好长时间连个破桌子都没有,用砖头支着木头箱子当桌子。

我们入学的第二年,农村开始搞联产承包责任制,分田到户,各干各的了。对广大农民来说是希望,对这些从农村来的拉家带口的同学,却增加了很大的负担,家里的地只能靠老婆孩子和年迈的父母耕种,还不如生产队的时候,能互相帮衬。一时间,在这些同学中引起了普遍的思想波动,请假回家的多了起来,有的同学甚至说,如果知道分地就不考大学了。学校为此专门开了个大会,请刚从县委书记任上调来的一位副书记做报告,讲分田到户的必然性和好处,让这些同学打消顾虑,安心学习。回宿舍的路上,我们班的王书明说:"这些道理我都知道,不解决实际问题。眼下我发愁的是,我们家的地谁来种呢?"毕业分配的时候,一些年龄大的同学本来有机会留在大城市里,为了帮助老人妻子种家里的地,回了原籍;还有的为了把家属的户口从农村转出来,去了当时条件最差的任丘油田子弟学校,后来就在那里退休了。

(三)课堂上的老师们

刚入学的时候我们都有些失望,觉得这里不像大学,跟我们生活过的城镇甚至乡村差不多,老师们也很朴实,不像小说和电影里那样有学者风度。后来知道这所学校曾经有过辉煌的过去,尤其是我们历史专业有几位很有学问的老师,我们才安下心来。我们入学的头两年,学校还延续着

"文化大革命"以来的体制和格局，系主任是虚设的，由党总支书记兼着。当时我们系的四五十位专业老师大致上由三代人组成：

第一代是六七十岁的老先生，新中国成立前甚至抗战以前毕业的，属于"从旧社会过来的"知识分子。治思想史的张恒寿先生是清华国学院的研究生，刘文典先生的学生；研究文献学的王树民先生是顾颉刚先生的学生，从禹贡学会时代就从事学术活动；搞美国史的黄德禄先生曾留学美国，抗战时期在国民党军队里担任过职务……他们年事已高，住在北京和平里的留守处，很少来宣化，张先生只做过一次报告，王先生来搞过一个讲座；我们读大四的时候到了石家庄，黄先生才开设了美国史选修课。他们经历了清朝、民国和共和国，经历过战乱和政治运动，所以不像民国年间的大学教授那样放肆张扬，无论做人做事做学问，都很得体很有涵养。他们也曾真诚地接受思想改造，说过一些违心的话，但内心深处的价值观念不曾动摇，分寸把握的也很好，在时代风云的变幻中坚守着传统的士人精神。

第二代是四五十岁的老师，新中国成立初期毕业的，是教学的中坚力量。胡如雷先生和苑书义先生在"文化大革命"以前已经小有名气，我们读书的时候正值壮年，学术上很活跃。不过，这个年龄段的老师中有名气的就他们两位，其他人都很一般。1958年搞"史学革命"，拔白旗插红旗，用出身好的年轻教师取代新中国成立前的旧知识分子，他们正好赶上了，一大批人，有的甚至是三年制的专科生，被留下来当老师了。这些老师读书的时候运动不断，反右、大跃进、四清，留校后又赶上十年"文化大革命"，光搞革命了，没读多少书；还有，冒犯地说，这批老师当初被选中留下来，并不是因为专业好，而是出身好，党员，他们中的很多人实际上不适合搞专业，教世界史的不懂外语，教中国史的不会写论文，是很普遍的现象。尤其是后来强调业务的时候，无论教学和科研，他们都很吃力很受罪，很多人到退休才勉强评上副教授。

我们学校这两代老师中有好几位著名学者，不只是历史专业，还有中文系萧望卿先生，是闻一多和朱自清的研究生，研究陶渊明的权威；朱泽吉老师是余嘉锡的研究生，研究明清文学的大家。历史系和中文系这几位学者在专业圈子里被称为"宿儒",属于陈寅恪先生说的被传统文化所"化"之人。他们的存在就是一种象征,营造出一种地方师范院校少有的学术氛围,奠定了我们学校文史专业的层次和走向,也使我们一开始接触专业就有了高山仰止的机会和追求,尽管难以风景再现,也由此得以薪尽火传。

第三代是三四十岁的年轻老师,刚毕业不久。"文化大革命"后期大学恢复招生,不考试,从工人、农民和解放军战士中选拔推荐,称为"工农兵学员"。他们的学制都是三年,留校的时候也是首先考虑政治条件。在"文化大革命"那样的政治环境中,无论读书的时候还是留校以后,都很难静下心来念书。给我们上课的时候边学边教,没有底气,尤其是女老师,甚至有些怯场。

课程的设置延续着五六十年代的套路,根据中学历史教学的需要,以两个大通史为主干,中国通史一入学就讲,世界通史第二学期开始讲,都是讲到第七学期期末;三四年级加开选修课,只有两三门,也等于是必修课。辅助性的课程有中国历史文选、哲学、政治经济学、教育学和外语等。比后来课程少,也比较集中。

使用的教材也很混乱,"文化大革命"以前的旧教材没有解禁,不敢用;统一的新教材还没有编出来,所以,有的教材是临时组织编写的,也有的不知道是根据什么道理选来的。我们发的第一套教材是《中国古代史讲义》,上中下三册,河北师院和北京师大、北京师院合编,内部铅印的小 32 开本,粗糙简陋,连个硬皮封面都没有。

我们入学后的第一节课,是年逾古稀的潘炳皋副教授讲《尚书·牧誓》。潘老先生早年留学美国,研究黑人运动,不知道什么原因,改行教中国历史文选了。老先生没有讲稿,提着一大包书,在讲台上一本一本翻开,摆放好,看着这些书,一句一句地讲,到下课正好讲完。这是我中断学业四年之后的第一节课,我的思绪一直在翻滚,什么也没有听进去。课后一说,大家的感觉都一样。后来讲到《诗经》的时候,听着那些三十四五岁的同学们老声老气地念"关关雎鸠,在河之洲;窈窕淑女,君子好逑",我觉得很难受,甚至想哭。

我们大一的唐五代部分是胡如雷先生讲的。他不像通常那样从新王朝的建立和统一讲起，第一个题目就是"唐太宗与玄武门之变"，从北周后期说起，把隋唐的两次统一作为一个完整过程来看待。后来我也讲这段历史，才体会到个中的见识了。胡先生写板书有个习惯，大小题目都用一二三，不加区分，我们经常记串了。大三的时候苑书义先生开太平天国史选修课，正值就任系主任的前夕，白衬衫，满头黑发，左手叉腰，右手不停地挥舞，颇有指点江山、激扬文字的气势。两节课下来黑板上没几个字，有时候桌子上的讲稿都没有打开。

其他老师的课就很一般了，没特色也没深度，而且都是一句一句地念讲稿，包括老先生，也从来不脱开稿子讲。他们备课都很认真，标准的300字的稿纸，写得整整齐齐，有的散装在用牛皮纸折叠的文件夹里，念完一页，翻过去，放在右手边，接着念下一页；也有的把讲稿装订成一本，一页一页地翻着念。念到一个问题，就转身在黑板上写个号码，到下课的时候，黑板上全是一二三、（一）（二）（三）、123、（1）（2）（3）、①②③……讲世界中世纪史的老师记忆力好，也是一页一页地翻，不怎么看，能把讲稿上写的全记住。给我们的感觉还是在背讲稿，跟念差不多，不是讲。

课程的内容也很陈旧，农民战争依然是中国古代史的重点，先引用毛主席语录，说明农民战争是历史发展的真正动力，然后就批判统治阶级的反攻倒算。中国现代史的前半段按革命史讲，后半段干脆讲成了党史，一直没有"现代史"的感觉，甚至像时事政治课，紧跟形势，1981年暑假前夕，中央公布了《建国以来党的若干历史问题的决议》，正好我们期末考第一次国内革命战争，论述题就选了《决议》上的第一句话"中国共产党是马克思主义理论与中国工人运动相结合的产物"，占了40分（通常最大的题也只占20分）。世界近代史讲两个学期，每周两个半天，每次都是从8点讲到11点半以后，讲得很细，现在回想起来，是按国际共运史的路子讲的，我们对资本主义发展史印象不深，只记得马克思恩格斯跟修正主义分子们吵架……就这样的课，我们也是认真地听、详细地记，课间围着老师问问题，因为我们太珍惜上大学的机会了。

那些年号召知识分子与工农群众打成一片，老师们都很朴实，胡如雷先生上课的时候是夏天，戴个农民式的草帽，讲课的时候随便往讲台上一扔，下课后戴上就走；讲先秦秦汉史的曹绍孔老师一身褪了色的蓝制服，两个膝盖补着对称的大补丁，老先生烟瘾很大，课间休息的时候用小纸条卷旱烟叶；讲戊戌变法的韩毓筠老师提着一个很旧的帆布书包，长长的带子是后来缝上去的。也有个别例外，历史系有个哲学教研组，组长老师四五十岁，衣着讲究，面无表情，看上去十分了得。同学课下提问，这位组长老师的指教总是云山雾罩，不着边际，甚至说辩证法就是变戏法。后来才知道，他原来是讲中国近代史的，管哲学组是客串。

我们刚入学的时候，对大学有一种神秘感。读过一年之后，这种感觉变淡了，随之而来的疑惑是：念讲稿就是"讲课"吗？这与我们自己看书有什么区别呢？所以，从二年级开始，逃课多了起来，自己找书看。好在历史专业的课程便于自学，我们这些人又都有过自学的经历。1981年开始实行学位制，本科毕业可以授学士学位，必须学完规定的课程，而且必须平均75分以上，我们逃课才收敛了一些。

当时有个口号，叫做"把损失的时间夺回来"，我们真是这样想、这样做的，尽管内在的动力不一定那么伟大，仅仅是为了改变自己的命运。我们被耽误的太久了，能有机会坐下来读书，确实有一种久旱逢甘霖的渴望。那是一个充满希望的年代，大家都被一种信念和抱负支撑着，时间抓得很紧，排队打饭、去城里的汽车上，甚至蹲坑的时候都习惯性地拿着书看。年龄大的同学需要挣工资养家，准备回去做中学老师，看书很多很泛；我没有这些负担，准备考研，选定专业方向以后就有计划地阅读了。1982年暑假全国总共招收硕士研究生不到一万人，我们年级就我和徐永志考取了，这在当时算是不小的比例了。

（四）文史村里的生活

我们的宿舍是一排排低矮的小平房，当年刚搬来的时候盖的，前脸和两侧用红砖砌成，后墙是土坯，挨近房顶的地方再砌上砖，有的两侧也是这样，这种平房有个好听的名字：干打垒＋金镶玉。里外两间，中间由一个大圆拱隔开，里面住 5 个人，外屋 3 个。宣化的夏天凉爽舒服，蚊子个大但不咬人，不用蚊帐；冬天特别冷，宿舍里没有暖气，要自己生火炉取暖。值日生除了扫地、打水，冬天最重要的任务是照看"扫地风"火炉，轮上个粗心的值日，给弄灭了，大家只好挨冻。大三那年冬天，自习室也搬到了平房里，没有暖气，我们自己砌了一个长条形的"壁炉"，省煤，取暖效果好，就是难伺候，经常灭，生火的时候浓烟灰尘特别多，只能下晚自习后再生。

各宿舍的值日生还有一项常年性的任务：早晨起来倒尿罐。公共厕所在院子最南边，是那个时候常见的样式，靠里墙是小便池，几个凹下去的蹲坑连着墙外的粪坑。我们经常在如厕的时候遇到老师，礼貌地点头，互致问候，大家都习惯了，也不觉得不好意思。厕所离宿舍远，起夜不方便，每个宿舍发一个粗陶的大尿罐，两边有耳，用铁丝牵起来当提手。本来应该倒进厕所的粪坑里，太远了，就都倒在了宿舍前面的大土坑里，然后把尿罐放在土坑边上晾着。各个宿舍门前的最近处是砖垒的饭桌、晾衣服的绳子，稍远处的土坑边是几个斜放着的尿罐，面朝太阳，整齐地排列着。好在宿舍宽敞，院子豁亮，夏天也没有味儿。

与穿衣服需要布票一样，吃饭也要用粮票，大学生的定量是 36 斤，我们的粗细粮配置比例按张家口地区的标准，只有 30% 的细粮，平均每天只能吃两个馒头，其他全是粗粮。这本来没什么，我们都吃粗粮习惯了，问题是高粱米太多，而且坝上地区的高粱与其他地方不一样，据说是喂牲口、做烧酒用的，坚硬苦涩，很难消化，有的同学肠胃不好，高粱米转一圈又原样出来了。肉少，蔬菜也少，尤其是冬天，每天的午饭都是大锅煮萝卜干和窖藏的大白菜，两三个月不换样。

开始是"份饭"制，饭票上印着日期，年月日早午晚，一顿一张，不能混用；一张票一份相同的饭菜，一个"村"里所有的同学，在同一个时间都吃同样的饭菜。我是我们班的生活委员，每到月末就挨个发下个月的饭票，同时收回这个月没有使用过的零散饭票，集中起来到食堂里退掉。从 1980 年年初开始，取消了"份饭"制，按月发粮票和菜票，可以挑选饭菜了。其实也没什么可挑选的，只是饭票可以连续使用，不用每个月去退了。

除了发伙食费，每个月还有6—8元的助学金，分成6元、7元、8元三个级别，调干生没有，8元的都是年龄大的同学；特殊困难的，每个学期末还可以再申请补贴。每个月的5日我去财务处领全班的助学金，看到表头上的"人民助学金"几个宋体铅字，总是有一点儿震撼的感觉，说不清楚是觉悟还是良心。

伙食单调，就对食堂有意见。那几年思想解放，流行民主思潮，我们在偏僻的洋河滩上，不能像北京的学生那样去西单搞民主墙，就把劲儿用在了与食堂吵架上。还闹了好几次学潮，领头的是历史系七七级的一个同学，敢打敢冲，就是头脑简单，做事情虎头蛇尾，害得我们几个生活委员两头跑，像抗日战争时期的维持会长。有一次，几个男生把食堂的狗给吊死了，师傅们早就对我们有气，找到机会反击了，却有高人指点，有理有节，一连几天都是按时把饭菜做好，放在那里，门口洞开，没人管，爱吃不吃。主管后勤的李春安副院长戴上围裙，亲自到我们村食堂卖饭，才把事情平息了。

吃的住的艰苦些倒没什么，最难熬的是缺少娱乐方式。学生会组织歌咏比赛，以班级为单位唱革命歌曲，是任务，提不起兴趣。熄灯后聊天，称为"卧谈会"，成了每天的必修科目，有时候争论起来，吵到过半夜，以至于被隔壁敲墙警告。我们宿舍连个收音机也没有，有一次借来一个"砖头"录音机，放了一中午的台湾校园歌曲，特新鲜，好多同学都过来听。系办公室有一台很小的黑白电视，周末才支在院子里放两三个小时，一圈一圈的人，前面的坐着，中间的站着，后面的站在凳子上。苏小明第一次唱《军港之夜》，我们正好赶上看直播，黑白屏幕上半尺高的苏小明亭亭玉立，在我们的脑海里定格了好多年。

最大的娱乐活动是看电影，每周都能演一两场，有刚解禁的"文化大革命"以前的老片，有新摄制的故事片，也有译制片。教学楼南面的操场上有专用的铁架子，挂上银幕就可以放映。片子是从宣化影院借的，跟人家轮流用，先拿来一盘演着，演完了送回去，再拿下一盘，有专人骑着摩托车来回"跑片"，有时候要等很长时间。往往是演到关键时刻灯亮了,大家都翘首东望,祈盼着摩托车的声音。放映日本故事片《追捕》那天,是个清冷的冬夜,刚下了大雪,我们吃过晚饭就等着,9 点多才开始,断断续续,过半夜才演完。往回走的时候两只脚都没有知觉了,木头一样,深一脚浅一脚地在雪地里挪动,还伴随着刚刚学会的"啦呀啦,啦呀啦呀啦"的哼唱。

每天中午下课以后,大家从教学楼里出来,分头向南面、北面和西面散去,顺着小路回各"村"吃饭。这时候,学校的广播站开始播音,各村的高音喇叭一起响了起来。有一年的冬天,可能是歌片少,天天来回播放李谷一唱的电影《小花》插曲"妹妹找哥泪花流",还有蒋大为的"骏马奔驰在辽阔的草原"。宣化的冬天长,雪融化得慢,失去温度的阳光洒落在白茫茫的荒野上,天高地空,歌声出奇的清澈,清澈的一丝杂音也没有。离开宣化以后,我再也没有听到过这么清澈的歌声。

……

岁月不留,我们这一届同学都老了。时间冲淡了很多记忆,也有一些记忆是不褪色的。学校搬到石家庄以后经历了高校合并,校名也改了。但是,在我们的记忆深处,我们的母校一直叫作河北师范学院,学校的背景还是宣化西郊,还是那片土黄色的河滩荒原。

一代人有一代人的经历,一代人有一代人的情感。我们经历过"文化大革命"后期和改革开放之初的那些事件,当时的认识并不深刻,后来经人解释论证,才知道那些事件的重要和伟大;当时我们切实感觉到有"重大意义"的事件,就是高考制度的改革,我们知道有希望了。我们今天的一切,盖源于高考制度的改革。小平同志追悼会那天,我在家看电视直播,默哀的时候我自己站了起来。我觉得,在那一刻,我们"七八级"的这一代人都应该站起来。

三　不自小斋问学琐忆

在我的五次高考中,1982 年的硕士研究生考试是最顺的一次。我大学考了两次,1977 年上线了没录取,第二年才考上了当时还在塞外荒原上的河北师范学院；硕士毕业多年后为形势所迫，报考南开大学的在职博士研究生，也是考了两次，1997年被外语卡住了，三年后又考才考上。唯有其间的硕士研究生考试是一次成功。考试之前我没有联系过，电话没打，信也没写，到云南大学复试的时候，才第一次见到了导师李埏先生。那年李先生只有一个招生名额，初选复试三人，其中还有一位听过李先生专题课的云大历史系的应届毕业生，我竟然考上了。

（一）师父带徒弟

我跟李先生学的是唐宋经济，我做专业的底子，都是在三年硕士研究生期间打下的。我的小学和中学是在混乱的"文化大革命"时期度过的，功课学的不系统不规范，高中毕业后又耽搁了将近四年的时间，都忘得差不多了；大学期间为了"把损失的时间夺回来"，确实很用功，但教我们的那些老师也是被耽误了的，教课水平普遍不行，主要靠自己找书看，四年恶补，鲸吞了很多，消化不了多少；读博的时候已经过了不惑之年，已经定型了，张国刚老师似誉非誉地说我读博是"镀金"，其实是混个学位，没有什么实质性的长进。只有跟李先生的那三年，学到了可以用一辈子的真东西。

现在回想起来，李先生并没有给我讲过怎么做研究，像师父带徒弟那样，跟了李先生三年，不知不觉中就把一整套的"科班"方法学到了。

我刚到云大那年的冬天，李先生在老四合院给历史系七九级本科生讲授"唐宋经济史"专题课，我和武建国老师、吕文鸿老师都跟着听；后来李先生应王宏道先生之邀，给隔壁的云南民族学院历史系开设"唐宋史专题"讲座，我也一直跟着听。李先生讲课的情景、教室里的气氛，师妹吴晓亮教授在她的《洱海区域古代城市体系研究》后记里有过描述。我当时还不知道李先生的书房为"不自小斋"，有一次在课堂上，不记得是什么话头引起的，李先生讲到了孟子"彼人也，我亦人也，吾何畏彼哉"，那气魄让我震撼许久。现在回想起来，这是我见到的李先生对"不自小"的最初的诠释——不卑不亢；后来知道李先生还有个笔名"敖冷"，这应该是一种传统的名士风格——宁亢不卑。这也正是我们心目中的李先生。

入学考试的时候我的中国通史不及格，学校规定要补课，李先生就让我通读《资治通鉴》，作业是把司马光的所有的评论全部辑录出来，写出所评论事件的提要，再做出分类索引。我用了一个学期的时间，一周读一本，把20本读完了，还整理出了12万字的《臣光曰辑录》。交作业的时候我向李先生请教：我以前学过经济基础决定上层建筑，怎么读《资治通鉴》以后觉得政治的作用也很大呢？李先生说："你读进去了。"这时候我才明白，李先生让我读《资治通鉴》并不是单纯地补中国通史的课，是为了让我准确地理解中国历史上经济基础与上层建筑的关系，防止陷入简单的经济决定论。

复试的时候，李先生亲自出题、亲手复写的试卷，其中有一道题是对恩格斯《反杜林论》中关于生产与交换关系的认识；入学后不久，李先生把他新写的《经济史研究中的商品经济问题》的手稿给我看，我才知道这是李先生正在思考的问题，但没有意识到李先生是引导我选商品经济史方面的题目，仍然按照自己的兴趣选做了乡村户等制度。后来看到师妹吴晓亮和师弟林文勋、龙登高、黄纯艳等都做的城市、市场和外贸经济，我才明白过来。2003年李先生90大寿的时候，我谈起当年的这个遗憾，李先生说："当时是改革开放初期，你还没有意识到商品经济的作用。"我注意了一下，早在十一届三中全会之前的1978年秋天，李先生在《试论我国古代农村公社的延续和解体》一文中，已经开始从商品经济史的角度思考问题，挖掘土地国有制度的深层原因了。

李先生特别重视研究生论文题目的选择。在李先生口述、我记录整理的《谈谈指导研究生的三个问题》中，李先生讲，培养研究生的关键"是要让研究生学会选题目，选准选妥题目。……论文题目不能由导师指定，应该由研究生自己把自己所感兴趣的、用力最多的某方面的问题的研究状况搞清楚，并拟定若干个题目，排列出一二三，导师据此指出哪些可以搞，应该放弃哪些，这是第一回合，还不能确定最后的一个题目，而是留下若干个题目让研究生继续读书、思考；到第二或第三个回合，导师再指导确定一个题目。当然，这个题目不一定是原来研究生拟定题目时的第一个，也不一定是原来的题目，可以改一下角度和范围。……就以往几届研究生的选题过程和现在大学生的实际水平看，选题过程一般要用一年左右"。回忆三年的研究生学习，李先生管我最多的就是选题的过程。我是1982年9月入学的，直到第二年11月才最终把论文题目定了下来。开始我不理解，有些着急，后来才体会到这个训练的重要性，甚至比论文的撰写过程还重要。

这三年的"科班"训练影响了我一生，也让我受用一生。2014年我在李先生百年诞辰纪念会上说，我最幸运的是得到了李先生的亲自点拨，是李先生把我领上了唐宋经济史这条道，给了我可以从事一生的专业，也给了我职业和事业。直到现在，我的每一届研究生入学后第一次上课，我都是把李先生的《谈谈指导研究生的三个问题》印发给他们，告诉他们当年我是这样学的，现在咱们也这样做。

（二）闲谈是学问

我这一届研究生只有我自己，李先生没有单独给我讲过课，都是安排我读书，随时请教，不像现在，学生见导师要电话预约。我们住一个大院，几分钟就可以到李先生家；李先生在家就谈，不在家或有事情就改天再去。师母有时候也坐在客厅里，静静地听我们谈话；他们的外孙女陶然那时候才四五岁，经常趴在李先生腿上看着我们，有时候还给我们"写生"。谈过正题后往往谈一些看似随意的题外话，有的谈话内容我当时不太理解，随着年龄和阅历的增长，才逐渐悟出了其中的含义。比如说到考古，李先生半开玩笑地说，发现一个猿人的头盖骨，可以一举成名，那主要是运气，如果找不到，一辈子就白忙活了；我们做唐宋经济不能撞运气，要像下围棋那样机会均等地竞争，读人人都能读的书，看别人看不到的问题，说别人没有说过的话。我读研究生的时候复印机很少，更没有电脑，收集资料靠做卡片。李先生说做得越多越细越好，但是不能以为记在卡片上就行了，要有几部重要的书吃在肚子里，不然的话，一旦遭遇水火，卡片毁坏了，不就把"学问"全丢失了？

我刚到云大的时候研究生很少，政治课的内容比较杂乱，李先生就介绍我去经济系，与政治经济学专业的本科生一起听陈年榜先生的《资本论》课，说陈先生"真懂"《资本论》；1984 年春天，北师大的刘乃和先生来云大给我们讲了半学期的课，李先生嘱咐我一定要认真听，说刘先生是得了陈垣先生"真传"的……时间长了，我渐渐知道，李先生对一个学者的评价标准是有没有真学问，而不是论著的多少、名头的大小。

在平常的交谈中我感到，李先生最崇敬的人是他的老师张荫麟先生，直到晚年还铭记着张先生的教诲。我读书的时候李先生还没有写《张荫麟先生传略》，有一次李先生给我讲：他当年读西南联大的时候写《北宋楮币史述论》一文，有段资料是从《皇宋长编纪事本末》上引的，在《长编》上没记载，就专门在注释中说明"《长编》脱此条"。张荫麟先生阅后问："《皇宋长编纪事本末》是根据《长编》整理的，如果《长编》脱此条，《皇宋长编纪事本末》的记载从何而来？应该说是现在的《长编》脱此条，因为《长编》原书早佚，现在看到的《长编》是清朝乾隆年间从《永乐大典》中辑录的。"告诉李先生，应该在"《长编》脱此条"的前面加上"今本"两个字。李先生说，多少年过去了，他一直记着这件事，一直保存着张荫麟先生批阅过的这篇文稿。李先生在晚年的回忆文章中对钱穆先生和吴晗先生也很推崇，师生交往颇合古代的师道士风。不过，张荫麟先生、钱穆先生和吴晗先生都是李先生大学时代的老师，李先生读研究生跟的是另外两位教授，李先生却很少提起，只是在填表的时候才写上一句。我很奇怪，没敢问过。

李先生兴致好的时候也谈一些往事。1935 年 7 月，李先生以云南省教育厅保送公费生总成绩第一名的资格，进入北京师范大学历史系读书。那时候交通很不方便，从昆明到北京要绕道东南沿海，再从上海坐船，沿长江到武汉，才能坐上去北京的火车，路上要走一个多月。当时已经是抗战前夕，货币贬值，每年上学走的时候，父母都要给他带上十个金戒指，才可以保证一年的费用。李先生让我看过他父母的照片，记的上面还有李先生写的"我的双亲"字样。谈起当年的大学同学，他几次问起在大学里给我上过课的阎应清先生；1984 年暑假我外出查阅资料的时候，还让我专程绕道洛阳，代他看望多年不见的老同学丑泽兰老师。李先生在北京读书的时候听过斯诺的英语演讲，听众中有个穿马褂戴瓜皮帽的老者，李先生正怀疑他能不能听懂，见老者站起来提问，一口标准流利的伦敦英语，后来才知道这是一位著名学者。李先生说他从此得到一个教训，千万不能以貌取人，看似平常的高人有的是。

有一天李先生见我摆弄照相机，就给我讲起了构图方法和焦距、景深的搭配技巧，说自己年轻的时候也爱好摄影，好像是一幅关于深秋原野的作品还得过奖。鼓励我多一些兴趣爱好，说玩物不一定丧志，全靠自己把握。有次闲谈我说起了自己的身世，李先生当时没说什么，过了几天，晚上10点多了，李先生散步的时候来到我的宿舍，嘱咐我读《宋史》中的《范仲淹传》。读了以后我才知道，范仲淹的少年时代与我有着相似的经历……我当时就想过，李先生属于天分极高的性情中人，我则拘谨木讷，如果是同龄同学，我们很难成为好朋友；苍天有眼，让我们成了相差43岁的师生，才能有如此的默契。

（三）不再的风景

跟后来考研选名校的情形不一样，我读研究生的时候看重的是导师的名气，是投奔名师，不怎么在意学校的大小。我刚到云大的时候，历史系的老教授们都还健在，随着时光的推移，我越来越感到，可能是对我中小学时代学业荒殖的补偿吧，能跟这一代"中国最后的知识分子"接触一下，真的是一种幸运。

改革开放之初还没有大兴土木，云大校园基本上保留五六十年代的风貌，还有一些更老的建筑，像清代的贡院、民国初年的会泽院，都保留着原来的样子。很多平房的外墙都涂着浅浅的土黄色，很容易让我们想起老照片上的西南联大。我们这一届文理科研究生总共才三四十个人，住在云大附中新村一栋叫作"数学楼"的很旧的学生宿舍里，历史系的老教授们也住在这个大院的单元式平房里，方国瑜老先生最年长，眼神不好，散步的时候缓缓地策杖而行；江应樑先生深居简出，平时很少见；李先生满头银发，腰板挺直，很干练；张德光先生还做着系主任，身体瘦弱，说话声音特别轻；李英华先生家务负担重，走路打招呼总是急匆匆地；武希辕先生最随和，跟我们打招呼很热烈，总记不住我们是谁的学生……现在回想起来恍若隔世，老先生们都已经作古了。陈平原教授在小品文《即将消失的风景》中说，现在的北大校园里到处是意气风发的年轻教授，白发飘逸的老学者越来越少了，未名湖畔寂寞了许多。遥想翠湖之滨的云大校园，我也有这样的感慨。

我入学那年李先生已经 68 岁，李先生讲，自己年龄大了，应该培养一批学生，保住经济史学科。经过李先生的努力，组建了"中国封建经济史研究室"，并亲自出任研究室主任。这年的 12 月 8 日下午，在系主任张德光先生家里召开了成立座谈会，参加座谈会的还有李英华先生、朱惠荣老师、罗秉英老师、杨寿川老师、武建国老师和吕文鸿老师，副系主任谢本书老师和赵瑞芳老师也来了。当时顾士敏师兄那一届已经毕业，吴晓亮师妹这一届还没录取，所以经济史专业的研究生就我一个人参加了。李先生在会上读了他专门写的一篇散文《我爱公孙树》，表达了"爷爷栽树孙子吃果"的情怀和对年轻一代的殷切希望。谢本书老师要过稿子，说要送给云大校刊。很快，这篇散文就与成立研究室的消息一起登出来了。

那时候不兴聚餐，座谈会开得文雅而郑重。先由系办公室的杨正禄老师给照了张合影，李先生还单独与张德光先生照了一张。接着是纪念签名，用的是小半张宣纸，李先生写下"云南大学中国封建经济史研究室成立纪念"之后，请张德光先生第一个签的名。我上大学之前练过毛笔字，能看出李先生悬腕走笔的功力，当时我就想，等我出书的时候一定要请李先生题写书名。直到 18 年后的 2000 年，我才有机会实现了这个愿望，请李先生题写了"家产继承史论"六个字。这时候李先生已经 86 岁高龄，眼睛昏花了，笔端有明显的毛刺，林文勋师弟告诉我，李先生把这六个字写了好几遍，最后把满意的字剪拼在了一起。我听了以后很难过，当年我读书的时候李先生的视力比我还好，晴天的晚上能看见卫星，岁月无情，李先生真的老了。

李先生想让我留在身边做助手，系党总支周庚鑫副书记也和我谈过，但我已经有了家累，毕业后还是回河北工作了。分别的时候李先生伤心地说，我手下缺人，带研究生像抱小鸭，抱一窝飞一窝。多年来，每当夜深人静，抚摸着厚厚的《不自小斋文存》，遥望滇南，就会想起李先生说这番话的情景。如今这一切都成了回忆，李先生不在了，我也老了，我想趁着条件允许，把李先生题写书名的《家产继承史论》修订再版一下，还在云南大学出版社出，还用原来的封面，作为交给李先生的最后一份作业吧。

附记：这三篇回忆是陆续写成的，写高中和大学的两篇发表在河北省政协《文史精华》2011年第6期和2012年第3期，写硕士研究生的一篇发表在宋史研究会《宋史研究通讯》2008年第2期，在此合并为"求学三忆"的时候略有修改和补充。回忆中两次写过的那位多年不见的老同学最近看了前两篇，没有怪罪我，还说看的"自己偷着乐"。空谷足音，让我颇感欣慰。